KB033839

STAND UP

초급과 고급 과정의
실전 페미니즘

율리아 코르비크 지음
김태옥 옮김

숨쉬는
책공장

일러두기

1. 본문에 등장하는 인명 및 고유명사 표기는 국립국어원의 '외래어표기법'을 따랐으며, 본문에 인용된 도서 중 국내 출간 도서는 번역된 제목을, 미출간 도서는 역자가 번역한 제목을 원서명과 함께 병기했다.
2. 본문에 실린 표 및 통계 수치 하단에 표기된 ⓘ 표시는 해당 자료의 출처를 의미한다.

조에게

추천의 글

01

기초

02

동등권
문제가 도사리고 있는 곳

부록

추천의 글

"F로 시작하는 단어"의 문제

아, 페미니즘에 관한 새로운 책이 나왔어. '스탠드업(Stand Up)'이라는 제목이야. 'F로 시작하는 단어'에 관한 이야기라고 하네. 거기엔 "요즘 젊은 사람들은 페미니즘이라는 말만 들어도 두드러기와 소름이 돋는다"라고 적혀 있어. 아휴, 그 책을 읽으니 예전으로 돌아간 것 같은 느낌이 들었지 뭐야. 1990년대로 말이야. 그건 20년도 전이잖아. 이미 끝난 문제 아닌가?

한 가지 말해 둘 게 있다. 앞서 나타난 시간 왜곡 효과는 이 책이 필요 없음을 말하는 것이 아니다. 그와는 반대로, 페미니즘이 오늘날 얼마나 절실한 문제인가를 보여 준다. 모든 젠더 논쟁과 여자 축구의 승승장구에도 불구하고, 젊은 여성들이 얼마나 불만에 가득 차 있는지 말이다. 단지 인간으로서뿐 아니라 소위 여성으로서 이 세상을 헤쳐 나가는 게 얼마나 힘든 일인지, 그리고 그 모든 세월 동안 무엇이 얼마나 변했고 또 그렇지 않았는지 말이다.

이 책의 저자 율리아 코르비크는 스물여섯 살이다. 나는 이제 마흔네 살이 된다. 그는 말하자면 내 딸뻘이다. 1970년 내가 세상에 태어났을 때, 어머니는 스무 살이었다. 1970년대를 산 우리 부모님은 나를 독립적이고 때로는 성가신 존재로 길렀다고 말할 수 있겠다. 그렇다. 그들은 나를 강하게 만들었다. 우리 집에서 대단한 이론적 논쟁이 있었던 것은 아니다. 《엠마(Emma)》(독일의 오래된 대표적 페미니즘 잡지—옮긴이)를 읽은 것도 아니다. 그 대신 성차별적인 표지가 붙은 《슈테른(Stern)》을 구독했다. 그리고 여성 잡지 《브리기테(Brigitte)》와 남성 잡지 《슈피겔(Der Spiegel)》도 구독했다. 《슈피겔》은 그 당시 남성 잡지였다. 왜냐하면 정치, 경제, 문화 등의 주요 분야에서 마거릿 대처(Margaret Thatcher) 이외에는 여성 인물이 전혀 등장하지 않았기 때문이다. 많은 것이 지금과는 달랐다. 이 나라에서 결혼한 여성들은 내가 학교에 들어가던 1976년에서야 직업을 가질 것인지 여부를 스스로 결정할 수 있었다. 내가 태어난 이 나라가 어떤 나라였는지 오늘날의 관점에서 보면 믿을 수 없는 일이지만 말이다.

그러나 전설적인 68세대를 거치는 동안 등장했던 거대한 페미니즘의 물결 속에서, 대학을 다닌 유치원과 초등학교 선생님들이 있던 것도 사실이다. 그들은 아이들을 뭔가 다른 방법으로, 자유롭게 교육하려 했다. 그리고 〈도시의 악어(Großstadtkrokodile)〉, 〈루시(Lucy)〉, 〈거리의 공포(der Schrecken der Straße)〉, 〈빨간 조라와 그 무리(Die rote Zora und ihre Bande)〉 등의 혁명적인 어린이 TV 프로그램도 있었다. 여기에서는 길들지 않은 소녀들이 머리를 헝클어뜨린 채 무릎에는 피를 묻히고 소동을 만들곤 했다. 대충 덮어 두는, 속물적인, 복지와는 거리가 먼, 완전히 가부장적인 독일이 나의 고향이었다. 그러나 나는 스스로를 여기저기서 불어오는 상쾌한 바람에 실려 다니는 작은 사람이라고 생각했다. 친구들 중에서도 나는 성냥갑만큼 작은 모형 자동차들이 두 번째로 많았다. 그리고 작은 카세트를 들고 다니면서 '기자' 놀이를 하거나, 친구들과 건축 현장의 폐기물들로 오두막을 지을 때 말고는 '자동차 사고' 놀이를 가장 좋아했다. 부모님은 세상에서 무슨 일이건 해내려면 학교 성적이 중요하다고 명심시켰다. 특히 전업주부였던 어머니는 되도록 늦게 자식을 갖는 것이 좋다고 주지시켰다. 어머니의 말은 "너무 일찍은 안 돼!"로 요약될 수 있었다.

말하자면, 나는 아주 이중적인 환경에서 자란 셈이다. 그러나 전체적으로는 비슷한 사람들끼리 모여 살아간다고 느꼈으며, 어른이 돼 가는 일을 긍정적으로 생각했다. 정치학을 전공한 뒤 20대 중반이 돼 직업을 찾기 시작했을 때, 나는 이 이중성이 완전히 사라져 버리지는 않았다는 사실을 깨달았다. 투박한 손으로 내 허벅지를 쓰다듬던 남자 상사들을 몇 번 거치고 30대 초반이 되자, 여전히 여자 상사들이라곤 보이지 않고 거만한 미소를 짓는 나이 든 남자들만 빼곡한 이 현실을 인정할 수밖에 없었다. 최고의 성적을 획득하고 세상에 진출하고자 하는 욕구로 가득했던 동창들은, 가정이라는 소우주 속으로 사라져 갔다. 여전히 순진한 그 악동들이 아직 아이를 갖지도 못한 상태에서 점차 사회가 원하는 대로 낮은 포복을 하며 살아가기 시작했을 때, 나는 첫 번째 책 《알리의 시대(Generation Ally)》를 썼다. 여성으로서 살아가는 일이 왜 이렇게 복잡한지에 대해 쓴 이 책은, 2002년 당시 나도 놀랄 만큼 마치 폭탄 같은 커다란 반향을 불러일으켰다. 이 책에는 이러한 말이 적혀 있다. "'페미니즘'이라는 단어는 곰팡내 나고, 김빠지고, 부끄러운 것이다." 그리고 "여성정책은 전체적으로 방귀처럼 보인다. 왜냐하면 세계경제, 총체적 자아실현과 같은 좀 더 큰 것들이 우리를 기다리고 있기 때문이다." 그 밖에도 한 여자가 카페에서 다음과 같이 말하는 장면도 있다. "페미니즘은 다시 '섹시'해져야 해요." 이 말은 책 속에서 자주 인용된다.

그로부터 12년이 지난 지금, 율리아 코르비크가 "스탠드 업!(Stand Up!)"이라고 외친다. 그의 세상은 내가 겪은 세상과 여러 면에서 아주 다르다. 어찌 됐든 첫눈에 보기에는 그렇다. 앙겔라 메르켈(Angela Merkel)은 독일의 총리를 세 번째 연임하고 있다. 영향력 있는 TV 정치 토론 프로그램 다섯 개 중 세 개는 안네 빌(Anne Will), 메이브리트 일너(Maybritt Illner), 잔드라 마이슈베르거(Sandra Maischberger) 등 여성 진행자가 이끌고 있다. 《엠마》에 이어 새로운 페미니즘적 분위기와 성에 대해 조금 다른 시각을 지닌 《미시 매거진(Missy Magazine)》이 창간되었다. 이제 "여성 할당제"는 정치적 상위 그룹으로까지 올라갔고, 대중문화는 이런 저런 방식으로 "분노한 젊은 여성"이라는 주제를 표현하고 있다. 레이디 가가(Lady GaGa)는 사업모델인 마돈나(Madonna)를 새롭게 해석한다. 아델(Adele)에서 베스 디토(Beth Ditto)를 거쳐 크리스티나 아길레라(Christina Aguilera)까지, 여성 팝스타들은 모델 같지 않은 몸매에도 불구하고 자신감이 넘친다.

그래서, 율리아는 대체 뭐가 문제라고 말하고 싶은 것인가?라고 여러분은 생각할 수 있겠다.

그것은 이 모든 전시용 페미니즘 이곳저곳이 여전히 대부분 낡았다는 냉정한 사실이다. 《알리의 시대》가 쓰였던 시절에 남성과 여성의 소득차가 25퍼센트였다면, 지금은 22퍼센트다. 당시 고위직에 여성이 있는 비율이 1~3퍼센트였다면 오늘날에는 분야와 승진 방식에 따라 3~8퍼센트다. 가장 만족스러운 점은 소위 번식의 의무에서 남성의 참여가 강해졌다는 것이다. 순전히 통계상으로 따진다면, 율리아 코르비크의 경우 아이를 기르는 데 적어도 조금은 참여하기 원하는 동년배 배우자를 만날 확률이, 내가 그의 나이였을 때에 비한다면 두 배나 더 높아졌다. 젊은 남성들 역시 가부장적 구조에 시달리고 있으며, 젊은 여성들만큼이나 전통적인 역할분담에는 크게 관심 없는 경우가 많다. 외벌이 남성 회사원들은 아이들을 거의 보지 못하며 "남자들의 클럽[알리스 슈바르처(Alice Schwarzer)가 한 말]"에서 온종일 권력놀이를 하다 결국에는 몇 년 더 일찍 죽고 만다. 삶의 계획에 추구할 만한 가치를 두지 않은 젊은 남성들은 오래전부터 늘어 왔다. 직업 경력이 직선적으로 펼쳐지는 경우가 점점 드물어진다는 현실을 차치하고라도,

가족을 혼자 부양하는 일 역시 점점 더 어려워지고 있다. 직업 세계에서의 이 거대하고 격렬한 변화는, 다시 한 번 남녀 동등권이 진전할 기회가 될 수도 있다.

한편 '빨간 조라(Die rote Zora)'는 마치 애니메이션 〈릴리피 공주(Prinzessin Lillifee)〉에 나오는 마법의 손에 의해서인 양 사라져 버렸고, 레고 블록은 갑자기 "여자아이들만을 위한" 분홍색 세트를 만들었으며, 베를린의 가장 유명한 장소에는 실물 크기의 바비 하우스가 문을 열었다. 이러한 변화는 페미니즘적 용어로 "역행" 또는 "반동"이라고 부른다. 가장 당황스러운 점은 이에 대한 여성들의 반응이 생각 밖으로 좋다는 것이다. 상류층 여성들의 경우 '내 남편이 내가 필요한 것 이상으로 많이 벌어서' 직업을 갖지 않는다는 사실을, 다시금 지위의 상징처럼 드러내고 있다. 부자와 빈자 사이의 간극이 넓어질수록 아래로의 분명한 선긋기는 점점 더 흥미로워지고 있다. 혼자 아이를 키우는 마트의 계산원들, 급여가 적은 청소부나 섹스 산업 분야 종사자들은 원하든 원치 않든 일을 해야 한다. 예술작품 수집가의 아내는 쉽게 말할 수 있다. "나는 젠더 감시원들이 나를 직업전선에 뛰어들도록 강제하게 놔두기보다 문화, 요가, 블로그 등에 더 신경을 쓰겠어요. 자연스러운 나의 성향을 따르는 것은 내 자유예요. 더는 욕먹으면서 가만있지 않겠어요!" 일반직에 있는 다른 여성들은, 최고 관리자 여성들이 반나절이면 벌 돈을 일주일이 걸려야 벌 수 있는 가사도우미나 아이돌보미에 의지해야만 일을 할 수 있다.

아마도 이렇게 말할 수 있을 것이다. 돈이 페미니즘의 염원을 어지럽

히고 있다. 다양하고 방향성이 다른 교육 형태 또한 페미니즘의 상황을 어렵게 만들고 있다. 한쪽에는 박식하고 여러 가지 언어를 구사할 줄 아는 페미니즘 블로거와 글 쓰는 방식 및 네이밍 전략을 보유한, 지적 수준이 높은 사람들이 있다. 그들은 자신들만의 코드와 위계질서를 갖고 있으며, 가끔은 참호전도 한다. 요즘에는 보지라는 욕(혹은 욕이 아닌)을, 이를테면 페미니스트들이 추대한 지도자를 '보지'라고 부름으로써 다시 탈환해야 할지에 대해 심사숙고한다. 다른 한쪽에는 좀 덜 안전하고 책과 좀 덜 상관있는 환경에서 사는 여성들이 있는데, 이들은 이 단어를 아마도 하루에 다섯 번쯤, 그러나 상징적이나 역설적인 의미에서가 아니라 십중팔구 폭력적이고 모욕적이며 파괴적인 의미로 듣고 있다. 문제는 이것이다. 무엇이 이 여성들로 하여금 자신들보다 더 특권을 가진 성별 동지들과의 말장난 연대를 시작할 수 있을까?

다행스럽게도 얼마 전부터 새로운 아이디어가 부상했다. 누구도 '단지' 여자나 남자이거나 '단지' 이성애자 또는 퀴어이지는 않다는 것이다. '인종'과 '계급', 피부색이나 돈도 교육이나 나이만큼이나 존재를 규정하는 요소다. 나는 이러한 생각이 올바른 방향이라는 입장이다. 몇 주 전에 1967년생 영화감독 타티아나 투란스키(Tatjana Turanskyj)와 이에 관해 이야기할 기회가 있었다. 투란스키는 "여성과 노동"이라는 주제로 실험 영화를 찍고 있는데, 그 대화에서 페미니즘의 주목표를 다시 한 번 분명히 했다. "여성들이 돈과 권력을 획득할 기회를 동등하게 갖는다든지, 남성들처럼 젊은 연인과 사귈 수 있어야 한다는 것이 문제가 아니에요. 물론 중요한 중간 목표지만 우리가 그것을 통해 더 나은 세상에서 살 수 있는 것은 아니죠. 왜냐하면 이러한 형태의 동등권은 남성들에게도 재갈을 물리는 가부장제적 체제 내에서 일어나는 일이기 때문이에요. 해방은 더 많은 것을, 즉 이상주의적 정수를 필요로 합니다. 이는 바로, 전제주의적 구조로부터 양성이 모두 자유로워지는 것을 뜻합니다."

율리아 코르비크는 이러한 궤도에 올라탄 사람들 중 한 명이다. 릴레이를 이어받았다고 말할 수도 있다. 그의 책은 분명히 이 주제를 다룬 마지막 책이 되지는 않을 것이다. 그러나 중요하다. 왜냐하면 페미니즘이나 자유에 관해 분노에 찬 책을 더 이상 쓰지 않을 수 있을 때까지, 우리가 이끌어 가야만 할 거대한 담론에 기여하고 있기 때문이다.

– 카티아 쿨만(Katia Kullmann)–

카티아 쿨만 1970년생. 정치학, 사회학, 미국학 등을 공부했다. 성에 관한 요란법석과 노동의 놀라운 세상에 대해 책, 에세이, 기사, 칼럼을 쓴다. 첫 번째 책은 《알리의 시대(Generation Ally)》다. 또 다른 책 《왜 오늘날 여성으로 산다는 것은 이렇게 복잡한가(Warum es heute so kompliziert ist, eine Frau zu sein)》(Eichborn, 2002)로 2003년 독일 서적상을 받기도 했다. 최근에는 《분노한 폐허. 왜 디트로이트는 스스로를 재발견했는가(Rasende Ruinen. Wie Detroit sich neu erfindet)》(Suhrkamp, 2012)를 썼다. 비혼으로 베를린에서 행복하게 살고 있다.

나는 페미니즘이 필요하다.
왜냐하면 내 남성 동료들만큼
벌고 싶기 때문이다.

나는 페미니즘이 필요하다.
왜냐하면 내 아내의 성을
받아 쓰고 싶기 때문이다.

우리는 페미니즘이 필요하다.
왜냐하면 직장과 가정 사이에서
하나를 선택하고
싶지 않기 때문이다.

나는 페미니즘이 필요하다.
왜냐하면 남녀 동등권을 위해
여전히 거리로 나서야 한다고
생각하지 않기 때문이다.

우리는 페미니즘이 필요하다.
왜냐하면 여자아이와 남자아이의
장난감이 다르지 않기 때문이다.

나는 페미니즘이 필요하다.
왜냐하면 나는 '진정한'
남자이기 때문이다.

01 기초

01

페미니즘의
기초

1. 정의

페미-뭐라고?

페미니즘이란 무엇인가? 일단 그 개념이 뜻하는 바를 먼저 살펴보자. 일반적인 정의를 찾아내려는 시도는 종종 못으로 푸딩을 벽에 박는 일처럼 불가능한 것처럼 여겨지지만, 실제로는 아주 단순하다. 《두덴(Duden)》사전에서는 페미니즘을 다음과 같이 정의하고 있다.

> "여성의 요구로부터 나와, 사회적 규범(예를 들어 전통적인 역할분담)과 가부장제 문화의 근본적인 변화를 추구하는 여성운동의 방향."

그리고 온라인 백과사전 위키피디아(Wikipedia)에는 다음과 같이 적혀 있다.

> "페미니즘(프랑스어 féminisme, 라틴어 어원 femina, 즉 '여성'으로부터 나온)은 지적인 신념이자 정치적 운동으로, 동등권, 인간의 품위, 그리고 여성의 자기결정과 성차별의 소멸을 위해 매진한다."

영국의 언론인 케이틀린 모런(Caitlin Moran, 1975~)은 좀 더 쉽게 설명한다.

> "페미니즘은, 여성들이 판단력이 없거나 이해가 더디거나 순진하거나 옷을 잘 못 입거나 뚱뚱하거나 게으르거나 자만심이 강하거나에 상관없이 남성들과 마찬가지로 자유로워져야 한다는 신념 이상의 것이 아니다."[1]

이 정의들에서 눈에 띄는 것은 무엇인가? 그렇다. 바로 단순히 동등한 권리에 관한 문제라는 것이다. 그리스계 웨일스 가수 마리나 람브리니 디아만데스(Marina Lambrini Diamandes, 1985~)는 아주 명확하게 말한다. "저는 스스로를 페미니스트라고 생각해요. 왜냐하면 여성들은 남성들과 동등한 권리를 가져야 한다고 생각하기 때문이죠."

페미니즘은 따라서 사회적 변화를 향한 정치적 운동이다. 목표는 생물학적 성(Sex, 섹스)이나 사회적 성(Gender, 젠더)에 구애받지 않는 기회의 평등이다.[2]

페미니즘은 젠더 안경을 쓰고 우리의 사회를 들여다보며, 권력관계에 대해 묻는다. 페미니즘은 따라서 누가 권력을 갖고 (누가 갖지 않고) 있으며 그것이 어떻게 사용되고 있는지를 알고자 한다.

---

1 Caitlin Moran: *How to be a Woman. Wie ich lernte, eine Frau zu sein*, 2012.

※ 모런에 대해서는 215쪽에서 더 잘 알아볼 수 있다.

2 젠더? 모르는 개념에 대해서는 402쪽에 있는 페미니즘 사전을 찾아보세요!

짧고 간결하게

섹스와 젠더

독일어에는 '성별(Geschlecht)'이라는 단어만 있다. 그러나 영어에서는 두 가지로 나뉜다. 섹스(Sex)는 생물학적인, 그러니까 신체적인 성별을 뜻한다. 이와 반대로 젠더(Gender)는 사회적인 성별을 말한다. 즉, 성별 사이의 사회적, 문화적, 심리학적 차이를 나타낸다. 이러한 생각은 사회, 개인적 환경, 그리고 교육이 젠더를 발전시키는 데 영향을 끼친다는 인식에 바탕을 두고 있다. 젠더는 주어지는 것이 아니라 만들어지는 것이다. 말하자면 하나의 섹스를 갖고 태어나며 젠더를 배우는 것이다.

개별화되도록 놓아두지 말 것: 사적인 것은 정치적인 것이다

페미니즘은 각각의 개인들에게 가능성을 열어 준다. 우리의 행동과 사고를 제한하는 성규범과 관계없이 되고 싶은 사람이 될 가능성 말이다. 예를 들어 여성이 의견을 직접적으로 표시하는 것, 또는 남성이 미국 TV 드라마 〈그레이 아나토미(Grey's Anatomy)〉를 본다는 이유만으로 비웃음당하지 않는 것과 같은. 페미니즘은 성규범이 어떤 결과를 가져오는지 문제 삼음으로써 개인과 사회 사이에 연계선을 만든다. "사적인 것은 정치적인 것이다"라는 슬로건은 1970년대의 여성운동에서 비롯됐으며 오늘날에도 유효하다. 우리가 정치적이거나 사회적인 의미를 두지 않는 사적인 경험(남자 친구가 TV를 볼 동안 당신은 변기를 닦는 것과 같은)은 사실 커다란 전형의 일부분이다. 그리고 이 전형은 남녀 동등권의 결핍이라는 이름을 갖고 있다. 페미니즘은 더 많은 자유와 선택권으로 삶을 더 낫게 만들고자 한다. 우리는 페미니즘을 통해 주변에서 일어나는 일들을 더 잘 이해하고 정리할 수 있게 된다. 페미니즘은 특히 독립성과 스스로 결정할 수 있는 힘을 제공한다. 당신의 강점을 자각하고 자원을 이용하며 스스로 행동하라! 페미니즘은 여성들에게 그들이 아주 정상적이고, 5킬로그램 더 빼지 않아도 되며, 단지 사회가 권한다는 이유만으로 소리 죽여 웃거나 운동화 대신 하이힐을 신지 않아도 된다는 사실을 인식하도록 한다. 페미니즘은 이 모든 불공정한 일들을 꿰뚫어 볼 수 있게끔 하는 궁극적 무기다.

신사 숙녀 여러분, 이것이 페미니즘입니다. 더 이상도 더 이하도 아닌.

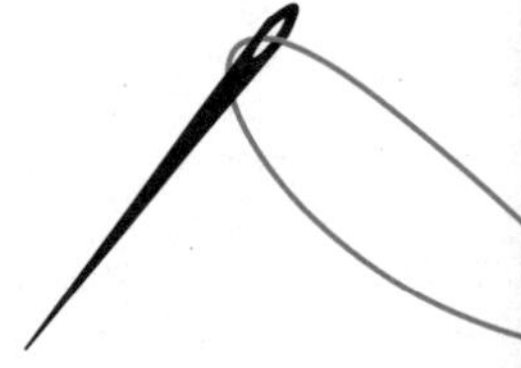

♥ 뜨개질은 페미니즘적인 영역에 속하지 않은 것처럼 보이지만 그렇지 않다. 미국에서는 뜨개질과 정치적 활동을 연결하는 트렌드가 있다. 예를 들어 인터넷에서 "페미니스트 공예"를 검색하면 "비판적 공예 모임"이 나온다.

젠장할 가부장제 젠장할 가부장제

논점:
동등권은 어디에서 실패하는가

동등권을 목표로 하는 일은 옳고 아름다운 일이다. 그러나 그것은 구체적으로 무엇을 의미할까? 동등권의 결핍을 이야기할 때는 늘 두 가지 개념이 따라온다. 가부장제와 성차별. 이 둘은 서로를 전제로 하며 하나가 없이는 다른 하나도 존재하지 않는다.

물론 '가부장제'라는 개념은 엄청 오래되고 이국적인 문화처럼 들린다. 가부장제는 어원으로 따지자면 "아버지의 지배"를 뜻한다. 지위, 소유, 그리고 법이 모두 아버지에 의해서 정해지고 아들에게 상속되는 사회의 형태가 그것이다. 말하자면, 남성들은 역사를 갖고 있다. 그들은 정치와 경제에서 중요한 자리를 점유하고 있으며, 여성 총리 한 명으로 이를 바꿀 수는 없다. 권력은 명백히 남성적인 것이다. 남성들은 날 때부터 지도자적 성향을 갖고 있고 경쟁적이며 적극적이라고 평가된다. 그와 반대로 여성들은 특별히 의지력이 있는 것도 아니며 오히려 감성적이다. 이렇게 가부장제는 특히 남성들에게 이득이 되는 사회 형태다. 인식하고 있든 아니든 간에.

물론 오늘날 이곳의 가부장제는 여성에 대한 남성의 지배를 뜻하지 않는다. 여성과 남성들이 오랫동안 싸워 왔기 때문이다. 남성적인 것이 정상이며 좋은 것이라는 생각은 여전하지만, 가부장제의 전형은 첫눈에 알아보기 힘든 경우가 많다. 가부장제는 공공연한 억압보다는 지속적인 불쾌감이 됐다고 말할 수 있겠다. 따라서 페미니스트들은 가부장제—오늘날과 같은 의미에서는 여성이 차별받는 구조—에 대한 싸움을 남성들과의 싸움으로 여기지 않는 경우가 많다. 그들은 남성들과 함께 사회를 바꾸려 한다.

그럼에도 불구하고, 남성들이 단지 남성이라는 이유만으로 사회적 이득을 얻는다는 것은, 여성들이 성별 때문에 차별받는다는 것을 뜻한다. 성차별은 권력관계를 만들어 내고 지키는 데 효과가 좋은 도구다.

2. 성차별

눈을 질끈 감고 헤쳐 나가라

독일에서 산다는 것은 아주 불편한 일일 수 있다. 어디에나 덕목을 요구하는 감시의 눈이 있다! 대통령 요아힘 가우크(Joachim Gauck)도 자신이 이렇게 피곤하고 재미없는 사람은 아니라고 선을 긋고자 한다. "이러한 덕목의 광기가 지배한다면, 목사였던 저조차 사람들이 기대하는 것보다 훨씬 덜 도덕적일 텐데 말입니다." 우리의 존경할 만한 국가 수장조차도 덕목에 대해 언급해야겠다고 느낄 만한 어떤 일이 있었던 것일까? 당연히 2013년에 있었던 성차별, 그리고 자민당 정치인 라이너 브뤼덜레(Rainer Brüderle)에 대한 #절규-논쟁[2013년 《슈테른》의 라우라 힘멜라이히라는 여성 기자가 자민당의 라이너 브뤼덜레로 부터 성폭력을 당했다는 기사를 씀으로써 촉발된 성차별 논쟁이다. '절규'라는 뜻의 해시태그 '#aufschrei'를 중심으로 트위터에서 논쟁이 이어졌다—옮긴이]이 그것이다. 내 생각에 이 논쟁은 세 가지 측면에서 바라볼 수 있다. 첫 번째는 소셜 미디어(이 경우에는 트위터)에 대한 의미 있는 사회적 논쟁이 될 수 있다는 점이다. 두 번째는 여성들이 성차별에 대해 이야기하고자 하는 욕구가 아주 크다는 점이다. 세 번째는 이 주제가 무엇에 관한 것인지 모두가 알고 있지는 않았다는 점이다. 그리고 여기에 논점이 있다. 무엇이 문제인지를 이해하지 못하거나 잘못 알고 있는 사람들이 많았다.

마이클 키멀

Michael Kimmel

미국 사회학자

(1951~)

"여성들이 동등한 지위를 갖게 되면 남성들의 즐거움이 줄어든다는 생각은 아주 기괴해요. 우월감을 느끼는 한에서만 행복할 수 있다면, 그것은 남성적인 자존감이 아니죠."

페미니즘에 기여한 점

학술지 《남성과 남성성(Men and Masculinities)》의 창립자이자 '성차별에 반대하는 남성들을 위한 전국 조직(National Organization for Men Against Sexism, NOMAS)'의 대변인. 2011년 절친 마이클 코프먼(Michael Kaufman)과 함께 책 《남자들을 위한 페미니즘 가이드(The Guy's Guide to Feminism)》를 펴냈다. 이 저서는 남성들을 위한 페미니즘 기초서와도 같은 책이다.

성차별적 현실:
크고 작은 권력놀음

'성차별'이라는 개념은 2013년 초반, 아주 의미 없지는 않았던 논쟁의 중심에 서게 됐다. 나는 언제부터인가 이 개념이 전방위로 쓰이고 있다는 느낌을 받게 됐다. 마치 핀이 떨어지는 소리에서부터 분필이 긁히는 소리, 그리고 건축 현장의 소음까지를 모두 음악이라 하는 것처럼 말이다. 이렇게 되면 사람들은 음악이 무엇인지를 파악할 수 없게 된다.

앙겔라 메르켈은 직장에서의 성희롱과 성추행을 처벌의 대상으로 만드는 데 힘썼다. 그는 연방 총리로서 성희롱과 성추행은 경고나 해고를 통해 처벌돼야 한다고 명시한 첫 고용자 보호법(1994)의 책임자다.

나에게 성차별이란, 남성과 여성이 생물학적 차이에 의해 정해진 행동방식과 능력에 구속되는 것을 의미한다. 이는 아주 무해할 수도 있지만 결국에는 성별에 따라 개인을 차별하는 쪽으로 빠르게 발전한다. 독일에서 대다수의 여성들이 경험하는 것처럼 말이다. 성차별은 언어에서의 비하적 표현이나 체계적이고 조직적인 차별 모두를 포함한다. 성차별은 개인을 생물학적인 요소로 전락시키지만, 칭찬으로 받아들여지게 하려는 의도에서 행해질 때도 많다.

성차별은, 편집국에서 정보를 더 많이 얻으려고 젊고 아름다운 여성 기자에게 나이 든 정치가와의 인터뷰를 맡기는 경우를 말한다. 또는 여러 사람들과 함께 영화 〈슈퍼맨〉을 보러 갔을 때 어떤 친구(남자)가 "정말 이 영화를 좋아하는 거야, 아니면 남자 친구 때문에 보러 온 거야?"라고 묻는 것이다.

성차별은 모두가 자신만의 성차별적 경험을 가진다는 의미에서 개인적이다. 그러나 그렇기 때문에, 성차별이 개별 사안의 축적, 즉 순전히 개인적인 문제라고 말할 수는 없다. 정반대로 이 경험들은 사회적인 전형을 가시화하기 때문에 의미를 갖는다. 성차별은 권력관계를 생산하고 보존하는 도구로서 기능한다.

#절규와 라이너 브뤼덜레의 논쟁에서 성차별과 성희롱 및 성추행은 혼용되는 경우가 많았다. 상사가 내 무릎에 손을 올려놓으면, 이는 더 이상 성차별이 아니라 추행이다. 클럽에서 낯선 사람을 벽으로 밀어붙여 빠져나오지 못하도록 한다면, 이것은 추행이다. 나는 성차별과 성폭력을 동일시하는 것은 위험하다고 생각한다. 그것은 일상적인 상황에서 눈을 돌리도록 만들고, 성차별적으로 행동하는 사람들은 원래 어디서 멈춰야 할지를 모르는 사람들이라고 말하는 것과 같다. 하지만 성차별 속에 숨겨진 음흉함은 그것의 일상성이며, 성차별

적 표현은 생각 없이 행해지는 경우가 많다. 성차별은 이렇듯 일상의 한 부분이다.

태비 게빈슨

Tavi Gevinson

미국 블로거이자 출판인

(1996~)

"사람들은 여성들을 단순하게 이해하고 싶어 하지만, 실제로 여성들은 복잡합니다. 여성들은 다면적이에요. 하지만 여성들이 이상한 게 아니라 사람들이 이상하기 때문에 이해를 못 하는 겁니다. 참으로 우연히도 여성들은 사람이거든요."

페미니즘에 기여한 점

열두 살에 〈스타일 루키(Style Rookie)〉라는 블로그를 만들고 얼마 되지 않아 패션쇼를 맨 앞자리에서 볼 기회를 얻었으며, 《보그(Vogue)》 편집장 애나 윈투어(Anna Wintour)와도 만났다. 패션은 아주 흥미진진하며 팝문화는 더욱 그렇다고 생각한다. 2011년에는 소녀들을 위한 온라인 잡지 《루키 매거진(Rookie Magazine)》을 창간했다. 질문거리와 이해할 거리들을 많이 가지는 게 아주 정상임을 보여 준다. 페미니즘을 이데올로기적으로 이해하지 않고, 일상의 다양한 측면과 연결시켰다.

작은 성차별 유형학

공격적 성차별

성치에 대한 틀에 박힌 강조,

그리고 여성은 열등하고 남성과 동등하지 않다는 믿음.

전형적인 표현:

"여자에게는 부엌이 가장 잘 어울린다."

성차별 척도에서의 점수:

신사적 성차별

여성들은 '아름다운 성'이며 보호해야 하고 약하다는 믿음.

전형적인 표현:

"당신 같은 여성은 일을 하는 것이 아니라

장미 속에 누워 있어야 해요."

성차별 척도에서의 점수:

성차별은 존재하지 않는다는 성차별

성차별은 존재하지 않는다는 주장

전형적인 표현:

"성차별이라니, 너는 너무 예민해!"

성차별 척도에서의 점수:

숨겨진 성차별

성차별을 드러내 놓고 하지는 않지만 순간순간 튀어나온다.

전형적인 표현:

"이 선반을 네가 설치했어?

그런 것까지 할 수 있을 거라고는 상상도 못 했네."

성차별 척도에서의 점수:

역설의 위험: 이렇게나 웃은 적은 드물다

혹시 이런 말을 들어봤는지? "모든 사람들은 지적이다. 그렇지 않은 사람들은 생리를 한다." 또는 이런 말은? "여자를 위한 컴퓨터가 만들어질 거라고 들었어. 하지만 이미 있지 않나? 전자레인지!" 하나 더 있다. "팀 마티슨(Tim Mathieson)[호주의 전 총리인 줄리아 길라드(Julia Gillard)의 반려자]은 캔버라에서 크리켓 선수들에게 정기적 전립선 진료를 권유했다. 만져 보는 것은 가장 좋은 방법이고 '특히 작은 아시아 여자 의사들에게' 그걸 하게 해야 한다고."[3] 이런. 이것은 농담이 아니다. 2013년에 정말로 일어났던 일이다.

호주의 전 총리 줄리아 길라드는 많은 이들의 기억에 남아 있다. 그 이유는, 성추행으로 비난받던 당시 상대 당 정치인에게 자신의 의견을 분명히 했기 때문이다. 길라드는 의회에서 피터 슬리퍼(Peter Slipper)에게, 호주의 여성혐오가 어떤 상태인지 알고 싶으면 거울을 보라고 권유했다. 이 장면이 담긴 동영상이 인터넷에서 많은 인기를 끌었다.

우리 사회에는 성차별에 대한 모순적 태도들이 존재한다. 이론적으로는 많은 사람들이 성차별이 그다지

3 "Sexistischer Witz: Freund von Julia Gillard entschuldigt sich"; Siegel Online, 29.01.2013.

좋지 않거나 아주 나쁜 것임을 알고 있다. 그러나 실제로는 그것에 관해 논쟁하기보다 역설로 대체하는데, 이는 성차별을 결국 문제없는 것으로 만든다. 우리 모두는 즐길 줄 안다. 그리고 어느 정도의 재미는 있어야 한다. 미국에서 이런 현상은 "힙스터 성차별"이라고 불린다. 성차별은 낡은 개념이고 현대 사회에서는 더 이상 존재하지 않는다는 가정을 전제로 한다. 더 이상 존재하지 않아서 누구에게도 상처를 주지 않는 것에 관해 농담하는 데는 문제가 없다. 따라서 역설적 성차별에는 세 가지 측면에서 문제가 있다. 첫째, 문제를 오인하고 있다는 점이다. 두 번째로는 교활한 방식으로 성 고정관념을 고착시킨다. 세 번째가 가장 중요한 점이다. 바로 일상적인 비판을 막는다는 것. 이러한 농담이 일상적으로 행해진다면 여성들(남성들 역시)은 어떤 점이 성차별인지 그리고 재미있지 않은지를 분명히 하기가 어려워진다. 전가의 보도처럼 행해지는 표현인 "그냥 웃자고 한 말이야!"에 대응해 뭐라고 말하기는 어렵다. 많은 사람들—나를 포함해서—은 진심을 입 밖으로 드러내 "좋은" 분위기를 망치기보다는 같이 웃거나 적어도 어색하게 쳐다보는 쪽을 선호한다. 그러나 이 좋은 분위기라는 것은, 인류의 절반이 평가절하되고 있는 한 그렇게 좋은 것이 아니다.

유럽에서의 젠더 임금 격차 (Gender Pay Gap)

젠더 임금 격차란, 남성과 여성의 평균 시급 차를
백분율로 표현한 것이다.

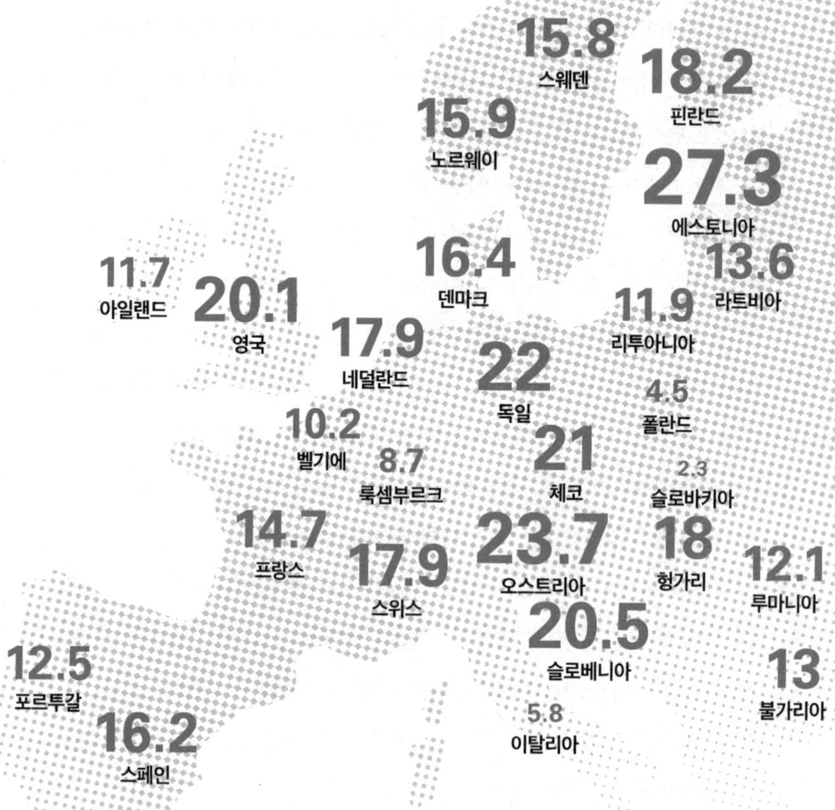

Eurostat(유럽연합의 통계기구—옮긴이), "Gender pay gap in unadjusted form", 2011.

··· 취업 직후

독일에서 여성은 남성보다 시간당 22퍼센트 더 적게 번다. 이미 취업 직후부터 여성 대학 졸업자들은 같은 성적으로 졸업한 남성들보다 정규직에서 더 보수가 적다.

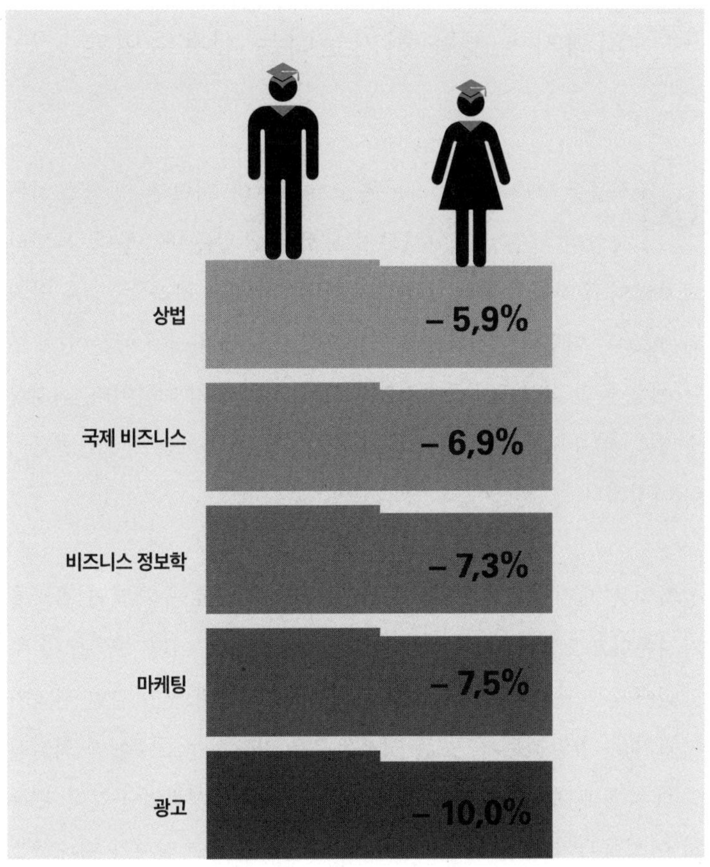

WSI 보고서 06/2010.

일상에서의 처신:
피해자 노릇을 하기보다는 실용주의로

여성들은 "제지를 해!"라는 충고를 듣는다. 이 말은 그 말을 하는 사람이 아무것도 이해하지 못하고 있음을 반증한다. 특히나 성차별이 무엇을 뜻하는지에 대해서는. "제지를 하라"는 말은 쉽지만, 행동은 어렵다. 당황하거나, 한마디로 얼어 버리기 때문이다. 또는 예를 들면 직장에서 종속적인 관계에 놓여 있기 때문이다. 제지할 수 없는 이유는, 성차별과 우리가 성차별을 경험하는 상황들만큼이나 다양하다.

성차별을 제지하는 것은 사회적 또는 경제적으로 구체적인 결과를 가져온다. "그렇게 파인 옷을 입어서야 남자들이 어디 집중을 할 수 있겠어요?"라는 상사의 말이 칭찬이 아니라고 대 놓고 말한 결과가 어떨지 누가 알겠는가? 또는 석사논문을 지도하는 교수에게 외설적인 메일을 보내지 말라고 부탁한다면? 대학은 남성적인 공간이다. 특히 여성들이 종속관계에 놓이게 되는 엄격한 위계질서가 지배하고 있다. 그곳에서는 공식적인 항의를 하려면 세 번을 더 생각하게 된다. 내 여자 친구 한 명은 비교적 젊은 남자 교수에게 석사논문을 지도받았으며 관계가 좋았다. 아직 논문을 쓰고 있는 친구와 함께 그가 갑자기 영화관에 가길 원하기 전까지는. 그 친구를 얼마나 어려운 상황에 놓이도록 만들었는지 그는 알고 있었을까. 친구는 그에게 호감이 없었기에 애초에 있을 수 없는 일이었다. 그가 지도교수인 데다 자신보다 권력이 있는 사람이기 때문에도 더욱 그랬다. 결국 친구는 구실을 만들었고 아무 일도 일어나지 않았다. 운이 좋았다. 전혀 다른 방향으로 전개될 수도 있는 상황이었다.

직장에서는 성차별이 권력의 수단으로 특히 더 뻔뻔스럽게 악용된다. 아네트 메이리츠(Annett Meiritz, 1982~) 기자가 《슈피겔 온라인(Spiegel Online)》에 해적당에 관한 기사를 썼을 때, 갑자기 그가 정보원과 잠을 잤다는 소문이 퍼졌다. 젊고 야심에 찬 여성 기자가 그럴 수 있다고 상상이 되듯 말이다. 메이리츠는 그러한 비난에 대해 다음과 같이 대응했다.

> "논점은, 여성 기자들의 경우 남성 기자들과 다른 법칙의 적용을 받고 있으며 이러한 차별적 대우는 내 작업을 방해한다는 점입니다. [……] 유럽의회의 한 의원이 지나가면서 내 손에 명함을 쥐어 주고 얼굴을 가까이 들이대며 다음과 같이 말할 때면 기분이 좋지 않아요. '언제라도 연락 주세요. 무슨 일이든지요.'

> [……] 여기에서 부글부글 끓어오르는 분노로 답해야 할까요? 아니죠. 혼란스러운 순간이 지나가면 계속 가던 길을 가는 거예요. 대부분의 관계는 프로페셔널하고 정중하니까요."[4]

성차별에서 이런 식의 실용주의적 처신은 대부분이 여성들에게 이미 익숙하다. 우리는 종종 비난받는 것처럼 히스테릭하게 반응하지 않는다. 결과를 두려워하기 때문에 제지하지 않는 것이다. 그리고 우리는 "피해자 회원권(스위스 TV 진행자 외르크 카헬만이 강간 혐의로 재판을 받고 무죄로 풀려난 뒤 인터뷰에서 한 말로, 여성들은 항상 희생자 노릇을 하며 남성들을 가해자로 몰 수 있는 위치에 있다는 뜻을 담고 있다—옮긴이)"이라는 것도 갖고 있지 않다. #절규 운동, 경험의 교환, 성차별의 가시화, 그리고 '나는 혼자가 아니다'라는 인식은 자의식을 가진 표현방식들이며 필요에 따라서 구체적인 행동을 만들어 내기도 한다.

물론 모두가 이 필요성들을 절감하는 것은 아니다. #절규 논쟁에서는 양성에 대한 놀라울 정도로 성차별적이고 분별 없는 발언들이 여성들로부터도 나왔다. 여기에서는 남성들도 황소와 비교당했고 천성이 충동적이고 성차별적이라고 정의되기도 했다. 어떤 여성들의 세상에서

---

4 "Man liest ja so einiges über Sie"; *Der Spiegel*, 3/2013.

는 항상 발정이 나 있는 네안데르탈인과 그것을 이용하는 여성들이 뛰어 돌아다니고 있다. 여성들이 집적임 당하지 않기 위한 방법은 단순하다: 블라우스를 여며라. 삶에서 모든 것이 이렇게 단순하다면야.

대다수가 이해하지 못하고 이해하길 원치도 않는 것은, 성차별이 남성과 여성의 성적 관계에 관한 일이 아니라는 사실이다. 그러니까 아주 평범하게 시시덕거리다 갑자기 여자가 히스테릭하게 맥주잔으로 남자의 뺨을 후려치는 상황이 아니라는 것이다. 칭찬과 성차별적 표현 사이의 간극은 넓지 않다고 한다. 성차별은 모두가 각자 정의하는 것이고 이것을 상대방이 자동적으로 알아차릴 수는 없기 때문에 부분적으로야 맞는 말이다. 그러나 발정기에 있는 사슴 떼처럼 행동하지 않는 일은 대다수의 사람들에게 어렵지 않다. 직장에서나 사생활에서나 말이다.

《브리기테(Brigitte)》의 기자인 틸 래더(Till Raether)는 〈성차별적 말들: 동참할 것인가 침묵할 것인가?〉라는 기사에서 성차별 논쟁을 논하며 다음과 같이 결론지었다. 남자들은 다른 남자들이—낯선 사람인 경우가 많은—여자들의 가슴과 엉덩이에 대해 한마디씩 할 때 더 이상 입 다물고 가만히 있으면 안 된다고. "남자들은 다른 남자들에게 성차별을 강요합니다."

이는 빌레펠트 대학이 증명했다. 심리학자 샤를로테 딜(Charlotte Diehl), 요나스 리스(Jonas Rees), 그리고 게르트 보너(Gerd Bohner) 교수는 경험적인 방법을 통해 성차별, 성희롱 및 성추행에 수반되는 주장들을 명백히 하고 반박하기 위한 연구를 했다. 설문 대상 여성 중

58.5퍼센트가 사생활에서나 직장 및 공공장소에서 성희롱 또는 성추행에 해당하는 상황을 경험했다고 한다. 즉, 소수만의 일이 아닌 것이다. 그러나 가장 흥미로운 점은 상대방의 어떤 표현들이 불쾌하거나 성적인 침해로 여겨지는지에 대해 남성과 여성 모두 공감했다는 것이다.[5] 그러니까 성차별이라는 문제를 해석할 수 있는 능력은 여성들만 갖고 있는 것이 아니다. 이를 모르는 체하는 사람들은 대부분 알면서도 그러는 것이다.

5 Diehl et al.: "Zur 'Sexismus-Debatte': Ein Kommentar aus wissenschaftlicher Sicht", Universität Bielefeld, 2013.

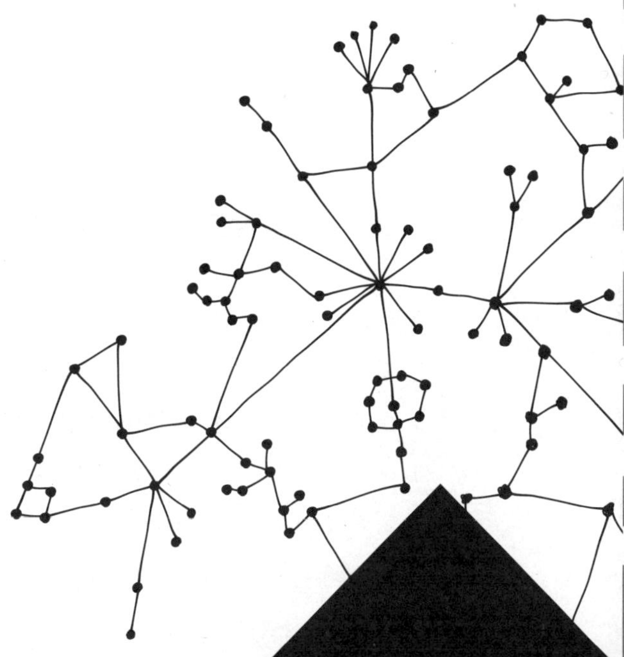

짧고 간결하게

길거리 성희롱

길거리에서 휘파람 불기, 외설적인 말, 또는 추행까지. 영어로는 이것을 'street harassment'라고 부른다. 낯선 남자 한 명 혹은 여러 명이 어떤 여성을 공공장소에서 괴롭힌다. 그들은 여성을 성적 대상으로 만들고 이에 대해 반응하기를 강요한다. 우리는 못 본 체, 못 들은 체 묵인한다. 여기에는 많은 에너지—다른 일들에 사용할 수도 있는—가 소요된다.

무엇을 할 것인가?

남성과 여성 사이의 '올바른' 관계를 위한 교과서는 다행스럽게도 없다. 왜냐하면 엄격한 규칙은 해답이 될 수 없기 때문이다. 그 대신 무엇이 있을까? 주의 깊게 보는 것이다. 이는 실제보다 단순한 것처럼 생각된다. 그러나 주의 깊게 보기 위해서는 자신의 행동방식에 대해 자문하고 다른 사람들의 행동방식을 검토할 준비가 필요하다. 다른 사람이 성차별을 아주 다르게, 나보다 더 엄격하게 해석하는 것을 이해하는 것. 성차별적인 상황, 성차별적 언행, 성추행의 목격자가 "이제 그만"이라고 말하는 것. 이런 일들은 항상 쉽지만은 않다.

그러나 우리가 성차별에 대해 적극적으로 무언가를 하려 한다면, 양들의 침묵, 혹은 당혹스럽기 때문에 침묵하는 것은 여성과 남성 모두에게 선택지가 될 수 없다.

제시카 발렌티

Jessica Valenti

미국 블로거, 언론인,
그리고 활동가
(1978~)

"우리는 스스로 뭔가 이상한 것이 있으면 생각을 해 보도록 교육받았어요. 우리는 너무 뚱뚱해. 우리는 너무 멍청해. 우리는 너무 영리해. 우리는 숙녀답지 않아. 욕하지 마라. 입을 벌리고 먹지 마라. 생각을 말하지 마라. 우리는 너무 평범해. 우리는 충분히 평범하지 않아. 될 대로 되라죠."

페미니즘에 기여한 점

대학에서 페미니즘에 눈을 뜨고, 젊은 여성들에게 페미니즘이 멋지다는 것을 보여 주고자 2004년 〈페미니스팅(Feministing)〉이라는 블로그를 만들었다. 요즘은, 엄마가 된다는 것은 어떤 것인가, 미국 사람들이 처녀성에 얼마나 집착하는가, 그리고 페미니즘적인 결혼식에 대한 칼럼과 책을 쓰고 있다.

DON'T

DON'T

♥ 미국 예술가 타티아나 페즐랄리자데(Tatyana Fazlalizadeh)는 거리에서의 희롱을 주제로 하여 '여성에게 웃으라고 하지 말라'는 거리 예술 프로젝트를 진행했다. 그는 여성의 초상화를 내걸고 그 아래 "내 차림새는 유혹이 아니다"라는 문장을 써 붙였다.

페미니즘에 대한
다섯 가지 질문

메를레 슈퇴버

Merle Stöver

1994년 태어난 이 사회사업학과 학생은 2010년 9월부터 유소스(Jusos, 독일 사민당의 청년위원회—옮긴이)에서 활동해 왔으며 2011년부터 2013년까지 슐레빅홀슈타인 주의 사민당 위원회에서 일했다. 슈퇴버는 〈자유, 평화, 그리고 봄바람으로부터(Von Freiheit, Frieden und Frühlingsgefühlen)〉라는 블로그에서 정치와 페미니즘에 대해, 특히 권력 구조에 초점을 맞춰 글을 쓰고 있다.

페미니즘은 당신에게 어떤 의미입니까?

모든 인간이 규범으로부터, 그리고 삶의 색깔을 앞서 규정하고 제한하는 일에서 해방되는 것입니다. 사회와 권력체계에 대한 페미니즘적 관점은 누가 어떤 특권을 누리고 누구에게 어떤 특성이 부여되는지에 대해 자문합니다. 동시에 저에게 페미니즘은 안전한 공간에서 활동할 수 있는 것을 뜻하기도 해요. 누구도 방해할 필요가 없고, 큰 소리로 이야기하지 않아도 되고, 어떤 자리도 차지할 필요가 없죠.

당신의 결정적인 페미니즘적 순간은 어떤 것이었나요?

그보다는 저를 깊이 생각하게 만들었던 여러 작은 일들이 있어요. 왜 정치는 항상 백인 이성애자 남성들이 하는가? 왜 아침이면 거울을 보고 내 옷이 너무 많이 파이지는 않았는지 생각하게 되나? 왜 나는 항상 여성이라는 존재로 환원되는가? 왜 혼자 집에 가는 길에 두려움을 갖게 되나? 저는 되묻기 시작했고 글을 많이 읽었고 친구들에게서 배웠어요. 페미니즘과 페미니즘적 사고는 저에게 여전히 끝이 없는 과정입니다.

실제 또는 허구의 롤모델이 있나요? 누구입니까?

우리의 역사에 대한 기술은 남성적이에요. 남성들이 남성들에 대해 씁니다. 여성들이 주도한 일들은 숨겨져 있는 경우가 많죠. 하지만 저의 롤모델은 보이지 않는 곳에서 싸우고 자신의 일에 전력투구했던 여성들이에요. 이 여성들의 이름은 대부분 알려지지 않았죠. 예를 들어 68항쟁 때 집에 머물며 아이들을 돌보는 대신, 운동에 참여하기 위해 유치원을 개설했던 여성들처럼 말입니다.

메를레 슈퇴버가 남성 어미와 여성 어미 사이에 넣은 밑줄은 소위 '젠더 갭'을 뜻한다(405쪽의 젠더 갭 참조). 몇몇 페미니스트들은 스스로를 여성으로도 남성으로도 인식하지 않고 있는 사람들까지 포괄하기 위해 이를 사용한다.

오늘날 페미니즘에서 가장 큰 과제는 무엇인가요?

많은 사람들이 페미니스트라는 말을 모욕으로 받아들여요. 제게 가장 큰 과제는 아주 틀에 박힌 페미니즘에 대한 상을 갖고 있는 사람들과 싸우는 것입니다. "페미니즘"이라는 말을 들었을 때 방어태세를 취하는 사람들이 많아요. 마음을 닫고 있는 사람들에게 다가가서 페미니즘적인 세계관을 전한다는 것은 쉽지 않죠. 많은 사람들이 페미니즘을, 토크쇼에서 여전히 위대한 페미니스트로 추앙받는 알리스 슈바르처와 연관시킵니다. 하지만 페미니즘은 그보다 더 많은 것을 의미하죠.

젊은 페미니스트들에게 하고 싶은 말이 있다면?

당신들의 공간을 그저 취하지 말고 탈환하세요! 페미니즘과 관련된 글을 쓰고 말을 하고 생각을 전하며 서로 관계를 맺는 멋진 사람들이 많습니다. 같은 생각을 갖고 있으며 당신에게 귀 기울일 수 있고 같은 이상을 위해 싸울 수 있는 사람들은 어디에서든 찾을 수 있어요. 굴복하지 마세요. 왜냐하면 당신들은 성차별과 가부장제를 이야기하는 사람들이 아니라 그것을 지지하는 사람들이 문제라는 사실을 잘 알고 있을 테니까요.

짧고 간결하게

독성을 가진 남성성과 과도한 남성성

남성성에 대한 연구에서 "독성을 가진 남성성(toxic masculinity)"이라는 개념이 나왔다. 그리고 독성을 가진 남성성이란 남성들을 폭력적이고, (성적으로) 공격적이며, 정서적인 능력이 부족하다는 등으로 표현하는 클리셰를 말한다. 과도한 남성성은 이 틀에 박힌 성질들을 과도하게 강조하는 것이다. 연구자들은 남성성에 대한 이런 식의 표현이 여성들에 대한 폭력과 관련이 있다고 결론지었다. 남성적인 성 고정관념은 여성적인 그것만큼이나 유해하다.

3. 페미니즘에서의 남성들

할 수 있지만 해야만 하는 것은 아니다

성차별에 대한 예에서 분명해진 것은, 남성들이 페미니즘에 관심을 가질 필요가 있다는 점이다. 그런데 남성들이 페미니스트가 될 수는 있을까? 경제학자 존 스튜어트 밀(John Stuart Mill, 1806~1873)은 이 질문이 무슨 뜻인지 몰랐을 수도 있다. 혹은 무릎을 당겨 안고 생각은 해 봤을 수도 있다. 왜냐하면 밀은 철학자이고, 생각은 말하자면 그의 직업에 속하는 일이기 때문이다. 그는 동등권에 대해서 분명히 많이 생각했다. 1869년에 에세이 《여성의 예속(Die Hörigkeit der Frau)》을 출간한 일도 있다. 여기서 그는 여성의 권리에 대해 적극적으로 지지 의사를 표명했고 다음과 같은 시각을 보여 줬다.

> "한 성별이 법적으로 다른 성별의 하위에 위치하는 것은 그 자체로 공평하지 못하며, 인류의 완성에 대한 근본적인 방해물이다."[6]

---

6 《여성의 예속》은 온라인으로 구텐베르그 프로젝트(Projekt Gutenberg)에서 다운받을 수 있다. 필독을 권한다!

밀은 "생물학적 사실", 즉 여성이라는 것으로부터 정치적인 결과와 권리, 혹은 권리가 아닌 것이 도출된다는 사고방식을 단호히 거부했다. 그의 옆에는 여권 운동가이자 작가인 해리엇 테일러(Harriet Taylor, 1807~1858)라는 독립적이고 지적인 여성이 있었다. 테일러는 그의 저작에 큰 영향을 미쳤다. 테일러는 다른 남자와 결혼해 있을 때부터 밀과 에세이를 교환해 왔다. 무엇에 관한 것이었을까? 당연히 여권에 관한 것이었다. 밀은 페미니스트였을까? 물론!

대니엘 헨더슨(Danielle Henderson)이 보기에 남성과 페미니즘은 완벽하게 잘 어울린다. 정확히 말하면 특정한 남성, 즉 라이언 고슬링(Ryan Gosling) 말이다. 그는 라이언 고슬링의 텀블러를 만들어서 페미니즘적인 의사 표현을 적어 넣었다. 예를 들면 "이봐 아가씨, 내 손에 망치가 있다면 저 가부장제를 때려서……" 등과 같은 것들 말이다. 이는 아주 성공적이어서 책까지 출판됐다.

사실을 들여다보자. 페미니즘의 목표는 인구의 절반(=남성들)이 무언가를 변화시키려는 데 함께하지 않고 아무런 관심이 없으면 달성하기 어렵다. 혁명은 기대할 수 없고, 페미니즘은 기존의 체제 안에서 움직여야 한다. 문제는 다음과 같다. 페미니즘을 다루는 일에 대해 느끼는 거부감은 여성들보다 남성들에게 끼치는 영향이 더 크다. 즉, 소위 '여성적 주제'에 관심이 있는 남성들은 효과 좋은 작업 기술을 찾았다는 의심을 받게 된다. 또는, "등신", "겁쟁이", "호모", 한마디로 "여자아이" 취급을 받는다. 이는 어리석은 일이다. (여성성이나 성적 지향을 욕으로 사용하는 것부터가 그렇다.) 왜냐하면 이 남성들은 다른 남성들보다 더 영리하기 때문이다.

성

결혼한 뒤로는 어떤 성을 사용해야 할까?
자신의 성이 좋건 아니건 간에 상관없이 대부분의 여성들은
남편의 성을 받고 상징적으로 남성의 가족 쪽으로 옮겨 간다.

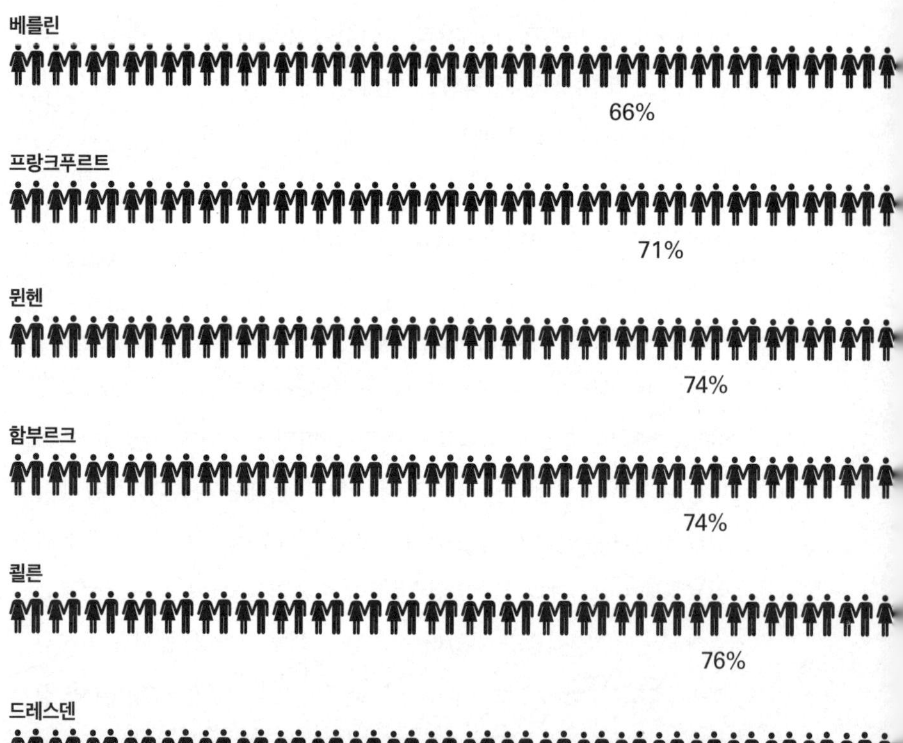

호적사무소

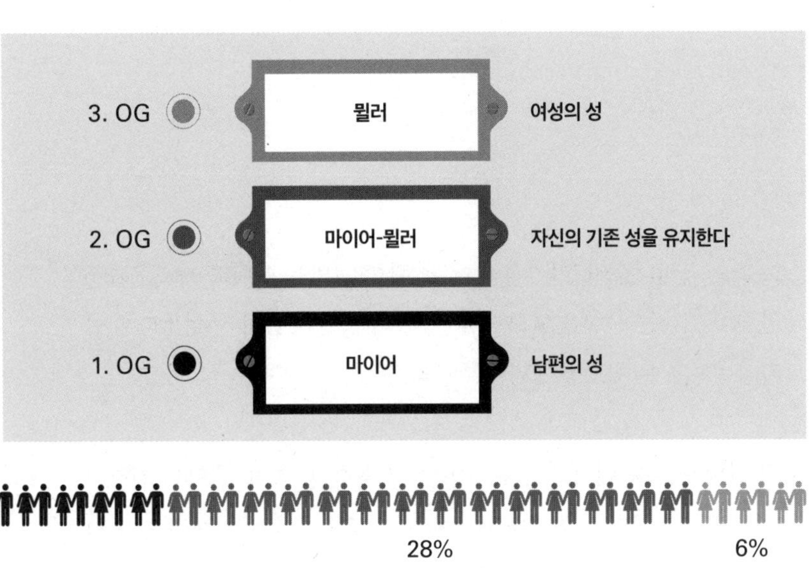
3. OG
뮐러
여성의 성
2. OG
마이어-뮐러
자신의 기존 성을 유지한다
1. OG
마이어
남편의 성

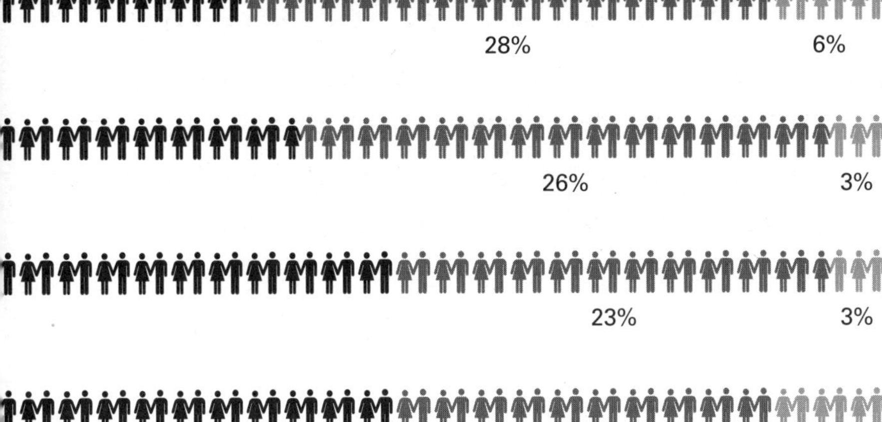
28%
6%
26%
3%
23%
3%

20%
6%

19%
5%

17%
7%

그들은 페미니즘이 '여성적 주제'에 관한 것만은 아니며 스스로와도 관련이 있다는 사실을 알고 있다. 동등권은 한 사람이 져야만 다른 한 사람이 이기는 제로섬 게임이 아니다.

내 경험으로 볼 때, 남자들은 같이하고자 한다. 특히 "남자는 일하러 가고 여자는 맛있는 음식을 준비해 놓고 그를 기다린다"와 같은 성 역할에 별 관심이 없는 젊은 세대들이 그렇다. 남자들은 여자들과 다르다. 물론 이것이 남자는 화성에서, 여자는 금성에서 왔음을 뜻하지는 않는다. 남성과 여성은 성 고정관념을 계속 따라가기보다 서로를 보완하고 대화를 하고 경험을 교환해야 한다. 왜 남성들이 페미니즘으로부터 이득을 얻을 수 있고 그래야만 하는가에 대한 두 가지 이유는 다음과 같다.

✲ 젠더 고정관념은 남자들에게도 영향을 미친다. 누가 항상 크고 강해야 하며, 여성의 자동차를 고쳐 줘야 하고, 데이트를 할 때마다 돈을 내야 하며, 외벌이로 돈을 잘 벌어야 하고, 액션 영화를 좋아해야 하는가? 그렇다. 그 대신 남자들은 더 넓은 범위의 롤모델을 가질 수 있어야 하며 "남자답지 못하다"고 폄하되지 않는 가운데 행동 양식을 선택할 수 있어야 한다.

✲ 페미니즘은 남성들에게 새로운 시각을 제공한다. 페미니즘은 모두가 자신들의 가능성을 자유롭게 펼칠 수 있도록 힘쓴다. 우리 사회에서 남성들은 여성들보다 더 자유롭지만 아이를 위해 휴직을 하려 할 때는 모두가 이상하게 쳐다본다. 반려자보다 적게 버는 남성들도 마찬가지다. 이래야만 하는가? 그렇지 않다.

남성성에 대한 사회적 인식이 얼마나 협소한가는 "병든 남자"에 관한 논쟁이 아주 멋지게 그려 놓았다. 이 개념은 2012년 《차이트》에 실렸던 요즘 남자들에 대한 기사에서 나왔다. 이는 애인에게 키스하기보다 기타 치기를 더 선호하는 젊은 남자들에 대한 비판이었다.

> "[……] 그는 좀 저만치 서서 떨고 있었다. 어색해하고 불안해하고 두려워하고 있었으며, 슬퍼 보이고 우울해하며 당황한 듯했다. 그는 자신의 역할을 잃은 것이다."[7]

7 "Die Schmerzensmänner"; *DIE ZEIT*, 2/2012.

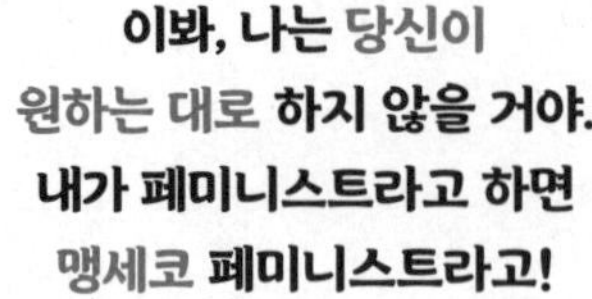

이 정체성의 위기에는 사회적인 원인이 있다. 젊은 남자들은 너무 많은 모순적 기대를 안고 있다. 이 글에서 문제는, 특히 예전부터 이어진 롤모델에 대해 의문을 품는 것이 부정적인 일인 양 그려지고 있다는 점이다. 여자가 인내심을 갖고 과감한 지배자를 기다리는 대신 스스로 적극적이 되면 여자답지 못하다. 남자가 마음에 드는 여자의 어깨에 손을 올리고 자기 집으로 데려가지 않으면 진정한 남자가 아니다.

모든 남성들에게 좋은 소식은 (정체성 위기에 놓여 있든 아니든) 페미니스트들이 일반적으로 더 긍정적이고 다양한 남성상을 갖고 있다는 점이다. 그들은 남자들이 섹스에 굶주린 네안데르탈인이라고 생각하지도 않고, 피와 살로 된 존재 대신 기타를 껴안고 싶어 한다고 여기지도 않는다.

남성들 또한 페미니즘으로부터 이득을 얻을 수 있다. 그러나 아주 중요한 문제가 하나 남아 있다. 그들이 여성운동의 일부로 받아들여질 수 있느냐는 점이다.

페미니즘은 잘나가는 클럽이 아니라서 문지기가 모든 남자들을 폄하하고 비웃으며 "페니스가 있으면 못 들어와요, 예쁜이"라고 거절하지는 않는다. 어떤 남자가 페미니스트적 시각을 갖고 있다면 왜 페미니스트가 아니겠는가? 그러나 여성운동에 적극적이고 공개적으로 참여하는 데에서는 조금 다른 면이 보이기도 한다. 나를 포함한 많은 여성들은 남성들이 페미니즘을 지지하고 여성들과 함께 사회적 변화를 위해 행동하려는 것을 환영한다. 그러나 다른 여성들은 그렇지 못하며 자치적인 운동을 옹호한다. 활동하는 사람 대부분이 여성인 운동에서, 남성들이 토론을 결정하게 된다면, 그것은 불합리하다. 즉, 남성들의 경우 특정한 사안은 스스로 경험해 본 바가 없기 때문에 그에 관해 이야기하기가 어렵고, 결국 토론의 주제는 그들 위주로 흘러가게 되는 것이다. 여성들은 항상 남성들의 도움에 의존하는 것이 아니며 혼자서도 잘 할 수 있다. 그러나 이것을 믿기 어려워하는 사람들도 있다. 미국의 풍자 웹사이트 〈디 어니언(The Onion)〉은 2007년, "실패한 페미니즘 운동을 남자가 넘겨받다"라는 머리기사를 내보냈다.

어떤 여성들은 남성들 없이 여성들끼리만 자유롭게 이야기하고 교류하는 안전한 공간(safe spaces)을 원한다. 특히 남성폭력의 희생자가 된 여성들의 경우에는 더욱 그러하다.

나는 두 가지 모두 가능하다고 생각한다. 여성운동에 남성들도 참여함과 동시에 여성들과 차별받은 소수자들을 위해 안전한 공간을 만드는 것 말이다. 이를 위한 전제조건은 대부분의 다른 것들과 마찬가지로 소통이다. 남성과 여성이 의구심과 희망사항을 서로 이야기하는 것만으로도 공통점과 해법을 찾고 경계를 허물 수 있다.

페미니즘은 남성들의 행동과 사고방식을 바꾸도록 요구한다. 구체적으로 말하면, 그들의 우연한 특권(특히 여성이 아니라는 이유만으로 갖고 있는)을 문제 삼으라는 것이다. 이는 쉽지만은 않지만 그만한 가치가 있다. 아직도 확신이 없는가? 그렇다면 미국의 페미니스트이자 사회학 교수인 마이클 키멀이 그렇게 만들어 줄 수 있을지 모른다.

> "동등권은 제로섬 게임이 아니라 굳은 확신이다. 모두가 그로부터 이득을 얻을 수 있다. 이는 통계적으로도 잘 나와 있다. 미국의 부부들을 대상으로 한 연구가 보여 주는 것은, 관계가 평등하고 집안일이 잘 분담될수록 여성들, 그리고 남성들도 더 행복하다는 사실이다. 이 남성들은 대체적으로 만족하고 있다. [……] 그리고 특히 그들은 섹스를 더 많이 한다."[8]

좋을 것 같지 않은가? 페미니즘은 따라서 이성적인 문제이다. 페미니

8 "Come on, Guys!"; *Der Freitag*, 05.10.2012.

즘은 우리 사회 속에서 권력관계를 변화시키려 하기 때문에 모든 형태의 성차별에 맞서 싸운다. 페미니즘은 우리가 사는 세상을 더 좋은 곳으로 만들려 한다. 특히 여성을 위해, 하지만 여성만을 위해서는 아닌. 그렇다면 왜 우리 모두가 페미니스트이지 않겠는가?

마이클 키멀의 《남성들을 위한 페미니즘 가이드》(2011)(특히 이 책의 인물평론 참조)는 간간이 엄청나게 웃기고 반드시 꼭 읽어야만 한다. 남성들뿐만 아니라 여성들도.

나는 동성애 혐오자,
성차별주의자, 그리고 인종 차별자를
우리 사회에서 없애고 싶다.
나는 그들이 저기 있음을 안다.
그것은 정말로 불쾌한 일이다.

– 커트 코베인(Kurt Cobain) –

페미니즘에 대한
다섯 가지 질문

닐스 피케르트
Nils Pickert

1979년 동독에서 태어나 반려자 및 두 아이와 함께 남독일에 살고 있다. 피케르트는 프리랜서 작가와 언론인으로 일하고 있으며 동등권, 가족, 그리고 종교에 관해 글쓰기를 좋아한다.

페미니즘은 당신에게 어떤 의미입니까?

모든 편견, 상투성, 그리고 역할의 고착화에서 벗어나 자유를 얻는 것이지요. 그리고 나의 정체성에 대해 사람들이 존중해 주고 나 역시 그들을 그렇게 대하는 것입니다.

당신의 결정적인 페미니즘적 순간은 어떤 것이었나요?

제 반려자의 임신과 아이들의 출생입니다. 불평등, 여성혐오, 그리고 남성우대 등의 사회적 고정관념에 대해 알고 있던 모든 것이 그 속에서 그대로 증명되거나 더 심하게 드러났지요.

실제 또는 허구의 롤모델이 있나요? 누구입니까?

몇 명이 있지만 두 명으로 줄일게요. 저는 젊은 여권운동가이자 인권운동가인 말랄라 유사프자이(Malala Yousafzai, 1997~)를 존경합니다. 그는 신념을 위해 모든 위험을 감수했어요. 그리고 무신론자이자 언론인인 저는 너무 일찍 생을 마감한 크리스토퍼 히친스(Christopher Hitchens, 1949~2011)의 말재간과 자기비판, 풍자 능력을 좋아합니다. 그는 스스로를 페미니스트라고 생각하지 않았지만 다음과 같이 확신했죠. "21세기의 사회문제에는 간단한 해법이 있습니다. 여성들에게 전권을 주는 것이죠. 당신이 어디로 가든지, 어디에서나 통하는 방법이에요."

오늘날 페미니즘에서 가장 큰 과제는 무엇인가요?

자기를 망각하지 않는 것입니다. 스스로가 어디에 있는지, 어떻게 극복하는지를 자꾸만 잊기 때문에 함정에 빠지는 거예요. 처음에는 동등하게 출발한 부부가 첫아이가 태어난 뒤부터 다시 고전적인 역할분담으로 돌아가는 경우에 관한 연구가 많아요. 그렇게 되면 여자가 직장일도 하고 가사일도 하게 되는 것이죠. 여성이 언제든 임금 인상을 받을 수 있지만 요구하고 싶지 않을 뿐이라며 자신을 속이는 것도 함정이에요. 또 다른 문제는 페미니즘을 현실에서의 정치적 사상으로 구체화하는 것입니다. 세 번째로는 다양한 페미니즘적 흐름 사이에 있는 다툼과 적대입니다. 이 모든 것을 해결한다면, 21세기는 페미니즘이 지배하게 될 거예요.

젊은 페미니스트들에게 하고 싶은 말이 있다면?

현혹되지 말고 동등권을 주장하세요. 페미니즘을 파시즘과 혼동하지 마세요. 함께 열정적으로 떠들어 대는 것이 페니스를 자르라는 슬로건보다 더 유용해요. 물론 다른 입장도 옳을 수는 있겠지만요.

스테파니 로하우스

Stefanie Lohaus

독일 언론인

(1978~)

"예전에는 어쩌다 잘 맞지 않는 직업을 갖게 되더라도 심각하게 걱정하지 않았습니다. 제가 보기에 요즘 젊은 여성들은 빨리 직업을 구하려 하는데, 좀 더 복잡한 세상을 경험했고 무엇이 장애물인지 더는 분명치 않기 때문이에요."

페미니즘에 기여한 점

2008년 크리스 쾨버(Chris Köver), 존야 아이스만(Sonja Eismann)과 함께 《미시 매거진(Missy Magazine)》을 창간했다. 이 잡지는 페미니즘적 관점에서 성, 팝, 정치, 스타일을 해석한다. 《미시 매거진》을 만들 때가 아니면, 이들은 직업과 가정의 조화에 관한 글을 쓰거나, 팝페미니즘(마돈나, 레이디 가가 등 팝음악을 통해 표현되는 페미니즘을 말한다—옮긴이)적인 주제로 발표를 하거나, 아니면 (매매춘과 같은) 논쟁에 뛰어든다.

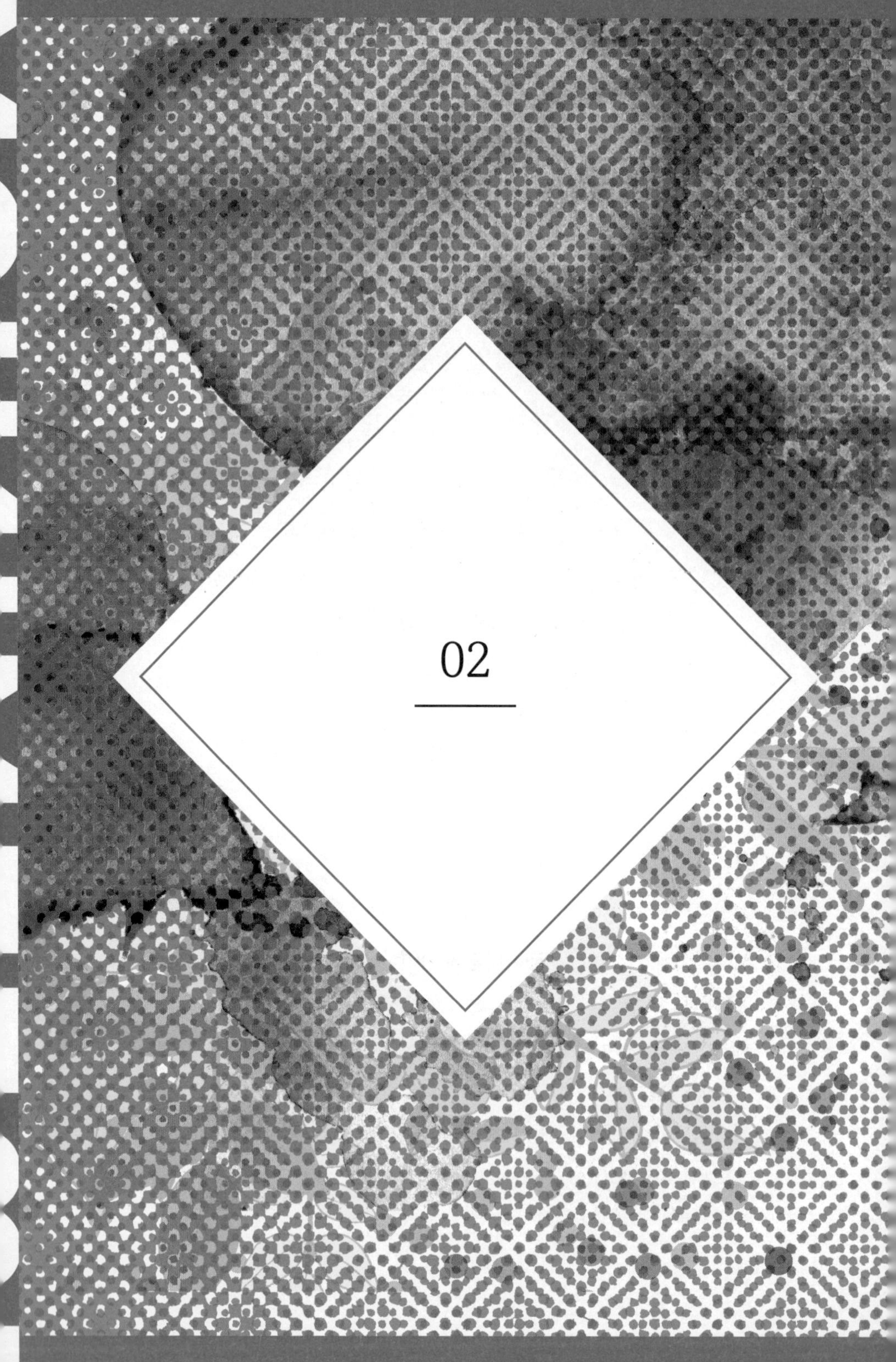

02

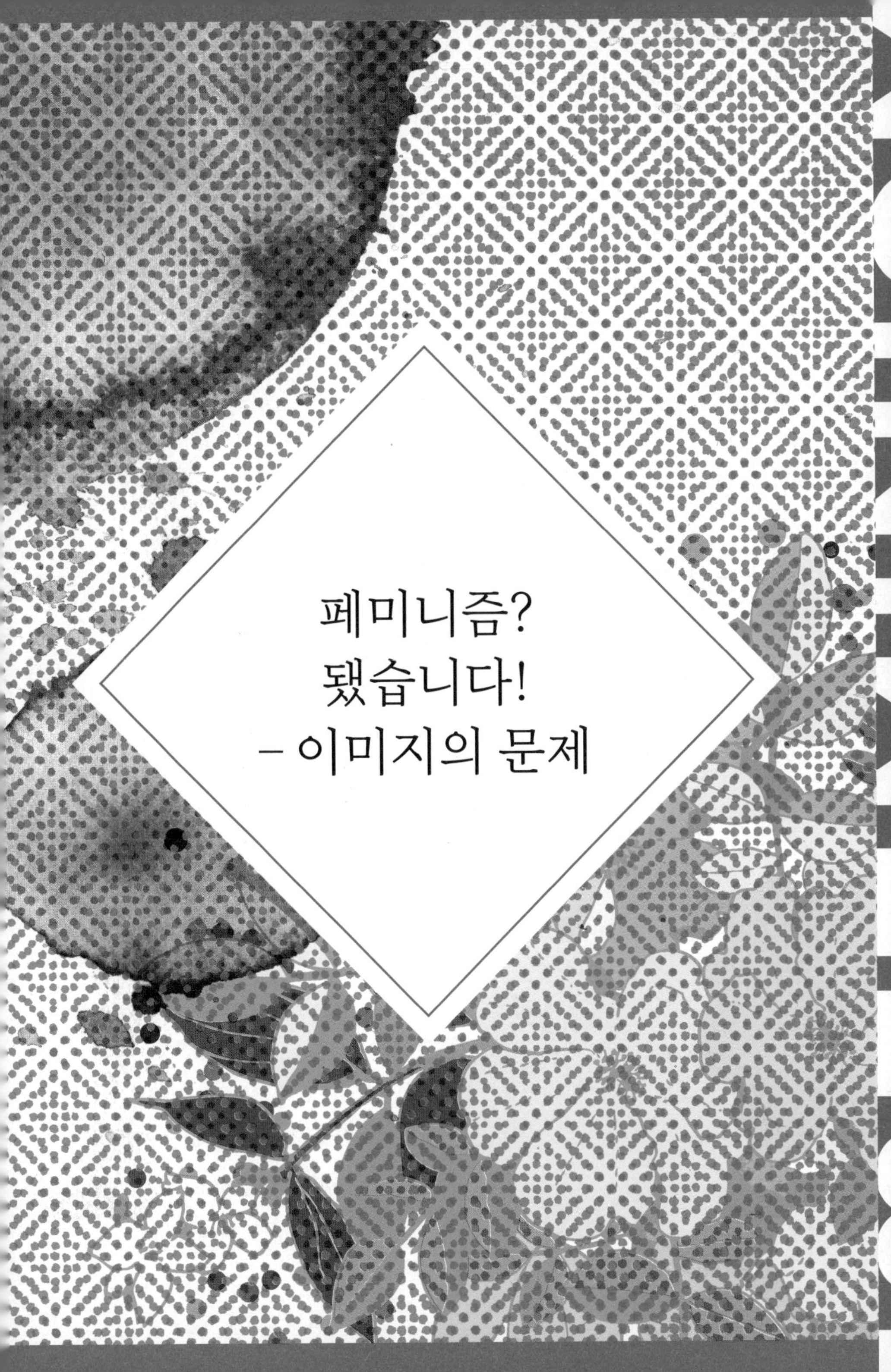

페미니즘? 됐습니다! – 이미지의 문제

1. 편견

죄송합니다만,
제 고정관념을 보셨나요?

페미니즘은 커다란 문제를 안고 있다. 나쁜 이미지가 바로 그것이다. 페미니즘은 경쟁자(친애하는 가부장제!)의 활동에 지독하게 시달려 온 멋진 프로젝트다. 그러나 소문이 퍼지고 명성은 망가지고 결국 페미니즘은 쿨하지 못한 게 돼 버렸다. 그런데 페미니즘에 대한 이러한 수군거림이 과연 맞는 말일까?

"당신은 페미니스트인가요?"라는 질문은 간단하다. 그러나 대답은 전혀 그렇지 않다. 이는 물론 하나의 단어에 관한 일일 뿐이다. 그러나 엄청난 효력을 가진 하나의 단어다. 나는 스스로를 페미니스트라고 부른다. 그러고 이를 아주, 아주 웃기다고 생각하는 사람들이 많다. 내가 전 남자 친구와 함께 요리를 하고 있을 때 그는 비꼬는 투로 이런

헛소리의
냄새가 나는

말을 했다. "무서워할 거 없어. 네 페미니스트 친구들한테는 아무 말도 하지 않을게." 요리라는 가정일과 페미니즘적 신념이 그에게는 서로 어울리지 않는 일이었나 보다. 혹은 페미니즘 경찰이 부엌으로 쳐들어와 손에서 요리주걱을 빼앗고 나를 비페미니즘적 행위로 체포하는 그림을 머릿속에 그리고 있었는지도 모르겠다. 그다음에는 앞치마를 두르고 요리주걱을 든 나의 사진이 신문의 "페미니즘 검열"난에 실리고, "앞치마는 명백히 가부장제의 향기를 풍긴다"는 표제하에 세 명의 전문가들로부터 비난을 받게 되는 상황까지 말이다. 많은 사람들에게 페미니즘은 우스운 것이고, 그들이 "페미니스트"라는 단어를 내뱉을 때는 마치 역한 냄새를 맡은 것처럼 보인다. 오랫동안 만나지 못했던 지인이 한 파티에서 내가 "동등권을 지지한다"는 사실을 알게 됐다. 그는 내가 마치 범죄적 음모에 연루되거나 사람들이 다 보는 데서 형광 초록색의 크록스를 신고 있는 양 말했다. 페미니즘에 열광하며— 또는 소심하게, 적어도 진심에서 나오는 관심으로—지지하게 되는 일은 안타깝게도 예외적인 경우다.

페미니스트가 된다는 것은, 틀에 박힌 생각들 때문에 쉽지 않은 일이다. 페미니즘은 욕이 됐고 안 팔리는 상품이 됐다. 이는 특히 사람들이 고정관념에 대해 다시 생각해 보는 데 너무 게으른 탓이다. 왜냐하면 고정관념은 편하고, 삶을 쉽게 만들기 때문이다. 그러나 편리함은 이제 끝났다. 몇 가지 편견을 대차게 걷어차 줄 때가 왔다.

우리는 더 이상 페미니즘이 필요하지 않다.
여성들은 이미 이렇게나 많은 것을 이루었다!

정말? 여성들은 한 세기 동안 그들의 권리를 위해 싸워 왔고 성과가 있었다. 그러니까 여성들이 마녀로 화형당하던 중세와 비교했을 때, 오늘날 독일의 여성들은 잘 지내고 있다. 그리고 여성의 성기가 불에 그을린 면도날이나 뾰족한 돌로 절단되는 나라들과 비교했을 때도 역시 그렇다. 그럼에도 독일은 동등권이 이루어진 나라와는 거리가 멀다. 예를 한번 들어 볼까? 연방의회에는 남성 의원들이 여성 의원들보다 두 배가량 많다. 여성 의원의 비율은 36.5퍼센트다.[9] 국민(그 중 절반이 여성인)을 대변하는 기관으로서는 많은 편이 아니다. 다른 예는 어떨까? 여성들은 여전히 남성들보다 시간당 평균 22퍼센트[10] 적게 번다.

9 Deutscher Bundestag, Oktober 2013.

10 "Unbereinigter Gender Pay Gap in %, 2006년부터 2012년까지 Destatis.

페미니즘적인
부엌전선

그리고 이는 여성들이 파트타임으로 일하는 경우가 더 많고 아이를 낳는다는 사실로 설명되지 않는다. 왜냐하면 남성들과 같은 자질을 갖고 상근직에 종사하는 여성들도 이미 취업 초반부터 수입이 더 적기 때문이다.[11] 광고에서 옷을 적게 걸치고 성적 대상화가 되는 쪽도 대부분 여성들이다.[12] 그리고 남성보다 하루 100분 정도 더 (무보수의) 육아와 가사일을 하는 쪽도 대부분 여성들이다. 여성들이 화장실 청소를 하고, 기저귀를 갈고, 청소기를 돌리거나 창문을 닦는 시간도 남성들보다 한 시간 반 정도 더 많다. 나는 여가 시간을 이런 일들과 함께 보내고 싶지 않다. 페미니즘은 끝났다? 이를 진심으로 믿는 사람은 분명히 DJ 욋치(DJ Ötzi)(춤추기 좋은 리메이크 음악 같은 종류로 인기를 끈 독일 가수—옮긴이)를 재능 있는 음악인으로 볼 것이다.

페미니스트들은 못생기고 화가 나 있다

페미니스트들은 지상에서 가장 못생긴 존재라는 생각은 오래된 편견이며 가장 질긴 것이기도 하다. 게다가 특히 영향력이 크다. 왜냐하면 누구도 못생기거나 못생겨 보이고 싶지는 않기 때문이다. 이는 젊은

---

11 254쪽의 인포그래픽 참조.

12 "Cooking, Caring and Volunteering: Unpaid Work Around the World", OECD, 2011.

여성들의 입을 다물게 만드는 가장 좋은 수단이다. "페미니스트가 될 수밖에 없었겠지. 외모가 저래서야 남자들이 쳐다보기나 하겠어?" 서프레저트들은[13] "남성적인 여자"라는 모욕을 들었고, 1960년과 1970년대에 와서야 페미니스트들이 못생겼다는 평판을 털어 낼 수 있었다. 이는 페미니즘의 내용과는 아무런 상관이 없으며, 단순한 위협이자 모욕일 뿐이다.

그럼에도 이 터무니없는 일에 동참하고 싶은 사람이 있다면 다음과 같이 말해 주고 싶다. 아주 많은 페미니스트들이 일반적인 아름다움에 대한 기준에 의문을 제기하고 "아름다워지고 싶다면 고통을 견뎌야 한다"는 마조히스트적 원칙에 따라 살기를 거부한다. 여성들에게 가장 중요한 삶의 목표가, 아름답게 보이는 것만은 아니어야 한다. 항상 그렇게 권유되고 있음에도 말이다. 하지만 반대로 예쁜 옷과 화장을 좋아하는 것 역시 문제가 될 수는 없다. 페미니스트라고 해서 그러지 말아야 한다는 법은 없다. "사적인 것은 정치적인 것이다"라는 페미니즘적 슬로건은 종종

아름다운 페미니스트의 예를 찾는다면 할리우드를 보라. 케리 워싱턴(Kerry Washington), 키라 나이틀리(Keira Knightley), 엘런 페이지(Ellen Page), 그리고 젬마 아터튼(Gemma Arterton)은 공인된 페미니스트다.

13 여성운동의 이 용감한 선구자들에 대해서는 이 책의 '페미니즘 역사와 이론'에서 더 자세히 다뤄지고 있다.

주이 데샤넬(377쪽을 보라)은 두명의 여자 친구들과 함께 Hello Giggles라는 웹사이트를 만들었다. 이곳에서는 다양한 여성 작가들이 개인적인 감정, 20대에도 성인이 되지 못함, 공황장애, 그리고 식이장애 등에 관한 글을 쓴다. 고양이나 매니큐어에 관한 글들 속에 이러한 내용이 들어 있기도 하다.

오해를 받고, 여성이 사적인 삶에서 페미니즘과 합치되지 않는 것처럼 보이는 일을 하면 페미니스트로서의 신빙성이 없다고 판단하는 데 사용되기도 한다. 여성들을 해방시켜야 하는 것이, 오히려 그들을 옭이메고 있다. 화장하는 사람, 섹시한 옷과 하이힐을 좋아하는 사람들은 "좋은" 페미니스트일 수가 없다! 헛소리다. 우리는 기분 좋은 일을 해야 한다. 페미니즘은 어떤 아이섀도가 페미니스트들 중에 가장 인기가 있는가라는 질문보다 더 시급한 소망이다. 시각적인 것은 잊어라! 소녀처럼 옷을 입는 미국 배우이자 제작자며 음악가인 주이 데샤넬(Zooey Deschanel, 1980~)은 다음과 같이 생각한다.

> "왜 우리는 여성스럽고 자립적이면서 성공적일 수 없는 건가요? 저는 피터팬 옷깃이 달린 옷을 입은 빌어먹을 페미니스트이고 싶어요. 그건 시각적인 것일 뿐이잖아요! 자신만의 길을 가는 여성을, 소녀처럼 옷을 입었다는 이유만으로 비판하는 사람은 자신의 우선순위가 뭔지 곰곰 생각해 볼 필요가 있어요."[14]

---

14 *Glamour* (USA), 02. 2013.

퀴브라 귀뮈사이

Kübra Gümüşay

터키계 독일인, 블로거

(1988~)

"페미니즘이 항상 똑같아야 하는 것은 아니지만 그럼에도 우리는 함께 싸워야 할 공동의 대상이 있습니다. 참정권, 폭력 없이 스스로 결정하는 독립적인 삶, 동등권. 한 여성이 비키니를 입었든 히잡을 둘렀든 그건 중요하지 않아요."

페미니즘에 기여한 점

독실한 무슬림임과 동시에 페미니스트인 것이 모순되지 않는다는 가장 좋은 예를 보여 줬다. 자신의 블로그 〈외국어 사전(Ein Fremdwörterbuch)〉에서 (일상의) 인종차별을 주제로 삼아 글을 쓰고 '#여기를보세요'라는 해시태그로 트위터에서 이에 관한 활동을 한다.

그러니까, 페미니스트들이 객관적으로 못생긴 것은 아니다. 그러나 분노하는 일은 간혹 있다. 물론 놀랄 일은 아니다. TV를 켜고 또다시 헐벗은 여성이 나와 새로운 정원용 가위나 최신 다이어트 요거트를 광고하는 것을 보면 좌절하지 않을 수 없다. 신문의 모든 정치 칼럼들이 남성들에 의해 쓰였다는 사실을 확인하는 것도 불쾌하다. 끊임없이 욕을 하고 히스테릭한 "페미"로 낙인찍히는 것도 정말로 짜증 나는 일이다. 그렇다. 페미니스트들은 자주 분노한다. 그러나 자신들을 분노케 하는 상황을 바꾸기 위해 무언가를 한다.

페미니스트들은 남자들을 혐오한다

페미니즘은 우리가 살고 있는 사회를 여성과 남성 모두를 위해 더 좋게 만들려 한다. 페미니즘 잡지 《엠마》가 실시한 설문에 따르면, 독자의 73퍼센트가 남성들과 연인관계를 맺는다고 한다.[15] 페미니스트들이 남자를 혐오한다는 말은 적어도 《엠마》의 구독자에게는 통하지 않는다. 《엠마》가 남성 혐오의 대표적 본보기로 조롱당하고 있음에도 말이다. 페미니즘은 여성-남성 간의 진영전이 아니다. 페미니스트

15 "Leserinnen-Begragung: Wer sind die EMMA-Leserinnen?"; *EMMA*, 03/04. 2013.

들이 "여성들은 몇 세기 동안 억압받아 왔다. 이제 우리는 멍청한 남자들을 짓밟을 것이다"라는 기치 아래 보상받고자 하는 것도 아니다. 그들이 원하는 것은 동등권이다. 여성이 더 나은 성별이기 때문이 아니라, 순전히 정의의 문제이기 때문이다.

페미니스트들은 섹스와 성을 싫어한다

왜 하필 몇 세기 전부터 성적 결정권을 위해 싸워 온 페미니스트들이 섹스를 못마땅해 하겠는가. 페미니스트들만큼 섹스에 대해 많이 이야기하는 사람들도 없다. 이들은 섹스를 싫어하는 것이 아니라 섹스가 어떠해야 한다는 사회적 인식에 대해 문제를 제기하는 것이다. 1960년대 후반에서 1970년 초반까지, 여성에게 섹스란 순종적인 아내가 대부분의 경우 즐거움보다는 의무로 참여하는 행위였다. 혼외 섹스는 여성에게 고려의 대상이 아니었다. 1970년대 새로운 독일 여성운동은 성을 어떻게 동등권이 현실화될 수 있는가에 대한 논쟁을 벌였는데 성을 그 출발점으로 삼았다. 알리스 슈바르처가 1975년 《아주 작은 차이(Der kleine Unterschied und seine großen Folgen)》에서 동성애에 대해 썼을 때, 그리고 섹스는 항상 들어가고-나가고-들어가고-나가는 것이라는 생각을 비판했을 때, 그가 말하고 싶었던 바는 다음과 같았다. 성에는 다양한 형태가 있다. 여성들이여, 자유로워져라, 그리고 즐겨

라! 성적 즐거움에 대해 스스로 책임을 지고 일이 흘러가는 대로 두어라! 페미니스트들은 질경과 거울로 그들의 질과 외음부를 탐구하기 시작했다. 왜냐하면 자신의 몸을 잘 알고 있어야 침대에서 무엇이 자신의 마음에 드는지도 알 수 있기 때문이다. 참여자 모두가 동의하는 한 페미니즘에는 성적인 금기가 없었다. 이것이 어째서 쾌락을 반대하는 일인지는 나도 잘 모르겠다.

페미니즘은 해만 끼친다!

언젠가 페미니즘이 온실효과나 노인빈곤에 책임이 있다는 결론이 나와도 나는 놀라지 않을 것이다. 거기에다 페미니즘은 가족을 파괴하고 아이들에게 트라우마를 준다. 예전보다 더 많은 여성들이 직장에 나간다는 것은 당연히, 불쌍한 맞벌이 부부의 아이들이 많아진다는 것을 뜻한다. 그 아이들은 부모의 사랑을 받지 못하고, 혼자 열쇠로 현관문을 열고 들어와 전자레인지로 데운 점심을 먹으며, 부모의 관리 아래 숙제를 마치는 대신 TV를 본다. 이 아이들은 당연히 행실이 튀는 중퇴자가 될 것이며 멋진 경력이라고는 마약계에서 쌓는 수밖에 없다. 그리고 이 모든 것은 엄마가 아이들에게 점심을 차려 주고 아빠에게 맥주를 따르는 대신 남성 혐오자 알리스 슈바르처를 따랐기 때문이다.

사실 우리 사회에서 여성의 자립은 이제 안정적으로 자리 잡았다. 그리고 예전의 상황에 만족했던 사람들은 이를 탐탁지 않게 여긴다. 이는 두 명의 청소년들이 1950년대의 롤모델을 반영하는 TV 드라마 속에 들어가게 되는 영화 〈플레전트빌(Pleasantville)〉과도 같다. 한때 흑백이었던 도시에 색이 더해질수록, 주민들이 협소한 역할을 깨고 나와 진정으로 원하는 것을 할수록, 시장인 빅 밥과 그의 무리는 불만이 깊어 간다. 주인공 중 한 사람은 밤에 직장에서 집으로 돌아갔을 때 그의 부인이 음식을 차려 놓지 않았다는 사실을 알게 되는데, 이는 그에게 세상이 무너지는 것 같은 일이었다.

오늘날 여성들이 예전보다 더 많은 가능성을 지니고 있으며, 모든 일에 남자의 도움이 필요치는 않는다고 해서 그것이 곧 세상의 몰락을 뜻하는 것은 아니다. 그리고 예전에는 모든 것이 더 나았다는 것 역시. 페미니스트들은 양질의, 너무 비싸지 않은 아이돌보미 시스템, 엄마와 아빠를 위한 육아휴직, 그리고 직장에서 부모들을 위한 파트타임 모델, 한마디로 직장과 가정의 더 나은 조화를 위해 힘쓴다. 이는 쉽지만은 않지만 그럴 만한 가치가 있다.

나는 페미니즘이 무엇인지 전혀 모르겠어요

많은 여성들은 페미니즘의 일부가 되기에는 페미니즘과 페미니즘 이론에 대해 아는 것이 별로 없다고 생각한다. 그러나 이것은 틀렸다. 누구나 언젠가는 시작부터 하는 것이다. 모른다는 것이 페미니스트가 되지 못할 이유일 수는 없다. 그보다는 마침내 그 주제를 다루게끔 자극을 줄 수 있을 것이다! 그 뒤에 학문적인 이론을 접할 것인지, 여성운동의 역사를 공부할 것인지, 아니면 적극적으로 활동할 것인지의 여부는 각자의 취향에 달렸다. 일반적으로는 페미니즘에 입문하는 데 특별한 제한은 없다. 한발 뒤로 물러서서 도움닫기를 한 뒤 뛰어 들어오면 된다!

꼬리표와 틀은 바보 같다

우리는 브랜드 상품의 광기에 빠져 있으며, 스스로를 음악 취향에 따라 정의하는 사람들이 많고, 애플 제품을 갖고 있는 것을 신조와 동일시하는 사회에 살고 있다. 첫 번째 맥북을 구입하면, 그것은 성배처럼 다루어진다. 그러나 페미니즘은 많은 사람들에게 갑자기 지나치게 특별해진 꼬리표가 됐다. 전적으로 이해할 수 있는 일이다. 애초에 '페미니즘'은 다양한 운동을 포괄하는 집합개념이다. 그러나 자신의 인격이 한 가지 측면으로 축소될 거라는 생각 때문에, 페미니즘을 꼬리표로 보고 거부하는 경우가 많다. 오직 페미니스트로만 인식된다는 것이다.

이러한 두려움에는 그럴 만한 이유가 있다. 어떤 사람들은 다른 사람들을 틀 속에 가두어 전형성을 부여하길 좋아한다. 그리고 좋은 뜻으로 그렇게 하는 경우도 있다. 우리 조부모님이 "여기 우리 작은 페미니스트가 오네"라고 말하는 것은 나를 화나게 하려는 (또는 키가 1.58미터인 나를 놀리려는) 의도가 아니다. 그들은 내가 페미니즘에 관심이 있다는 것을 알기 때문에, 그리고 나를 칭찬할 의도로 그러는 것이다. 모든 것을 포기해야 페미니스트가 될 수 있는 것은 아니다. 분명히 하자면, 페미니즘이 존재의 모든 측면에 새겨지지는 않는다. 그것은 당신이 원하는 만큼만 삶과 인격에 영향을 준다. 페미니스트가 된다는 것은 당신이 달라져야 된다는 것을 뜻하지 않는다. 그와 반대로, 페미니즘은 바로 자기 자신이 되도록 해 준다! 당신은 언제나 보드카를 좋아하고, 여가 시간에는 테니스를 즐기며, 긴장을 풀기 위해 고어 무비를 보는 여성으로 남을 수 있다. 당신이 원하는 것이라면 무엇이든 간에.

학자들만을 위한 것이다

독일에서 페미니즘은 대개 학문적인 배경을 가진 중산층, 그리고 대부분 백인 여성에 의해 대변된다. 이민자나 하층민 여성 등 소수자의 목소리가 커지는 일은 드물다. 이는 안타까운 정도가 아니라 불쾌한 일이다. 다행스럽게도 페미니스트들은 이제 그 사실을 인식하고 있다. 이 주제는 "교차성"이라는 슬로건 아래 논의되고 있다. 그리고 다음과 같은 것들을 다룬다. 예를 들어 흑인 여성의 경우 성별뿐 아니라 피부색도 평가의 대상이 된다. 레즈비언 여성은 이성애자 여성과는 다른 경험을 한다. 인종차별, 성차별, 나이나 계급을 기반으로 한 차별 역시 따로따로 떼어 놓고 보기 쉽지 않다. 여성들은 성차별을 다양한 방식으로 경험하고 이 경험은 단순히 일반화할 수 없다. 특정한 여성 집단(백인이며 중산층)의 경험에만 기반하는 페미니즘은 모든 사람을 위한 것일 수 없다. 그것은 우리에게 필요하며 우리가 원하는 페미니즘이 절대 아니다. 그렇기 때문에 특히 필요한 것은 자기성찰이다. 모두가 어떤 특권을 가졌는지, 그리고 타인의 문제에 귀를 닫고 있는 것은 아닌지 점검해 봐야 한다.

페미니즘이 너무 오랫동안 백인이라는 특권을 가진 여성들에 의해 행해져 왔음에도 불구하고, 이들이 페미니즘으로부터 이득을 얻는 유일한 집단은 아니다. 백인이 아니며 특권을 갖지 않은 여성들의 목소리에 귀 기울이는 사람들은 더 많아졌고, 그들의 문제는 더 진지하게 받아들여지고 있다. 그리고 더 다양한 사람들 — 여성과 남성, 특권이 있는 사람과 그렇지 못한 사람, "규범"에서 벗어난 성 지향성을 가진 사람 — 이 운동에 속할수록 페미니즘은 더욱더 나아진다.

내가 페미니스트가 되면 뭐가 달라지는가?

세상이 달라진다! 왜냐하면 스스로를 페미니스트라고 칭하는 사람들은 신념에 맞춰 행동한다. 요즘 세상에는 드문 일이다. 우리는 우리가 하는 모든 일 속에서 아주 모순적으로 행동한다. 우리는 〈미혼남(Bachelor)〉 같은 TV 프로그램이 바보 같다는 것을 알면서도 보고, 성차별적이거나 인종차별적인 농담을 듣고 웃는다. 우리가 이 모든 것을 즐기고 모순적인 거리를 두는 한, 모든 것이 문제없다. 페미니스트들은 이와 달리 소신에 관한 것이라면 완벽하게 비모순적이다. 그들은 결정을 하고 특정한 태도를 취한다. 페미니즘을 지지하는 사람이라면 의제를 갖고 있다.

알리스 슈바르처—아!

이 문제는 모두가 알고 있다. 사람들이 어떤 특정한 사안을 전혀 나쁘게 생각하지 않는다고 해 보자. 심지어 아주 좋게 보기도 한다. 그러나 짜증스럽고 멍청하고 공감 능력이 결여됐다고 생각하는 사람도 그것을 좋아한다면? 더 이상 관심을 갖지 않게 될 것이다. 페미니즘과 알리스 슈바르처와의 관계도 이와 유사하다는 것은 굳이 설명할 필요가 없을 것이다. '슈바르처=페미니즘=나쁘다'라는 연상작용은, 이해할 수 있지만 틀렸다. 모든 (정치적-사회적인) 운동은 가장 잘 알려지고 가장 논쟁적인 대표자와 연관지어진다. 이는 가장 인상적인 슬로건과 가장 기억할 만한 활동—긍정적이거나 부정적인 의미 모두에서—을 낳는다. 페미니즘을 어차피 불필요한 사안으로 보는 사람들은, 이 운동을 반대하는 데 슈바르처를 이용한다. 물론 슈바르처를 좋아하지 않는 페미니스트들도 많다. 그들은 이 독일의 페미니즘 메가폰이 어떻게 모든 논쟁과 페미니즘의 이미지에 영향을 끼쳤는지를 안다. 그러나 당연히 슈바르처가 페미니즘의 다양성을 대변하는 것은 아니다. 다른 입장을 취하고, 다른 방법으로 동등권을 이루려는 페미니스트들도 많고, 그러한 페미니즘적 경향도 있다. 그러나 나는 알리스 슈바르처가 독일에서 운동이 시작되도록 만들었기 때문에, 그리고 몇십 년 동안이나 계속해서 여성문제를 이슈화시켰기 때문에 그를 존경한다.

내가 말하려는 건, 알리스 슈바르처의 오랜 활동과 그의 명백한 오류(《빌트》와의 협력에서 조세 포탈까지), 그리고 정당한 비판에 대한 그의 몰이해가 페미니즘을 거부할 이유는 되지 못한다는 것이다. 슈바르처와 같은 입장을 취해야만 한다는 강제성은 없다. 독일 페미니즘에서 그의 공은 논쟁의 여지가 없지만 그렇기 때문에 그의 입장이 신성한 것은 아니다.

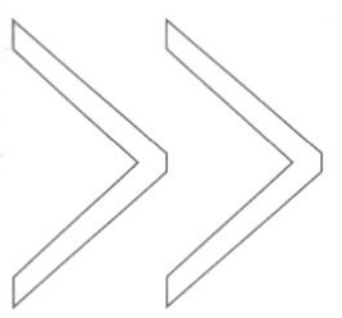

동등권은 하나의 개념이 아니다.
우리가 추구해야 할 것도 아니다.
그것은 필연성이다.

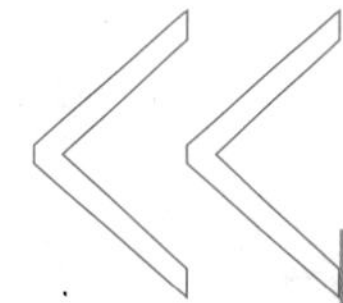

– 조스 휘던(Joss Whedon) –

짧고 간결하게

교차성

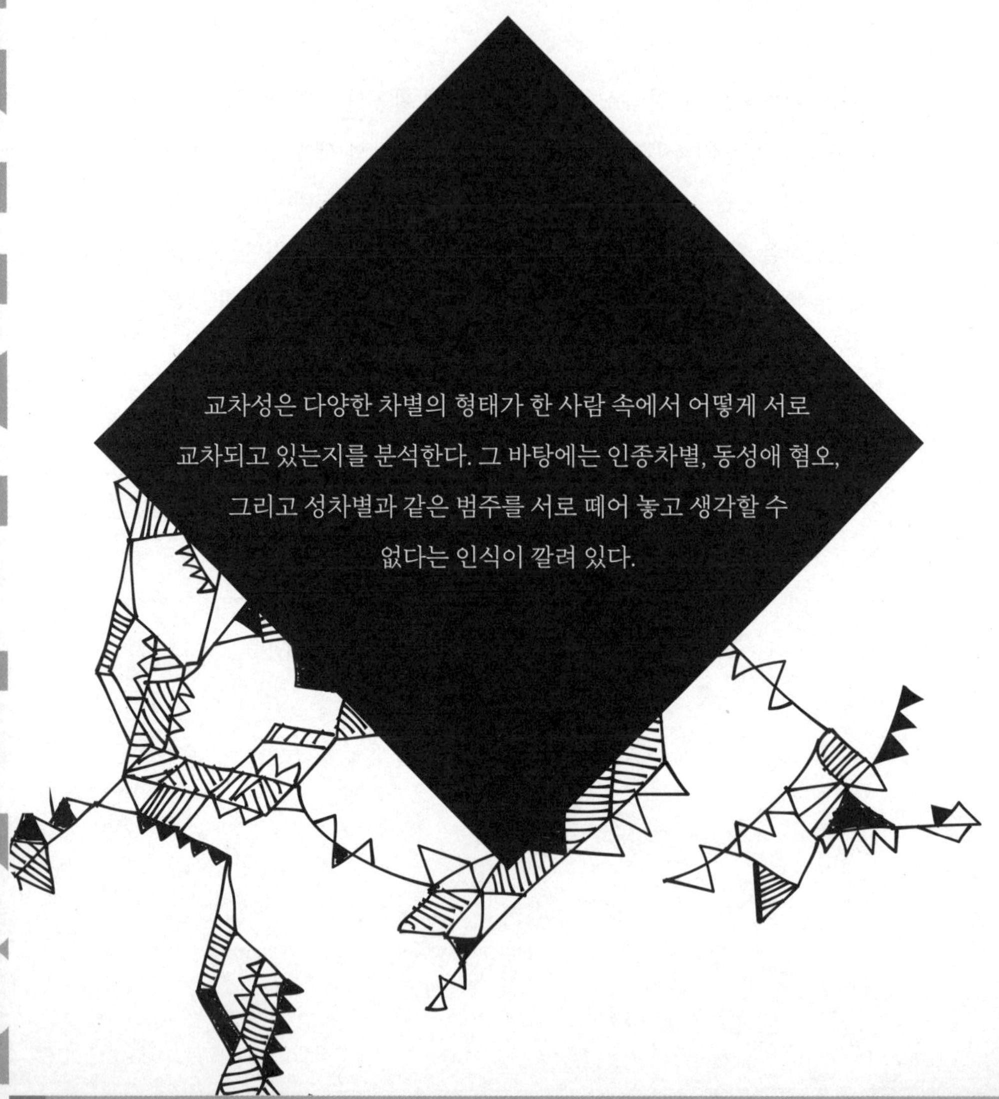

교차성은 다양한 차별의 형태가 한 사람 속에서 어떻게 서로 교차되고 있는지를 분석한다. 그 바탕에는 인종차별, 동성애 혐오, 그리고 성차별과 같은 범주를 서로 떼어 놓고 생각할 수 없다는 인식이 깔려 있다.

2. 페미니즘에의 헌신

아니요, 하지만…

페미니즘은 그러니까 이미지의 문제를 갖고 있다. 페미니즘은 쿨하지 못하고 지루하며 짜증스럽다. 완벽한 불청객이다. 마르쿠스 란츠(Markus Lanz)가 진행하는 〈베텐 다스……?(Wetten dass……?)〉와 같다. 지금은 폐지됐지만 말이다. TV 드라마 〈매드 맨(Mad Men)〉에 나오는 천재적 광고 제작자 돈 드레이퍼조차도 페미니즘을 위한 이미지 홍보는 제작할 수 없다며 절망할 것이다. 광고산업에서 비슷한 정도로 사랑받는 것으로는 탐폰도 있다. 이 극도로 역겨운 제품(여성들이 몸속으로 집어넣는다!)은 원래의 목적이 생각나지 않게끔 깨끗하고 순수하게 (밝은색, 아름다운 음악)등을 사용해서 보여야 한다. 치명적인 제품을 생산해 내는 담배산업조차도 페미니즘보다는 이미지가 좋다.

이렇게 일상과 매체에서 페미니즘에 헌신할 여성과 남성을 찾는 것은 헛된 일이다. 페미니즘과 분명히 거리를 두는 사람들이 절대 다수이다.

특히 젊은 여성들은 페미니즘과 엮이고 싶어 하지 않는다. 그렇지만 그들이 동등권을 거부하거나 다시 낡은 역할상을 원하는 것은 아니다. 그들은 여성운동의 성과 속에서 자라났고 그것을 당연한 삶의 일부로 생각한다. 그들은 페미니즘의 구체적인 정치적 목표—예를 들어 동일한 보수 같은—도 지지한다. 그들이 뒷걸음질 치는 지점은 개념이다. 그들은 애매하게 “아니요, 하지만……”이라는 태도를 취한다.

> “아니요, 나는 페미니스트가 아니에요. 하지만 남성과 여성이 무조건 동등해야 한다고 생각해요.” 또는 “아니요, 나는 페미니스트가 아니에요. 하지만 간판이나 광고 어디에서나 반쯤 벗은 여성들이 눈에 띄는 건 웃기다고 생각해요.” 그리고 “아니요, 나는 페미니스트가 아니에요. 하지만 선생님이 내가 여자이기 때문에 수학이 필요 없다고 말하는 것은 나쁘다고 생각해요.”

미국의 영화감독이자 배우, 제작자이자 작가인 리나 던햄(Lena Dunham, 1986~)[16]에게는 페미니스트와 페미니스트가 아닌 사람을 정확히 구분하는 방법이 있다.

> “여성들이 같은 직장에서 같은 보수를 받아야 한다고 생각해요? 여성들이 집을 떠날 수 있어야 한다고 생각해요? 여성들과 남성들 모두 같은 권리를 가졌다고 생각해요? 멋지네요. 그렇다면 당신은 페미니스트예요.”

---

16 그에 대한 정보는 211쪽에서 볼 수 있다.

테레사 뷔커

Teresa Bücker

블로거, 작가,
소셜 미디어 비평가
(1984~)

"페미니스트들은 여성들을 위한 다양한 롤모델이 인정받을 수 있도록 매진합니다. 그들은 여성들이 삶의 계획을 구상하는 데 과도한 노력을 기울이지 않아도 되게끔 힘씁니다. 그들은 누구도 사회적인 강제에 의해서 단 하나만 있는 길에 내몰리지 않도록 거리로 나섭니다. 전통적인 롤모델을 깨고 나오는 일은 여성들에게 좀 더 쉬워졌지만, 그래도 간단하지는 않아요."

페미니즘에 기여한 점

그의 말에 따르면 다섯 살 때 가톨릭 교회에 저항하면서부터 페미니스트였다. 자신의 블로그 〈플란넬 의류(flannel apparel)〉에 모든 가능한 주제, 특히 패션, 정치, 그리고 사랑이 디지털 시대에 어떻게 변화했는지에 대한 지적이고 시적인 글을 쓴다.

페미니즘:
잘못 포장된 훌륭한 제품

원칙적으로 페미니즘은 멋진 제품이다. 단지 판매가 조금 미진할 뿐이다. 그러나 페미니즘에 대해 수많은 편견이 있음에도 한 번 더 시도해 볼 이유가 많은 것 역시 사실이다. 페미니즘은 모두가 자신의 자리를 찾을 수 있을 만큼 다양하다. 여기에서 전제는 낡은 편견을 벗어던지는 것이다. 인도의 음악가 케이트 내시(Kate Nash, 1987~) 처럼 말이다.

> "페미니즘은 욕이 아니에요. 페미니즘은 남자들에 대한 혐오를 뜻하지 않습니다. 페미니즘은, 당신이 아름다운 다리와 까무잡잡한 피부를 지닌 여성을 미워한다고 말하는 게 아니에요. 그리고 페미니즘은 당신이 '행실이 나쁜 여자'라거나 '레즈비언'임을 뜻하지 않습니다. 페미니즘은 단순히 당신이 동등권을 지지한다는 의미를 갖고 있을 뿐이에요."[17]

---

17 "Support women artists sunday: Kate Nash"; www.thefbomb.org. 03.01.2010.

※ 내시에 대해서는 329쪽에서 정보를 더 찾을 수 있다.

그러니까, 당신은 페미니스트인가?

나는 페미니즘 아웃팅을 매우 좋아한다. 누군가 공공연하게 나와 같은 가치를 공유하고 있음을 좋아한다. 그럴 때 내 마음이 활짝 열린다! 그럼에도 페미니즘의 주된 목표가, 다른 사람들을 이 운동으로 이끌어서 전념하도록 만드는 것은 아니라고 생각한다. 그것에만 초점을 맞추는 사람들은 다른 목표를 놓친다. 그리고 동등권을 지지하는 사람, 그러니까 잠재적인 동맹을 배제하게 된다. '페미니스트는 이렇게 생겼다' 티셔츠를 사람들이 입는지의 여부는 그렇게 중요하지 않다. 그보다 여성운동의 목표에 일반적으로 동의하는지, 그리고 그것을 지원할 수 있는지가 중요하다. 행동이 따르지 않고 말뿐인 페미니즘 신앙고백은 별로 가치가 없다. 나는 스스로가 자립적인 여성이라고 생각하는 친구들을 많이 알고 있다. 그들과는 동등권(또는 그것의 결핍)에 대해 오래오래 수다를 떨 수 있다. 그러나 그들이 스스로 페미니스트라고 하는 것을 본 적은 없다. 그래도 괜찮다. 결국 나나 그들에게나 한 가지는 분명하기 때문이다. 우리에게는 페미니즘이 필요하다. 진실로!

3. 페미니즘을 위한 변론

모든 것이 이루어졌다는 환상

오늘날 페미니즘이 맞닥뜨린 가장 큰 문제는, 나쁜 이미지나 운동의 분열이라는 끈질긴 고정관념이 아니다. 그것은 동등권이 이루어졌다는 신화이다. 여성운동은 낡고 불필요하다는 게 일반적이지만, 잘못된 가정이다. 모든 것이 이대로 좋은데 누가 페미니즘을 필요로 하겠는가? 앙겔라 메르켈이 독일을 통치하고 우르줄라 폰 데어 라이엔(Ursula von der Leyen)은 국방부 장관이며 크리스틴 라가르드(Christine Lagarde)는 국제통화기금의 총재다. 여성들은 원하면 일을 할 수 있고 아이까지 낳을 수 있다. 여성들은 더 나은 성적으로 학교를 졸업하며 그들에게 세상은 열려 있다. 여기에 페미니즘까지 필요한 것은 아니다.

물론 동일한 능력과 직책을 가진 남자 동료가 더 많이 버는 것은 불공평하다. 그런데 현실이란 것이 그렇다. 깊이 파인 옷을 입었다고 해서 "행실이 좋지 못한" 사람으로 불리는 것도 그렇다. 또는 머리가 짧다는 이유로 "레즈비언"으로 불리는 것 또한 그렇다. 이렇게 사소한 일마다 화를 낸다면 우리가 결국 어디에 다다르겠는가? 눈을 질끈 감고 헤쳐 나가야 한다. 중요한 것은, 누구도 페미니스트가 문제라고 생각하지 않게 되는 일이다.

'F'로 시작하는 금기어들: 필요 없고, 혼자 할 수 있다

페미니즘이라니. 우웩, 역겹다. 적어도 포스트페미니즘에게는 그렇다. 이 개념은 1980년대 후반 미국에서 나왔다. 당시 페미니즘은 반동의 물결을 겪고 있었으며 목표와 성과에 대한 의문이 제기되고 있었다. 이렇게 해서 예를 들면 반(反)낙태파가 갑자기 득세하기 시작했다. 독일에서는 포스트페미니즘이 1990년대와 2000년대에 특히 '걸리스(Girlies)'라는 형태로 드러났다. 대담하고 자의식 강한 젊은 여성들이 롤리타 스타일의 옷을 입고[대개 MTV와 비바(독일의 음악방송 채널—옮긴이)의 진행자들이나 가수들] 페미니즘의 새로운 아이콘으로 떠오른 것이다. 그들은 여성성을 '역설적인' 무기로서 활용했다. 스파이스 걸스(Spice Girls)는 '걸 파워'를, 브리짓 존스(Bridget Jones)는 현대적 독신 여성을 대표했다. "여성들은 이미 이겼다. 이제 우리는 여성임을 자축하며 즐길 수 있다!"가 슬로건이었다. 이러한 생각의 추종자들에게는 페미니즘이 필요 없었다. 왜냐하면 그들은 어쨌든 이미 해방됐기 때문이다. 여성운동은 여성 시민들의 권리를 위해 충분히 많은 일을 했고 이제는 좀 가만히 있어도 된다는 목소리가 울려 퍼졌다. 결국 포스트페미니즘은 'F'로 시작하는 단어 없이 해냈다. 개인적 성과와 성공을 향한 의지가 중요한 것이었다. 원칙과 냉철한 의지 말이다. 원칙, 야망, 성과에 반감이 있는 것은 아니다. 하지만 포스트페미니즘은 사회적 연관성을 간과하고, 여성이 당하는 불이익을 부정하며, 모두가 자신의 운명에 스스로 책임을 져야 한다고 훈계한다. 세 명의 아이를 키우고 배우자와 완벽한 관계를 꾸리고 있는 사람이 직장에서 꼭대기까지 올라가지 못했다면 결론은 한 가지다. 그가 실패한 것이다. 선택의 자유라는 페미니즘적 개념은 "충분히 전력을 다하는 사람만이 해낼 수 있다"는 말로 바뀌었다. 실패했는가? 자기 책임이다! 국가와 사회가 아니라 개인이 책임을 진다.

그러니까, 포스트페미니즘은 한편으로 여성운동이 필요하지 않다고 주장한다. 그리고 다른 한편으로는 페미니즘이라는 꼬리표가 힘이 있다는 사실을 알고 있음에도 불구하고 그것을 부정한다. 그들은 자신들의 라이프스타일을 홍보하기 위해 "여성해방"이나 "전권"과 같은 페미니즘 용어를 즐겨 사용하지만 전혀 다른 뜻으로 이해한다. 페미니즘적인 것이 절대 아닌 뜻으로 말이다. 페미니스트들에게 여성해방은 사회적 동등권을 위해 활동하는 것을 뜻한다. 그들은 무언가를 근본적으로 변화시키고 권력 구조와 성 역할에 대해 의문을 제기한다. 포스트페미니스트들은 그런 것들에는 관심 없다. 그들에게 여성해방은 특히 개인적인 성공의 기회를 의미한다. 그리고 목표를 이루기 위해 여성성을 활용하는 경우도 적지 않다. 여성의 무기 말이다. 포스트페미니즘은 페미니즘 용어에 힘입어 스스로를 진정한 페미니스트로 정의하지 않고도 그렇게 보이도록 하는 데 성공했다. 마치 페미니즘의 가장 좋은 형태가 페미니즘이 아닌 것인 양.

짧고 간결하게

포스트페미니즘

포트스 페미니즘이라는 개념은 페미니즘 중 일단은 친페미니즘적 경향을 뜻한다. 포스트 페미니즘은 페미니즘이 현재의 형태로는 실패했으며 새로운 전환이 필요하다는 데에서 출발한다. 이 개념은 또한 대부분 보수적인 방향성을 갖는 반페미니즘을 지칭하기도 한다. 페미니즘적 입장이 이미 낡았기 때문에 필요 없는 것이라고도 말한다. 이러한 맥락에서 "페미니즘의 종말'이 언급되기도 한다.

물론 페미니즘은 어느 정도 개인적이다. 각자가 페미니즘에 접근하는 방식이 다르고 중점을 두는 곳이 다르다는 의미에서 그렇다. 그럼에도 페미니즘은 집단적이기도 해야 한다. 왜냐하면 결국 변화시켜야 할 것은 사회적이고 정치적인 조건이며, 그로부터 개별 여성들도 자신의 삶을 변화시킬 수 있기 때문이다. 그리고 혼자서는 전체 사회를 변화시키기가 어렵다.

시넵 엘 마스라

Sineb El Masrar

독일 언론인, 작가

(1981~)

"독일과 다른 유럽 국가에서 미디어가 그려 낸 무슬림 여성들의 상과 그들에 대한 시각은 절대 편견에서 자유롭지 않습니다. 그들은 끊임없이 억압받고, 강제로 결혼하며, 몸을 가리고 다니는 동질적 집단으로 특징지워지죠. 하지만 이 여성들의 대다수가 처한 현실과는 아무런 관계도 없습니다."

페미니즘에 기여한 점

2006년 "범세계적이고 독립적인 여성 잡지" 《가젤레(gazelle)》를 창간했다. 문화 간의 이해를 위해 힘쓰며, 자신의 책 《무슬림 여자들(Muslim Girls)》(2010)에서 무슬림 여자들이 어떠하고 어떠하지 않은지에 관해 익살스럽게 썼다.

엘리트를 위한 페미니즘: 새로운 자유석

페미니즘으로 위장한 포스트페미니즘은 가능한 한 많은 여성들을 참여시키는 데 아무런 관심도 없다. 마치 배타적인 클럽처럼 소수의 엘리트들에게만 출입구가 열려 있다. 신자유주의적 원칙이 성경의 십계명처럼 지배하고 있는 시대에 아주 잘 어울리는 방법이다. 신자유주의는 원래 경제적 개념이었으나, 요즘에는 정치적이고 문화적인 이데올로기로서 개인의 (결정의) 자유를 강조한다. 이 자유가 제한받지 않기 위해서는 (국가의) 개입이 최대한 제한돼야 한다. 동등권은 각자가 알아서 획득해야 한다. 사적인 것은 사적인 것이다. 이는 페미니즘에 대한 완벽한 반발이라고 할 수 있다. 왜냐하면 페미니즘의 생존권 자체를 박탈하기 때문이다. 페미니즘 없이도 살 수는 있다. 성과와 개인적 책임 외에도 이 "자유석" 페미니즘에 있어서는 "낡은" 페미니즘과 선을 긋는 것이 특히 중요하다. 이는 자칭 "새로운" 페미니즘을 더 현대적이고 섹시하며 개인적인 것으로 내세움으로써 가능했다. 포스트페미니즘은 완벽한 라이프스타일 액세서리다. 누구에게도 상처를 주지 않으며, 특히 남성들에게 그러하기 때문이다. "새로운" 페미니즘의 추종자들이 쉼 없이 강조하는 것은 결국 여자들이 좋아한다. 아주 많이. 그렇기 때문에 혹시나 있을지도 모르는 요구 또는 동등권에 대한 잡담으로 그들을 방해하고 싶지 않아 한다. 이는 "낡은" 페미니즘만큼이나 정말로 매력적이지 못하다.

우리는 정말로 이런 페미니즘을 원하는 걸까? 소수의 엘리트들(페미니즘 없이도 잘 살 수 있는 것처럼 행동하는)이 주도하는 페미니즘? 성과와 극복을 중요시하는? 반정치적인 개인성과 부유함 외에는 내놓을 것이 없는? 그리고 여성들의 불이익은 개인적으로 해결해야 하는 문제라고 믿게 만드는? 분명, 그렇지 않다.

집단 속의 페미니즘: 혼자보다는 함께

그렇다면 우리에게는 어떠한 페미니즘이 필요한가? 다양한 삶의 현실을 진지하게 받아들이는 페미니즘이 필요하다. 우리가 문제라고 말하는 대신, 자립성을 길러 주는 페미니즘이 필요하다. 누구도 배제하지 않는 페미니즘이 필요하다. 그리고 이러한 페미니즘은 이미 존재한다! 페미니즘이 더 이상 필요하지 않다거나, 필요하긴 하지만 개선돼야 한다는 식의 말이 퍽 설득력 있게 들려서 이를 종종 간과하긴 하지만. 물론 후자는 적어도 페미니즘을 새로운 사회적 조건에 맞추고, 중점을 새로이 하며, 함께할 사람들을 모으려는 시도다. 가장 좋은 경우로는 언론인 메러디스 하프(Meredith Haaf, 1983~), 주자네 클리그너(Susanne Klingner, 1978~), 그리고 바버라 슈트라이들(Barbara Streidl, 1972~)이 쓴 책 《우리, 알파걸들. 왜 페미니즘은 삶을 아름답게 하는가(Wir Alphamädchen. Warum Feminismus das Leben schöner macht)》를 예로 들 수 있다. 이 작가들은 페미니즘이 가끔가다 "후조정"돼야 한다는 것을 알았으며 이를 명확하고 이해하기 쉬

이 세 명의 작가가 2007년에 〈여자팀(Mädchenmannschaft)〉이라는 블로그를 만들었다. (그리고 지금은 모두 그만두었다.) 이 블로그는 요즘 더욱 급진적이 돼서 특히 페미니즘에 입문하는 사람들이 다가가기 힘들어졌다. 그럼에도 여기에는 다양한 일정들을 알려 준다든가 책을 추천해 주는 등, 흥미로운 읽을거리가 있다.

운 언어로 적었다. 《우리 알파걸들~》은 페미니즘과 알리스 슈바르처가 항상 같은 것은 아니며, 어떤 주제에 접근해 가는 자신만의 방법을 찾는 일이 가치 있음을 보여 준다. 이를 위해 바퀴가 새로 발명돼야 하는 것은 아니다. 왜냐하면 페미니스트들이 논쟁하고 있는 많은 주제들이 이미 이전 세대부터 의제였기 때문이다. 여성들은 20세기 초반에 낙태권을 위해서 길거리로 나섰다! 우리는 "새로운" 페미니즘이 필요한 것이 아니다. 페미니즘은 섹시해야 하는 것도 아니다. (사회운동은 원래 섹시하지 않다. 왜 그래야 하는가?) 사회적인 변화와 함께 페미니즘도 변화한다. 어떤 분야에서는 빠르게, 다른 분야에서는 느리게. 아주 간단하다. 니커 판 딘터(Nike van Dinther, 1988~)는 유명 라이프스타일 블로그 〈제인 웨인입니다(This is Jane Wayne)〉에서 다음과 같이 정확히 요약했다.

> "자기의 삶의 방식을 통해 불공평한 면들을 노련하게 잘 비껴가는 사람들은, 남성과 여성 사이에 엄연히 자리하는 불평등을 아예 인지 못 하는 경우가 많아요."[18]

많은 여성들이 불평등을 전혀 인식하지 못하고 있는 것이 사실이다.

18 "Feminismus mit Titten oder Was haltet ihr vom Feminismus?"; www.thisisjane-wayne.com, 26.09.2012.

우리는 성차별이 공공연했던 1950년대에 더는 살지 않는다. 오늘날의 불평등은 미묘하게 진행된다. 우리가 머릿속에 진짜 불평등이 어떻게 생겼는지에 대한 상을 갖고 있기 때문에 간과하게 되는 것이다. 불평등은 〈매드 맨〉에 나오는 글래머 조앤이다. 남자 직원들은 그가 계약을 체결하기 위해 중요한 고객과 침대로 가기를 바란다. 또는 우리의 할머니들에게는 예전에 남자들만 가졌던 운전면허가 없다는 사실이다. 여성에 대한 불평등과 불이익은 오늘날 다양한 얼굴을 갖고 있다. 그리고 눈에 띄지 않게 다가오기 때문에 더 위험하다.

판 딘터는 페미니즘과 함께한다. 자주는 아니지만 눈에 띄는 방식으로. 그는 모든 일에 의견을 갖고, 그에 대해 인정사정없이 글을 쓰기 때문이다. 너무 마른 모델에 관한 것이든 자신의 몸에 관한 것이든 간에 상관없이.

혁명!
GIRL GANG
girl GANG

03

자, 시작합시다: 페미니즘의 역사와 이론

1. 여성운동: 끝나지 않은 역사

독일 여성운동사: 오래된 것과 새것

달리는 말 앞으로 항의하기 위해 몸을 던지는 여성들, 체포, 단식 투쟁, 날아오는 토마토. 여성운동의 역사는 격렬하고 엄청나게 박력 있다. 그래서 하나의 장에 다 적을 수가 없기 때문에 독일-미국 여성운동사에서 가장 중점이 되는 부분에 한정하고자 한다. 누구도 여러분에게 역사적 사실에 관한 페미니즘 시험을 치르게 하지는 않겠지만, 과거는 현재와 미래에 당연히 영향을 미친다. 한 번쯤 뒤를 돌아보는 것은 항상 그럴 만한 가치가 있다.

인류의 역사를 보면, 여성들은 믿기 힘들 정도로 최근에 와서야 남성과 평등해졌다. 적어도 문서상으로는. 지금의 우리는 독일에서 여성의 권리가 어떠하였는지 전혀 상상도 못 할 정도로 지난 두 세기 동안 엄청나게 많은 변화가 있었다. 이 변화는 다양한 방법으로 하나의 목표, 즉 동등권을 위해 투쟁했던 여성들의 세대에 힘입은 것이었다.

독일 여성운동은 두 단계로 나눌 수 있다. 오래된, 그리고 새로운 여성운동. 전자는 19세기 중반에 형성됐으며 초기에는 전적으로 부르주아 여성들의 운동이었다. 이로써 1865년부터 여성 단체들의 상부 조직이었던 '일반독일여성협회(Allgemeinen Deutschen Frauenverein, ADF)'가 설립됐다. ADF는 특히 여성들에게 권리를 주고, 교육에 참여시키며, 직업을 가질 수 있도록 하는 데 전념했다. 당시 부르주아 여성들이 갖고 있던 직업 선택의 범위는 아주 제한적이었다. 입주 가정교사가 그 중 하나다. 고학력을 요구하는 직업? 여성들은 생각할 수도 없었다! AFD는 싸웠고, 성과가 있었다. 1893년부터 여성들도 아비투어(Abitur, 독일의 대학입학자격시험—옮긴이)를 볼 수 있게 됐으며, 1900년부터는 대학에서 공부할 수 있게 됐다. 선거권과 피선거권은 일단 중점 목표가 아니었으나 1918년에 이르러 가능하게 됐다. 참정권은 많은 여권 운동가들에게 공적이고 사적인 생활에서 평등을 위한 조건이었다. 1919년에 있었던 첫 번째 선거에서 여성 유권자 중 82퍼센트가 한 표를 행사했다. 그리고 새 바이마르 의회에는 37명의 여성 의원이 선출됐다. 이 일은 채 100년도 지나지 않은 과거에 있었던 완벽한 성과였다! 스위스에서는 심지어 1971년에서야 여성에게 참정권이 주어졌다.

오래된 독일 여성운동은 커다란 문제를 안고 있었다. 하층민 여성과 부르주아 여성들이 서로 협력하지 못했던 것이다. 편견이 너무 심한 탓이었다. 물론 ADF의 설립자 중 한 명인 루이제 오토 페터스(Louise Otto-Peters, 1819~1895)와 같은 예외도 있었다. 오토 페터스는 작센 지방의

산업 도시 외데란을 방문했을 때 노동자 가족의 삶을 두 눈으로 똑똑히 목격했다. 법원 수석 서기의 딸로서는 전혀 경험해 보지 못한 일이었는데, 그는 참으로 분노했다. 그래서 다양한 책과 기사—부분적으로는 남성적 가명인 오토 슈테른(Otto Stern)으로 쓴—를 통해 이 불공평에 대해 비판했고, 신문을 발간하기까지 했다. 오토 페터스의 입을 다물게 하기 위해 작센, 차후 프로이센에서는 법을 만들기도 했다. '렉스 오토'라는 이 법은 여성들이 신문을 발간하거나 편집장이 되는 것을 금지했다. 이렇게 이 나라에서 유일한 여성 언론인이었던 오토 페터스는 직업을 빼앗겼고, 그의 여성 신문은 역사로 남았다.

ADF, 그리고 1894년에 설립된 '독일여성단체협의회(Bund Deutscher Frauenvereine, BDF)'는 여성 노동자들의 문제에 별로 관심이 없었다. 그들은 결혼과 모성을 여성의 자연스러운 숙명으로 보았다. 직업은 아이가 없는 경우에만 가능했다. 그러나 여성 노동자들에게 직업은 특권이 아니라, 가족을 부양하기 위해 필요했다. 그들은 (오늘날에도 여전히 페미니즘의 목표 중 하나인) 더 나은 노동 조건과 양육 조건을 요구했다. 여성 노동자 운동의 지도자 중 한 사람인 사회주의적 정치가 클라라 제트킨(Clara Zetkin, 1857~1933)은 항상 가장 중요한 문제는 자본주의라고 강조했다. 제트킨에 따르면, 자본주의를 통해서 여성들은 그들의 남편에 종속되고 직장일 이외에 가사노동까지 떠맡고 있다. 이는 (대개는 직업이

올랭프 드 구즈

Olympe de Gouges

프랑스 혁명가,
여권운동가
(원래 이름은 마리 구즈, 1748~1793)

"여성은 단두대에 올라갈 권리가 있으며
마찬가지로 연설대에 올라갈
권리 또한 갖고 있다."

페미니즘에 기여한 점

파리에서 싱글맘으로 살며 노예제 반대를 비롯한 여러 주제에 대해 글을 썼다. 1791년 〈여성과 여성 시민의 권리 선언(Déclaration des Droits de la Femme et de la Citoyenne)〉을 작성해 공표했다. 이로 인해 재판을 받고 기요틴에서 참수됐다.

제트킨은 격변의 삶을 살았다. 러시아 혁명가와의 사이에서 혼외 자식을 두 명 두었으며, 이 혁명가가 죽은 뒤 20년 연하의 젊은 남성과 결혼했다가 나중에 이혼했다. 그는 처음에는 SPD(독일사회민주당)에서, 그다음에는 KPD(독일공산당)에서 적극적으로 활동한 정치가였다. 1차 세계대전 동안 평화를 위해 싸웠고 그 때문에 여러 번 체포됐다. 제트킨은 바이마르 공화국 제국 의회에서 최고참 의원을 지냈다.

없는) 부르주아 여성들의 경우 집안일을 하는 대가로 겪지 않아도 되는 문제이다. 1900년이 돼서야 부르주아 여성들도 가정에서의 역할분담에 대해 논의하기 시작했으며, 이로써 여성 노동자들의 입장을 이해하기 시작했다.

그리고 마침내 일을 같이할 기회가 생겼다. 1920년 중반에 있었던 형법 218조의 (부르주아 여권 운동가들이 오랫동안 지지했던) 낙태 처벌 조항에 반대하는 투쟁이 그것이다. 부르주아 여성들의 생각이 급변하게 된 이유에는 두 가지가 있다. 첫 번째로는 여성의 자립성이 높아졌다는 점이다. 독일 여성들은 1차 세계대전 동안 애국심을 증명했고 '국내전선'(전쟁에서 실제의 전선과 달리 국민들이 전쟁에 필요한 물자를 운반하거나 생산하는 등의 일을 통해 전쟁에 가담하는 일을 말한다—옮긴이)에서 그것을 확인시켜 줬다. 여기에 여성 참정권과 대학에서 고학력 교육에의 기회가 주어진 것도 한몫했다. 여성들은 전에 없이 독립적이 됐으나, 그럼에도 자신의 몸에 대한 결정권이 주어지지 않았다는 사실은 그에 어울리지 않는 일이었다. 두 번째로는 불법적 임신중절 수술시 여성이 사망하는 경우가 많았다는 점이었다. 절망한 임신부들은 불법 낙태 시술을 하는, 소위 "천사를 만드는 사람"들에게 도움을 구했다. 그 사람들이 정식 의료 교육을 받았다면 다행이었겠으나 그렇지 못한 경우가 많았고, 낙태는 위생적으로나 의학적으로 참혹한 조건하에서 행해지고는 했다. 태아를 꺼내기 위해 자궁 속으로 뜨개바늘을 넣는 일도 허다했고, 독성이 있는 식물이나 화학물질 역시 자주 사용됐다. 그리고 돈이 부족하면 자신이 직접 하는 경우도 적지 않았다. 이러나저러나 매년 수천 명의 여성들이 전문가의 손길을 거치지 않은 낙태 과정에서 사망했다. 살아남은 사람들에게는 최대 5년까지의 징역형이 기다리고 있었다. 국가사회주의(나치즘을 말함—옮긴이)가 정권을 잡았을 때에는 사형까지도 가능했다. 218조에 대한 여권 운동가들의 공동 활동은 20세기 초반까지 성과를 얻지 못하다가 1974년에야 비로소 소기의 목적을 달성했다. 218조는 다소 느슨한 방향으로 개정됐다.

국가사회주의자들에게 여성운동의 통합과 집단화는 눈엣가시였고 전체 사회 및 정치적 삶을 획일화하는 데 걸림돌이었다. BDF는 정부의 표적이 되는 일을 미연에 방지하려고 1933년 해체했다. 국가사회주의가 통치하는 동안 여성들은 공적 생활에서 아무런 역할도 하지 못했다. 그들의 “자연스러운” 과제는 다시 모성으로 돌아갔다. 지도자에게 순종적으로 아이들을 바치는 국민은 어머니 십자가로 보상을 받았다. 국가사회주의적 여성 조직은 스스로를 ‘새로운’ 여성운동으로 제시했으며 동등권에 대해서는 아무런 관심도 없었다. 클라라 제트킨을 포함한 많은 페미니스트들이 망명길에 올랐다. 또 다른 페미니스트들은 국가사회주의 여성 조직에 가담했다. 아마도 박해를 당할까 두려워서, 또는 존경받던 페미니스트이자 BDF의 의장이었던 게르트루트 보이머(Gertrud Bäumer, 1873~1954)처럼 국가사회주의 이데올로기에 동의했기 때문일 것이다. 그는 국가사회주의와 여성운동의 교차점을 찾으려 했다. 히틀러의 독일은 독일 페미니즘이 빛나던 시간이 결코 아니었다. 당시 독일 페미니스트들 역시 국가사회주의 독재의 가담자나 추종자들로 유럽에서 수백만의, 그리고 다른 곳에서도 셀 수 없이 많은 유대인이 학살된 데 대한 책임이 있다.

전후 많은 독일 도시, 특히 베를린에서는 여성들이 폐허를 복구하는 데 동원됐다. 열다섯 살에서 예순다섯 살까지의 여성들은 1945년 5월 29일부터 신청을 해야 했다. 여성들은 작업을 함으로써 폭격으로 파괴된, 가난한 독일에서는 금이나 다름없던 생필품을 얻을 수 있었다. 동시에 이 작업은 쓸모가 있다는 기분과 자존감을 안겨 줬다. 여성들은 다시 공적 생활의 일부가 됐고, 남성들과 나란히 일을 했다.

여성문제라는 영역에서, 사람들은
항상 반추동물처럼 행동한다.

– 헤드비히 돔(Hedwig Dohm) –

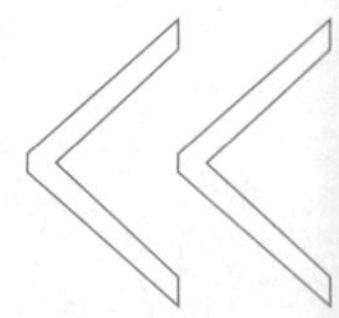

그러나 이는 1949년 첫 독일 연방의회 선거, 그리고 아데나워(Konrad Adenauer) 시대의 개막과 더불어 적어도 서독 지역에서는 옛일이 됐다. 독일이 동독과 서독으로 나뉘면서, 부르주아와 프롤레타리아 여권운동가들 사이에 이론적이고 이데올로기적인 대립은 정치적 현실이 됐다. 그 결과 전후 독일 여성운동은 예전의 통일성을 되찾을 수 없게 됐다.

시몬 드 보부아르(Simone de Beauvoir, 1908~1986)가 《제2의 성(Le Deuxième Sexe)》을 내놓은 1949년에 이르러서야, 페미니스트 진영에 다시 활기가 찾아왔다. 여성의 성과 정체성에 관한 질문을 다루는 이 책은 전례 없이 급진적이었다. 이제 새로운 여성운동을 위한 이론적 기초는 만들어졌다. 1949년 독일에서 가결된 기본법의 2조 3항에는 "남성과 여성은 동등권을 갖는다"고 적혀 있다. 이론적으로는 커다란 진전인 것이다. 그러나 독일의 전후 현실은 달랐다. 남성들은 일을 하러 가고 여성들은 아이를 낳고 집에 있는 것이 전형적인 모델이었다. 심지어 여성들이 직업을 가짐으로써 요리, 아이, 그리고 성생활 등 "부부간의 이해"에 문제가 생긴다고 판단되면, 여성들의 동의 없이도 근로계약을 해지할 수 있었다. 독일 민법 1조 1356항에는 다음과 같이 적혀 있었다. "1. 여성은 가사일에 대한 책임이 있다. 2. 그 여성은 결혼 및 가정과 결합시킬 수 있을 때에만 직업을 가질 권리가 인정된다."

시몬 드 보부아르

Simone de Beauvoir

철학자이자 작가

(1908~1986)

"사회 속에서 여성의 위치는 항상 남성이 지정한 자리다."

페미니즘에 기여한 점

여성과 집안, 그리고 남성과 공적인 세계가 나뉘어 있음을 어린 시절부터 알고 경멸해 왔다. 지적인 반려자 장 폴 사르트르(Jean Paul Sartre)와 함께 결혼식 없는 사랑과 집을 공동으로 소유하는 것, 그리고 20세기에 동성 간의 사랑이 어떤 상태에 있는지를 보여 줬다. 문학적으로나 개인적으로나 개개인의 자유와 그로 인해 생겨나는 책임감을 분석의 대상으로 삼았다.

보수주의의 그늘 아래 보였던 희망의 빛은 1960년대 말 대학을 달궜던 학생운동이었다. 학생들은 사회를 뒤집고자 했으며, 자유와 해방운동의 시작이 되고자 했다. 목표는 혁명 그 자체였다! 그러나 바보같이, 그 과정에서 여성들을 간과했다. 운동은 남성들이 지배적으로 주도했다. 그래서 어떤 일이 일어났을까? 아주 간단하다. 여성의 혁명이 시작됐다.

새로운 여성운동이 시작될 때 다양한 일이 일어났지만, 가장 잘 알려진 것은 토마토 투척 사건이다. 1968년 9월, 여성해방을 준비하는 행동협의회에서 활동하던 헬케 잔더(Helke Sander, 1937~)라는 학생이 사회주의적 독일학생연합(Sozialistischen Deutschen Studentenbundes, SDS)의 회의에서 연설을 했다. 잔더는 여성문제를 진지하게 받아들이고 이를 위해 행동하라고 SDS에 요구했다. 그는 다음과 같이 경고했다.

> "동지들이 이 논쟁에 참여하길 원하지 않는다면, SDS는 부풀어 오른 반혁명적 효모 반죽에 지나지 않음을 증명하는 것입니다."

그러나 그 자리에 있던 남자들은 여성해방에 아무런 관심이 없었다. 잔더가 연설을 마치자마자 회의는 그다음 순서로 넘어갔다. 해방? 좋지, 하지만 SDS는 빼 줘. 임신부였던 지그리트 뤼거(Sigrid Rüger,

1939~1995)는 너무나 분노한 나머지 연단을 향해 토마토를 여섯 개 던졌다. 그중 하나가 마침 연설하려고 서 있었던 SDS의 회장 한스 위르겐 크랄(Hans-Jürgen Krahl)에게 맞았다. 뤼거는 "반혁명적 ……민중의 적이다!"라고 소리쳤다. 이 깜짝 놀랄 만한 행동 뒤로 또 다른 행동들이 이어졌다. 그중 하나는 1971년 알리스 슈비르치가 주도하여 젠타 베르거(Senta Berger)와 로미 슈나이더(Romy Schneider) 등의 스타를 포함한 374명의 여성들이 "나는 낙태를 했다"고 《슈테른》 표지에 공표하여 불법으로 낙태했음을 선언한 것이다. 이 아이디어는 프랑스에서 여성해방을 위한 운동(Mouvement pour la Libération des Femmes, MLF)의 설립을 지켜본 슈바르처의 머리에서 나왔다. 프랑스 잡지 《누벨 옵세르바퇴르(Nouvel Observateur)》는 1971년 4월 〈343인 탕녀의 선언문〉을 기사화했다. 불법적인 낙태를 당당하게 인정한 여성들의 목록에는 배우 카트린 드뇌브(Catherine Deneuve)와 작가 프랑수아즈 사강(Françoise Sagan)도 속해 있었다.

2차 세계대전 이전의 오래된 여성운동은 시민권을 위해서도 싸웠으며, 새로운 여성운동에 있어서도 (1920년대부터 투쟁의 주제였던) 낙태할 권리 및 성적 영역에서의 자기결정권과 같은 자유과 개인권이 중요한 위치를 차지했다. 그러나 직업 선택의 자유, 법적인 동등권, 그리고 정당의 할당제 역시 의제로 등록돼 있었다. 여성들은 스스로 조직화하기 시작했고, 자치로 운영하는 사설 유치원을 설립했으며, 대화 모임이나 여성용품점을 만남의 장소로 이용했다. 자신의 사적 문제가 생각했던 것처럼 개인적 숙명이 아니라는 사실을 처음으로 알게 된 여성들이 많았다. 이것은 믿을 수 없을 만큼 해방적인 발견이었다. 미국 페미니스트 케이트 밀릿(Kate Millett, 1934~)의 "사적인 것은 정치적인 것이다"라는 슬로건이 이 시기를 특징짓고 있다. 이 슬로건은 성에서 폭력에 이르기까지의 사적인 경험에 어떤 사회적 의미가 있는가를 분명히 하고 있다. 원인은 사회적인 것에서 찾아지는 경우가 많았다. 여성들은 자기만족을 위해서가 아니라 사회적인 규범이 이상적 몸매를 규정해 놓았기 때문에 끊임없이 자신의 몸에 신경을 쓴다. 직장과 가정의 조화라는 끝없는 싸움은 운영의 능력이 부족해서가 아니라 특정한 여성상과 어머니상 때문에 발생한다. 그리고 성폭력의 경험은 개인의 숙명이 아니라 폭력이 남성적인 것으로 통하는 사회가 드러나는 방식이다. 무엇보다 이 슬로건은 공적 영역과 사적 영역의 분리

를 통해 여성이 주부와 어머니로서 사적인 영역에 가두어지는 데 대한 비판이다.

독일 여성운동에 관한 문제라면 동독도 예외일 수 없다. 그곳에서는 여성들이 적어도 문서상으로는 동등한 권리를 갖고 있다. 동독의 헌법 2조 20항에는 다음과 같이 적혀 있다.

> "남성과 여성은 동등한 권리를 지니며 사회적, 국가적, 그리고 사적 생활의 영역에서 동등한 법적 지위를 가진다. 특히 직업적 능력에서의 여성의 진흥은 사회적이고 국가적인 과제다."

그러나 동독의 일상에서 가정과 직장을 통합하는 일은 여성에게 넘겨졌다. 여성들은 직장에서 보수를 받고 일한 뒤 집에서 무보수 노동까지 하는 경우가 많았다. 직장에서는 거의 완벽하게 동등권이 주어졌으나, 가정에서는 전통적인 성 역할이 아직 남아 있었다. "여성이 직업적이고 사회적인 활동을 모성과 조화시킬 수 있도록" 부부가 힘써야 한다고 가정법에 명시된 것은 놀랄 만한 일도 아니다.

헌법에 명시된 "여성의 진흥" 또한 이 역할 분담을 무력화하는 방향으로 나가지 않았다. 남성을 전통적인 '여성 직업'에 통합시키려 하는 시도도, 그들을 가정적 의무에 편입시키려는 노력도 이루어지지 않았다. "계급문제(공산주의를 이룩하기 위한 동독의 선전 개념)"가 없어지면 여성문제는 저절로 해결된다. 공산주의에서는 모두가 동등하니 만큼 말이 되는 이야기이긴 하다. 그렇기 때문에 정치적이거나 경제적인 분야에서 여성들을 지도적 위치에 놓으려는 노력은 없었다. 그리고 SED(독일사회주의통일당의 약자로 동독의 유일 집권당이었다—옮긴이)의 공산당 중앙위원회 정치국에는 40년 동안 여성이 단 한 명도 없었다.

1980년대 초반부터 동독에는 특히 개신교 교회의 주도하에 여성단체도 포함된 자율적 단체들이 성장하기 시작했다. 여성들은 오랫동안 엄숙하게 져 왔던 이중 삼중의 짐을 더 이상 받아들이고 싶어 하지 않았으며, 1989년 말에는 '자율적 페미니즘 협회(Autonome Feministische Dachverband)'가 설립돼 성명서 〈여성들 없이 국가는 성립될 수 없다!〉를 발표했다. 서독과 마찬가지로 동독에서도 여성들은 여성문제가 무시할 수 있는 만큼 사소한 문제가 아님을 명백히 했다.

오늘날까지 여성운동은 더 나은 방식으로 조직화하고 자신들만의 기관과 단체를 만들어 왔으며 사회와 국가에 더 깊게 뿌리를 내렸다. 대학에 젠더 연구가 자리를 잡았고 기업과 관청에는 첫 번째 평등 대우 부서가 생겨났다. 또한 운동은 1980년대부터 계속해서 세분화됐다.

레즈비언 여성들, 이민자나 학자들을 위한 페미니즘 조직과 집단이 있다. 콘서트, 워크숍, 퍼포먼스 등으로 꾸린 '여성 축제'도 정기적으로 열린다. 여성들은 반쯤 벗은 채로 여권(그리고 가능한 다른 모든 것들)을 위해서 시위를 한다. 슬럿 워크(Slut Walk, 캐나다에서 시작한 여성운동으로, 여성들이 '헤픈' 옷차림으로 거리를 행진한다—옮긴이)는 성폭력 피해자가 사건을 유발했다는 사고방식을 비판한다. 그리고 #절규는 온라인에서 성차별뿐만 아니라 넷페미니즘까지 일반적인 인식 속으로 집어넣었다. 그러니까 '새로운' 독일 여성운동을 생각해야 할 이유가 있긴 한 것인가? 별로 그렇지는 않다. 미국 여성들은 더 나은 모델을 갖고 있다.

알리스 슈바르처

Alice Schwarzer

독일 언론인, 작가

(1942~)

"나의 이상향은 생물학적 성이
인간을 정의하지 않는 세상이다."

페미니즘에 기여한 점

독일 여성운동의 대표적 인물이다. 몇십 년 전부터 지칠 줄 모르고 동등권을 위해 싸워 왔다. 시몬 드 보부아르와 친분이 있으며 학생 때부터 프랑스에서 페미니즘 운동에 참여했다. 1977년 페미니즘 잡지 《엠마》를 창간했으며 오늘날까지 발행인이자 편집장으로 일하고 있다. "날카로운 눈빛의 마녀", "가로등만큼 섹시한 부엉이", "절망한 호모" 또는 "페니스가 없는 슈바르처" 등의 욕설에도 끄떡하지 않는다.

미국의 여성운동:
하나, 둘, 셋

미국 여성운동의 역사는 적어도 독일 여성운동만큼이나 흥미롭다는 이유로만 살펴볼 가치가 있는 것은 아니다. 그와 더불어 동등권이라는 사안에서 지속적인 진척이 보였기 때문이다.

미국 여성운동은 세 단계로 나뉜다. (19세기 중반에 시작된) 제1의 물결은 특히 '서프러제트(Suffragette, 참정권)'를 통한 여성 참정권 투쟁이었다. 1848년 여성들이 조직한 세네카 팔스 회의에서 사회 속에서의 여성의 역할에 대해 이틀간 논의한 것이 결정적 계기였다. 이곳에서 68명의 여성과 32명의 남성들이 서명한 "권리와 감정 선언"이 채택된다. 이는 미국 여성 참정권 문제에서 중요한 진전으로 인식되며 엘리자베스 캐디 스탠튼(Elizabeth Cady Stanton, 1815~1902)이 기조를 마련했다. 이 고학력 활동가는 여성을 위한 성경책을 썼을 뿐만 아니라 자신의 결혼식에서 결혼서약에 들어 있던 '복종서약'을 없애 버렸다. 그는 자신과 동등한 관계를 갖고자 하는 누군가에게 복종하는 것을 완고하게 거부한다고 했다.

물론 '어머니 나라' 영국에도 서프러제트가 있었다. 그들은 미국의 동지들을 시간적으로 뒤쫓아가긴 했지만 덜 급진적이거나 덜 헌신적인 것은 아니었다. 여기에서 가장 잘 알려진 영국의 활동가는 에밀리 데이비슨(Emily Davison, 1872~1913)이다. 그는 1913년 7월 4일 경마 대회에서 전속력으로 달리는 조지 5세의 말 앞에 항의의 의미로 뛰어들었다. 며칠 뒤 숨을 거둔 그의 묘비에는 "말이 아닌 행동(Deeds, not Words)"이라는 비문이 새겨졌다. 그 모든 것이 사고였는지 자살이었는지는 오늘날까지 분명치 않다. 그러나 많은 사람들은 이 활동가가 '사회적 정치적인 여성연합(Women's Social and Political Union)'의 깃발을 말 옆에 붙이려 했을 뿐이며, 사고로 발굽에 밟혔다고 생각한다. 일반적으로 데이비슨은 급진적인 행동으로 잘 알려져 있다. 1912년에는 방화로 감옥에 갇혀 있었으며 이 기간 동안 단식투쟁을 했다. 그와 다른 서프러제트들은 강제로 음식을 주입 받았으며, 데이비슨은 다른 사람들의 고통을 멈추기 위해 10미터 높이의 철계단에서 아래로 뛰어내렸다. 그는 머리와 등에 심각한 부상을 입어서 남은 생애 동안 장애를 갖게 됐다. 그의 신념을 위해 다른 영국의 서프러제트들도 체포와 단식투쟁을 감수했다. 때때로 수백 명의 서프러제트들이 동시에 수감되기도 했다. 그리고 성과가 있었다. 1928년 영국에서는 여성 참정권이 도입됐다. 미국은 이미 1920년에 도입됐다.

페미니스트들

전 시대에 걸쳐

올랭프 드 구즈
(Olympe de Gouges, 1748~1793)

루이제 오토 페터스
(Louise Otto-Peters, 1819~1895)

클라라 제트킨
(Clara Zetkin, 1857~1933)

시몬 드 보부아르
(Simone de Beauvoir, 1908~1986)

벨 훅스
(Bell Hooks, 1952~)

알리스 슈바르처
(Alice Schwarzer, 1942~)

퀴브라 귀뮈사이
(Kübra Gümüsay, 1988~)

수키
(Sookee, 1983~)

미국 페미니즘에서 제2의 물결은 1960년대 독일의 "새로운 여성운동"과 비슷한 시기에 형성됐다. 2차 세계대전 기간 동안 미국 여성들은 공장에서 남성들이 하던 일을 넘겨받았으며 집에서 가장이 됐다. 남자들이 전선으로 갔기 때문이다. 그러나 전쟁이 채 끝나기도 전에 대다수의 여성들은 부엌으로 돌아갔다. 여성들은 하루아침에 주부와 어머니가 돼야 했으며 이는 독일의 전후와 아주 비슷한 상황이었다. 베티 프리단(Betty Friedan, 1921~2006)은 1963년 이 "이름 없는 문제"에 대해 《페미닌 미스티크(Feminine Mystique)》(완전하지는 않지만 여기에서는 일단 '여성성 광기'로 번역해 보겠다)라는 책을 썼다. 여성운동의 의제로는 직업, 소득차, 또는 정부에서 여성을 대표하는 문제 등이 있었다. 1973년 미국 대법원(1970년 미국에서 진행된 낙태에 관한 위헌 소송으로, 원고와 피고의 성을 따서 '로 대 웨이드 사건'이라고 부른다. 태아가 자궁 밖에서 살아남을 수 있는 시기가 되기 전까지는 낙태를 허용한다는 판결로 이어졌다—옮긴이)은 임신중절이 사생활의 권리에 속한다고 보고 이를 사실상 합법화했다.

제3의 물결은 1980년대 말과 1990년대 초반에 형성됐으며 제2의 물결이 경험했던 반페미니즘적 반발에 대한 대답이었다. 미국 미디어들에 의하면 여성은 모든 것을 이루었다! 그러나 동시에 직업을 가진 여성들을 비판적으로 보았고 "커리어 우먼"이라고 낙인찍었다. 제3의 물결 페미니즘은 그 외에 대중문화 현상을 풍부하게 다루었다.

특히 음악이 중요한 역할을 했다. 하드코어 펑크계에서 활동하는 '라이엇 걸스(Riot Grrrls)'는 음악을 만드는 데, 그리고 기타를 메는 방법에서 더 이상 남성들의 지시를 받지 않았다. 모두 여성으로만 결성된 수많은 밴드가 거칠고 펑키한 사운드를 만들어 냈다. 주디스 버틀러(Judith Butler, 1956~)는 1990년 획기적인 명저 《젠더 트러블(Gender Trouble)》을 내놨다. 이 저자는, 성별과 몸을 주어진 것이 아니라 구성물로서 개념화하는 급진성을 보였다. 이는 매우 새로운 관점이었다. 그리고 페미니스트들 사이에서도 논쟁을 불러일으켰다. 버틀러의 책은 소위 '퀴어 이론'이라는 새로운 논쟁을 이끌어 냈다. 호모섹슈얼이나 인종과 같이 문화적 정체성에 관한 주제는 날이 갈수록 중요한 역할을 차지하게 됐다. 퀴어 이론은 남/여라는 단순한 이분법을 거부하고, 성 역할 놀이를 하며, 다양한 형태의 성을 헤아려 본다. 이 이론은 "성별"을 스스로 결정할 수 있는 인위적인 것으로 본다. 정치적인 측면에서 1990년대는 남성과 여성의 법적 동등성을 실행에 옮기는 것으로 시작했다. 이 시기는 모든 사회적 영역에서 성별을 동등시하는 프로젝트인 젠더 주류화가 태동하는 순간이었다.

히스테릭한 페미니스트들이 브래지어를 벗어 던지고 가부장제적 문화의 상징으로서 불태운다는 이야기는 완벽하다. 그러나 소위 "브래지어 태우기"는 한 번도 실행되지 않았다. 진짜 이야기는 다음과 같다. 1968년 9월 애틀랜틱시티에서 400여 명의 페미니스트들은 미스 아메리카 선발 대회에 반대하며 시위를 했다. 여기에서 그들은 화장품, 인조 속눈썹, 하이힐, 브래지어 등 "여성을 고문하는" 다양한 물건을 "자유의 쓰레기통"으로 던졌다. 물론 태우지는 않았다.

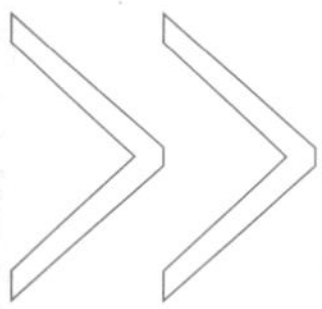

나를 발깔개와 구분하는 감정을
내가 표현할 때마다, 사람들은
나를 페미니스트라고 부른다.

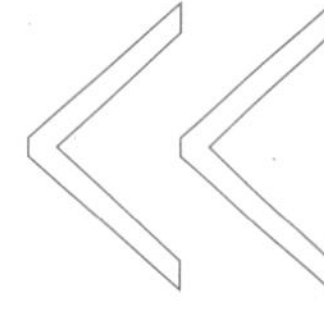

– 레베카 웨스트(Rebecca West) –

글로리아 스타이넘

Gloria Steinem

미국 언론인이자 활동가

(1934~)

"신발이 맞지 않으면 발을 바꿔야 하나?"

페미니즘에 기여한 점

1963년 뉴욕에 있는 플레이보이 클럽에 버니로 분해 잠복해서 일하며 그 경험(아픈 발, 낮은 보수, 그리고 너무 꽉 끼는 옷)을 르포로 작성해 《뉴욕 매거진(New York Magazine)》에 실었다. 이후 모든 에너지를 페미니즘 잡지를 만드는 데 쏟았다. 1972년 《미즈(Ms.)》를 창간했다.

선구자 대신 다양함: 제4의 물결

미국의 여성운동은, 아주 흥미롭다는 점은 둘째치고라도 독일의 여성운동과 공통점이 있다. 시기별 구분은 이제 독일에도 정착됐다. 왜냐하면 언제부터인가 1980년대와 1990년대에 태어난 새로운 세대의 페미니스트들이 만드는 제4의 물결에 대한 이야기가 나오기 시작했기 때문이다. 동등권은 그들에게 일상이며, 선배들이 이미 해 놓은 큰 싸움은 더 이상 할 필요가 없다. 그 대신 사적이고 사회적인 영역에서 수많은 불평등이 존재한다. 사회학자 안체 슈룹(Antje Schrupp, 1964~)은 이 여성들이 성 고정관념과 더 역설적인 관계를 맺고 있음을 증명했다.[19] 그들은 개인적인 결정의 자유와 자신들만의 라이프스타일에 가치를 두고 있으며, 제3의 물결에서 있었던 대중문화적 방식을 계속해서 이어 나가지만, 직장과 가정의 조화에 집중한다. 제4의 물결에서 많은 주제들은 언뜻 보기에 "페미니즘

안체 슈룹의 블로그 〈자유에 대한 사랑으로—성차에 대한 고찰(Aus Liebe zur Freiheit—Notizen zur Arbeit der sexuellen Differenz)〉에는 거의 모든 페미니즘적 주제들을 망라한 흥미로운 글과 분석이 올려져 있다. 몇십 년 동안 페미니즘 운동을 해 왔던 사람의 연륜과 통찰이 녹아 있는 것들이다.

19 "Third wave Feminismus"; www.antjeschrupp.de.

적"으로 보이지 않는다. 가슴확대수술도 페미니즘적 시각으로 논의되며 페이스북에서의 자유분방한 프로필 사진이나 리아나(Rihanna)를 좇는 스타일링도 그러하다.

눈에 띄는 점은 제4의 물결에 베디 프리딘이나 일리스 슈바르처와 같이 유명한 대표자, 혹은 대변인들이 없다는 사실이다. 대신 다양한 페미니즘적 목소리들이 두드러진다. 이는 현재 젊은 페미니즘 운동이 특히 온라인 활동으로 이루어진다는 점에서 기인할 수 있다. 그들은 소셜 네트워크, 블로그, 온라인 잡지 등을 통해 서로 연결돼 있다. #절규는 2013년 디지털에서 아날로그적 현실로 뛰어내렸으며 미디어와 거리에서 치열한 논쟁의 대상이 됐다.

벨 훅스

Bell Hooks

미국 작가

[태어날 때 이름은 글로리아 진 왓킨스 (Gloria Jean Watkins, 1952~)]

"흑인들에 대해 이야기할 때는 초점이 흑인 남성에게 맞춰집니다. 그리고 여성들에 대해 이야기할 때는 초점이 백인 여성에게 맞춰지지요."

페미니즘에 기여한 점

어린 시절 이미 다양한 인종이 섞인 학교에서 차별이 무엇인지 경험했다. 첫 번째 저서 《나는 여성이 아닌가? 흑인 여성과 페미니즘(Ain't I a Woman? Black Women and Feminism)》(1981)에서 성차별과 인종차별의 교차, 그리고 그에 연관된 흑인 여성에 대한 폄하를 주제로 논했다. 이러한 형태의 억압을 지속적으로 극복하고자 한다. 페미니즘 운동 속에서도.

페미니즘에 대한
다섯 가지 질문

줄리 자일링어
Julie Zeilinger

1993년 태어난 이 미국인은 페미니즘 온라인 커뮤니티에 청소년의 목소리가 부족하다고 느꼈다. 그래서 열여섯 살에 〈The FBomb〉이라는, "여성으로서의 권리를 중요시하며 이곳에 속하기를 원하는 여성 청소년들을 위한 블로그이자 커뮤니티"를 만들었다. 현재 뉴욕에 있는 컬럼비아 대학에서 공부하고 있으며 다양한 출판물에 글을 쓴다.

페미니즘은 당신에게 어떤 의미입니까?

오늘날의 페미니즘은 예전과 아주 다른 싸움이에요. 우리의 할머니들이나 어머니들이 기본권과 자격을 위해 싸웠던 자리에서 우리 세대는 대부분 동등한 기회와 동등한 가능성을 부여받고 자랐어요. 예를 들면 우리 할머니들은 직장에 다니기 위해, 그리고 다양한 직업 중에서 하나를 선택하기 위해 싸워야 했죠. 오늘날 우리는 여성으로서 직장에 다닌다는 것, 그리고 가정과 직장을 동시에 갖는다는 것은 과연 무엇인지에 관해 토론을 해요. 이것은 물론 페미니즘이 동등권을 위해 싸웠던 영역 중 하나일 뿐입니다. 왜냐하면 세상 어느 곳에서나 여성들은 여전히 반여성적 범죄에 시달리고 있기 때문입니다. 페미니즘 운동은 많은 부분 성 인신매매나 여성의 할례와 같은 명백한 인권침해와 싸우는 데 전념해야 해요.

당신의 결정적인 페미니즘적 순간은 어떤 것이었나요?

8학년 때 학교 과제를 통해 동남아시아에서 여자 태아와 아이들이 살해당한다는 사실을 알았습니다. 이후 여성혐오가 세상 어딘가에서가 아니라 바로 내 주변에서도 일어나고 있다는 현실을 깨닫게 됐죠. 그래서 페미니즘에 대해 더 많은 것을 경험하고 저런 참혹함과 싸워서 끝내기 위해 노력하기 시작했어요. 저는 페미니즘 온라인 커뮤니티에서 시간을 보내면서, 페미니즘 꼬리표가 저의 믿음을 정확하게 표현하고 있다는 것을 알게 됐습니다.

실제 또는 허구의 롤모델이 있나요? 누구입니까?

뻔한 답변인지 모르겠지만 힐러리 클린턴(Hillary Clinton)만큼 저에게 영감을 주는 여성은 별로 없어요. 그는 엄청나게 훌륭하고 뛰어난 능력을 가진 정치가일 뿐만 아니라 그의 열정, 활기, 그리고 여권을 위한 활동은 비교 불가능한 것입니다. 제 가상의 롤모델은 '해리 포터' 시리즈에 나오는 헤르미온느 그레인저예요. 그는 원칙적으로 집단의 브레인이고 모든 성공 뒤에는 그의 아이디어가 숨어 있죠. 남성들과 같이 일한다든가, 무언가에 기여한다든가, 또는 지도자가 되는 등, 여성들이 뭐든지 할 수 있다는 것을 일찍 알 수 있게 했어요.

오늘날 페미니즘에서 가장 큰 과제는 무엇인가요?

저는 페미니즘 활동과 목표의 종류가 자신이 페미니스트라고 생각하는 사람 수만큼 많이 있다고 생각해요. 유일한 페미니즘은 없습니다. 그렇기 때문에 거대한 주제도 없어요. 우리가 다룰 수 있는 몇 가지 중요한 주제들은, 무서울 만큼 큰 여성과 남성의 임금 격차나 여성을 대상으로 한 폭력의 발생률입니다. 그 밖에 모든 영역에서 여성 지도자들의 수를 늘리고 여성들이 아이와 커리어를 조화시키는 방법을 찾아내는 것에 관한 주제도 있어요. 하지만 페미니즘의 가장 큰 과제는 왜 여전히 페미니즘이 필요한지를 설명하는 것이죠. 청소년으로서 저는 우연한 기회에 페미니즘을 알게 됐지만, 제 나이대의 다른 사람들은 그렇지 못한 경우가 많아요.

젊은 페미니스트들에게 하고 싶은 말이 있다면?

공부를 하자는 것입니다. 우리 사회는 이상적으로 한 지점, 즉 아이들에게 교차성이나 다른 페미니즘 이론을, 그리고 어떻게 모든 주제를 그러한 시각으로 볼 수 있는지를 가르쳐 주는 지점까지 가야 한다고 생각해요. 하지만 이런 날이 올 때까지 우리가 살고 싶은 세상을 만드는 것은 우리에게 달렸죠. 특히 우리 중 다수가 인터넷과 소셜 미디어를 접할 수 있는 지금 같은 경우는요. 소스는 널려 있어요. 왜 공부를 할 수 없고 정보를 얻을 수 없는지 등등의 변명은 통하지 않아요.

세대전:
내 적의 적은 적이다

물결 모델이든 단계 모델이든, 종종 오해가 생기고 물결이 마치 한 구획을 뜻하는 것처럼 해석되기 때문에 둘 다 페미니즘 내부에서는 이론이 분분하다. 그래서 불필요한 세대전이 생긴다. 독일에서는 젊은 페미니스트들이 알리스 슈바르처와 생각이 똑같지 않을 경우 금세 "암염소들의 전쟁"이라는 말이 나온다. 하지만 다양한 세대에서 다양한 주제로 페미니즘 의제를 다루는 것은 당연한 일이다. 이는 갈등의 징후가 아니라 정상적인 흐름이다.

나는 개인적으로 물결 모델이—너무나 단순한 "오래된 것"과 "새것"의 이분법과는 반대로—그럼에도 불구하고 유용하다고 생각한다. 이는 서구에 한정돼 있긴 하지만 페미니스트들의 다양한 세대를 보여준다. 모델이라는 것에 일반화는 불가피한 것이며 전형적이기도 하다. 모델들은 복잡한 현실을 그대로 옮겨 놓은 것이 아니다.

캐슬린 해나

Kathleen Hanna

미국 예술가, 음악가

(1968~)

"우리는, 어딘가로 향하는 유일한 길은

남자들을 거친다고 배웁니다.

그리고 이건 거짓말이에요."

페미니즘에 기여한 점

사진학을 공부하는 동안 페미니즘 행사를 조직하고 밴드에서 활동했으며 친구들과 함께 펑크락계의 여성차별을 비판하는 잡지를 만들었다. '비키니 킬'과 '르 티그레'라는 밴드로 라이엇 걸 운동["지금 여자들의 스타일에 혁명을!(Revolution Girl Style Now!")]에 참여했다. 너바나의 노래 〈Smells Like Teen Sprit〉의 제목을 만드는 데 기여했다.

2. 페미니즘의 흐름

평등주의자에서
차이주의자까지

하나의 거대한 페미니즘이란 없다. 페미니즘의 흐름이나 이론에 관해서는 "불일치"라고 표현하는 게 아주 적합하겠다. 이 장에서는 페미니즘 이론의 미로를 지나가는 데 필요한 이정표를 제공할 것이다. 왜냐하면 어떤 이론이 가장 설득력 있게 보이는지가 결국 무엇을 위해 활동할 것인지, 그리고 구체적인 목표가 무엇인지를 결정하기 때문이다.

페미니즘의 주요 흐름 두 가지는 급진 페미니즘과 차이 페미니즘이다. 이 둘은 첫눈에 보기에도 아주 입장이 상반된다. 남녀간의 성차와 차별의 근원에 대해 일반적으로 사람들이 어떻게 생각하는지를 출발점으로 삼는다. 그러나 이 두 가지 흐름의 대표자들이 자꾸만 충돌하더라도, 페미니즘은 "이것이 아니면 저것"의 문제가 아니며 다른 생각들이 허용된다.

급진 페미니즘:
동일하고 동일하다

급진 페미니즘(평등 페미니즘이라고도 한다)은 양성이 근본적으로 평등하다는 생각에 근거하며, 생물학은 부차적 역할을 한다. 남성과 여성의 행동과 존재의 차이는 사회화, 즉 개인의 교육과 사회적 영향으로부터 비롯된다. 이렇게 여자아이들은 항상 인형을 선물받고 외모에 대한 칭찬을 들으며 걱정스러운 눈길로 보호를 받는다. 이에 반해 남자아이들은 레고를 받고 강하게 자라도록 교육받으며 지켜보는 사람 없이 탐구와 모험을 할 수 있다. 둘은 서로 다른 인간으로 자랄 수밖에 없다.

급진 페미니즘은 이 만들어진 차이를 극복할 수 있다고 생각한다. 그 중심에는 생물학적 성(섹스)과 사회적 성(젠더)을 나누는 젠더 개념[20]이 있다. 젠더는 한 사회나 문화에서 특정 성별에 전형적이라고 생각되는 점들과 연관돼 있다. 예를 들어 우리는 긴 머리를 여성적, 공격적인 행동을 남성적이라고 느낀다. 급진 페미니즘의 대표격으로는 프

20 이 책 28쪽에서 이미 설명한 바와 같다.

랑스 철학자 시몬 드 보부아르(《제2의 성》)와 알리스 슈바르처(《아주 작은 차이》)가 있다. 젊은 세대로는 블로그 〈여자팀〉과 자신의 블로그 〈미디어엘리트(Medienelite)〉[21]에 글을 쓰는 나딘 란치(Nadine Lantzsch, 1985~)를 예로 들 수 있다. 1949년 《제2의 성》이 프랑스에서 출간됐을 때 보부아르의 생각이 얼마나 급진적이고 당황스러운 것이었는지를 우리는 알 필요가 있다. 이 작가는 그때까지 상식으로 통하던 모든 것을 질문대에 올렸다. 모든 여성은 당연히 엄마가 돼야 한다(그리고 그를 통해 훌륭한 경험을 얻어야만 한다!)는 생각처럼 말이다. 보부아르는 이 모든 "확신"을 여성의 사회적이고 경제적인 상황에 대한 분석을 통해 쓸어내 버리고 다음과 같이 결론 내렸다. "여성으로 태어나는 것이 아니라 그렇게 만들어진다." 당시에는 엄청난 물의를 일으켰다!

---

21 란치는 스스로를 퀴어 페미니스트라고 규정한다. 이 방향의 페미니즘에 대해서는 이 책 150쪽에 더 나와 있다.

마르가리타 소모우

Margarita Tsomou

그리스계 독일인 활동가, 댄서,
그리고 《미시 매거진》의 발행인
(1977~)

"많은 사람들은 페미니즘 논쟁이 뒤늦게서야 아큐파이(Occupy) 운동의 일부가 됐다고 생각합니다. 하지만 그 위기는 처음부터 여성의 위기였죠."

페미니즘에 기여한 점

자극적인 퍼포먼스와 영감을 주는 글로 페미니즘, 성, 문화적인 항의의 형태, 그리고 사회운동 사이를 넘나든다. 아테네에서 '젠더팝(Genderpop)'이라는 퍼포먼스 축제를 조직한다. 《미시 매거진》에 글을 쓰며 독자들에게 퀴어 페미니즘적 '아하-모먼트(무릎을 탁 치며 깨닫는 순간—옮긴이)'를 주기 위해 노력한다.

급진 페미니즘에는 다양한 하위 흐름들이 존재한다. 해체주의적 페미니즘은 섹스와 젠더 모두 사회적인 구성물이라고 규정한다. 말하자면 섹스와 젠더를 해체하며, 이로써 페미니즘 이론 자체를 문제 삼는다. 그리고 두 가지 성별의 전형적인 구분 대신 다성, 즉 성 역할, 성 정체성, 그리고 성 지향성의 다양성을 주장한다. 여기에 퀴어 이론과 중첩되는 측면이 있다. 퀴어 이론은 성 정체성 및 규범을 분석하고 되묻고 해체한다. 이 이론은 특히 여성들 사이에서의 차이를 인정하는 데 중점을 둔다. 왜냐하면 같은 생물학적 성을 가졌다는 것이 곧 같은 경험을 했다는 것을 의미하지는 않기 때문이다. 그리고 남성과 여성 사이의 성이 보편적인 것이며, 다른 모든 것은 그로부터 벗어난 것이라는 사회 통념(이성애 규범성)에 반대한다. 해체주의적 페미니즘과 퀴어 이론에서 가장 잘 알려진 이론가는 미국 언어학자 주디스 버틀러(《젠더 트러블》)다. 버틀러는 특히 자매애와 공동의 경험으로는 (당시 페미니즘이 으레 그랬듯이) 아무것도 시작할 수 없다는 입장이었다. 각각의 여성마다 다른 배경이 있기 때문이다.

짧고 간결하게

이성애 규범성

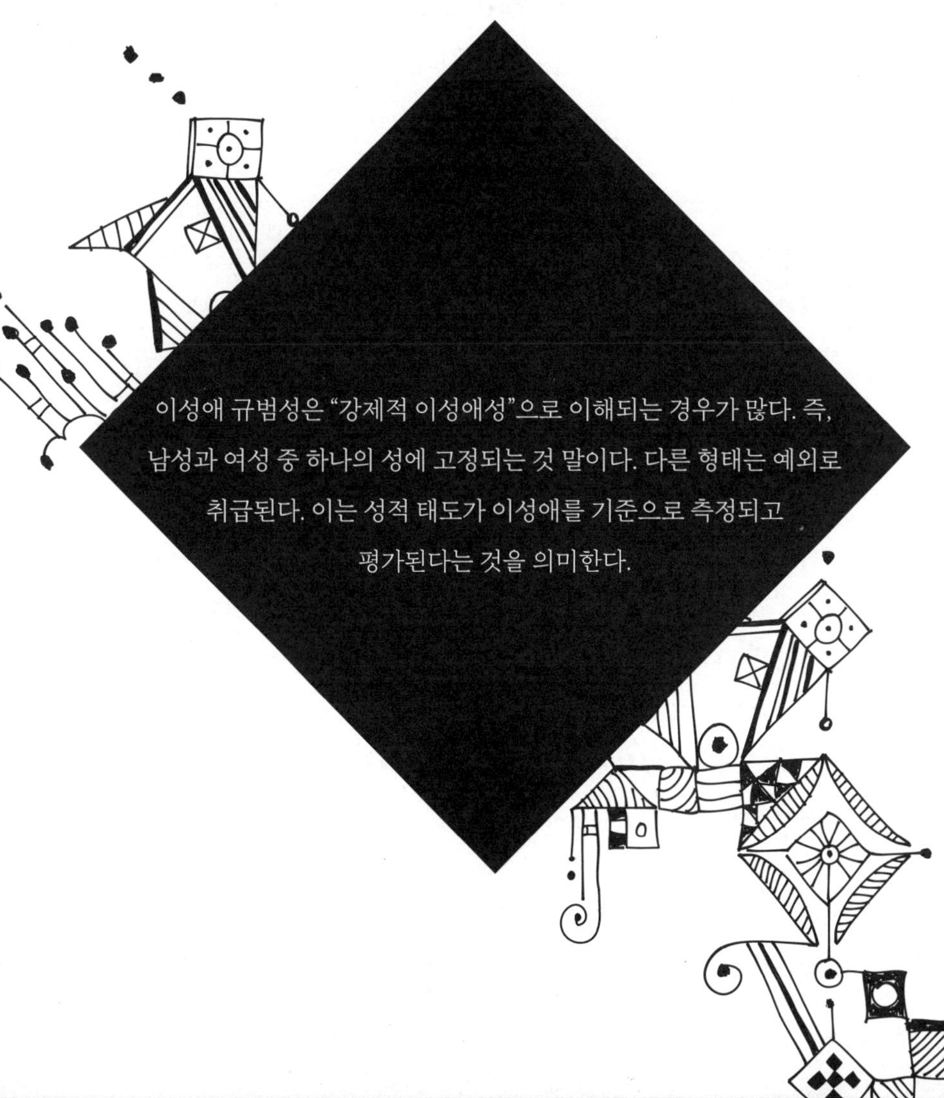

이성애 규범성은 “강제적 이성애성”으로 이해되는 경우가 많다. 즉, 남성과 여성 중 하나의 성에 고정되는 것 말이다. 다른 형태는 예외로 취급된다. 이는 성적 태도가 이성애를 기준으로 측정되고 평가된다는 것을 의미한다.

차이 페미니즘:
차이여, 영원하라

페미니즘의 흐름 중 두 번째는 차이 페미니즘이다. 이는 양성의 근본적인 차이에서 출발한다. 이러한 시각은 급진적일 수도 온건할 수도 있다. 차이 페미니즘의 두 가지 극단적 흐름에서부터 시작해 보자.

에코 페미니즘은 성차가 여성에게 장점이라는 생각에서 나온다. 여성의 몸은 남성의 몸보다 자연에 가까우며, 특히 아이를 낳을 수 있는 능력을 통해서 그렇다는 것이다. 가부장제—말하자면 남성들이 권력을 갖고 통제하는 사회—에서 여성의 억압, 그리고 인간에 의한 자연의 억압과 파괴 사이에는 많은 유사성이 존재한다는 것이 에코 페미니즘의 입장이다. "어머니 자연"이라는 개념은 우연히 나온 것이 아니다. 대표적으로 가장 잘 알려진 이로는 독일의 사회학자 마리아 미스(Maria Mies)[《에코페미니즘. 이론과 실천에 대한 기고(ökofeminismus. Beiträge zur Praxis und Theorie)》]가 있다. 그는 여성의 몸을 식민화된 국가와 착취받는 자연에 이어 "제3의 식민지"라고 칭했다. 실천적 측면에서 에코 페미니스트들은 자원의 지속가능성과 공정한 분배를 위해 활동한다. 그들은 성과 자연의, 그리고 인간과 자연의 새로운 관계를 위해 전념한다.

여성중심적 페미니즘은 한걸음 더 나아가 여성성의 발견과 인정을 요구한다. 예를 들면 생리주기에 대한 워크숍의 형태로. 여성중심적 페미니즘은 남성이 지배하는 세상을 순수한 여성성과 비교한다. "여성의 무기로"라는 말은 공허한 문장이 아니라 투쟁의 지침이다. 이 페미니즘의 가장 유명한 대표자 중 한 명은 미국의 심리학자 캐럴 길리건(Carol Gilligan)[《다른 목소리. 여성에게 있어서 삶의 모순과 도덕(Die andere Stimme. Lebenskonflikte und Moral der Frau)》]이 있는데, 그는 남성적인 "정의의 도덕"과 여성적인 "돌봄의 도덕"을 비교했다.

에코 페미니즘이나 여성중심적 페미니즘이나 생물학적 논거를 들어 사회적 상황과 "전형적인" 여성이나 남성의 행동양식을 설명한다는 점, 그리고 여성의 "자연적인" 숙명을 전제로 한다는 측면에서 비판받는다. 물론 현재 유럽 페미니즘에서 이 두 가지 방향은 커다란 역할을 하지 못하고 있다. 일반적으로는 성별 사이의 경계가 무너졌기 때문이다. 젊은 페미니스트들에게도 스스로의 여성성을 찬양하는 일은 낯설고, 독일에서는 대부분의 페미니스트들이 급진 페미니즘적 입장을 갖고 있다. 그러나 에코 페미니즘과 여성중심적 페미니즘이 격변의 시기에, 그리고 히피 문화가 인간과 자연의 관계를 적어도 몇 년

FEMINISM is the RADICAL notion, that WOMEN are PEOPLE

페미니즘은 여성도 인간이라는 급진적 개념이다.

동안은 새롭게 해석했던 1960년대와 1970년대에 생겨났다는 사실을 기억해야 한다. 소수만이 이해할 수 있는 것은 수요가 적게 마련이다. 페미니스트들 역시 신비화의 길로 뛰어든 적이 있다는 것을 그 누가 나쁘게 생각하겠는가?

차이 페미니즘의 대부분은 가장 온건한 입장을 취한다. 그들은 생물학적 차이를 부정하지는 않지만, 이것이 어떤 경우에도 차별의 기반으로 사용돼서는 안 된다고 주장한다. 한 가지 예를 들자면, 여성들이 커리어를 만들고 싶어 할 때, 남성들의 직업 세계에서 전력질주하여 그곳의 지배적 코드에 자신을 맞춰야 할까? 현실적인 대답은 "그렇다"인 경우가 많다. 그러나 차이 페미니즘은 이러한 가정을 하지 않는다. 여성들이 바뀌어야 하는 것이 아니라 전체 사회질서와 직업 세계가 그러해야 한다. 개인적인 요구들이 전면에 내세워져야 하고 존중돼야 한다. 남성과 여성이 같지는 않더라도 말이다.

페미니즘:
이론과 실천 사이

페미니즘의 모든 하위 흐름이 두 가지의 주요 흐름들 아래 명확히 나뉘는 것은 아니다. 실천은 이론과 다르다. 독일 철학자 카를 마르크스(Karl Marx)[《자본론(Das Kapital)》]의 이름을 딴 마르크스주의적 (또는 사회주의적) 페미니즘은 여성을 생물학적 "불이익(아이를 낳는 것)"으로부터 해방시키기 위해 성차를 지양할 것을 주장한다. 그러나 전면에는 자본주의적 경제 체제와 그 속에서 부여받는 여성의 역할을 둘러싼 싸움이 내세워진다. 성차를 지양하려는 요구는 따라서 여성의 노동가치를 인상하려는 노력 뒤로 물러나게 된다. 마르크스주의 페미니스트들에게는 자본주의가 가장 중요한 문제인데, 자본주의가 성적인 노동분업에 기반하고 있기 때문이다. 여기에서 전형적인 것은 (재생산적) 가사일과 (생산적) 가사 외 일의 분리, 즉 여성의 '이중적 사회화'다. 여성들은 보수가 있는 직장일과 보수가 없는 집안일 모두를 하고 있는 것이다. 이 체제 속에서는 동등권이 이루어질 수 없는데, 엄격한 성 역할을 고수하는 데 이해관계가 있기 때문이다. 수많은 여성들이 공짜로 집을 청소하고 아이들을 돌본다면 얼마나 실용적이겠는가.

또 하나의 페미니즘적 흐름은 흑인 페미니스트들이 영향을 미친 탈식민지론이다. 그들은 특히 집단적인 여성 정체성—"우리 여성들"과 같은—에 반대하고, 대신 공동의 역사적 경험, 즉 식민주의를 중요시한다. 이러한 관점은 다른 페미니즘 이론들을 근본적으로 질문대 위에 올리고, 그 이론들이 스스로 권력 구조를 만들어 내고 보존하는지, 그리고 그 방법은 어떠한지에 대해 분석한다. 가령 백인 여성들을 우대하는지 말이다. 사실상 이러한 비판을 통해 지난 몇 년간 새로운 이론에 관심이 있는 사람들이 많이 생겨났다. 그리고 그래야만 한다. 이론들은 엄격하거나 경직돼서는 안 된다. 새로운 지식과 사회적 발전에 발맞추기 위해서는 진전이 있어야 한다. 페미니즘도 여기에서 예외일 수는 없다.

모순:
페미니즘은 모두에게 다르다

그렇다. 페미니즘은 모순적이다. 한편으로는 개인적인 자유를 목표로 하지만 다른 한편으로는 전체 사회를 뒤집어엎으려 한다. 페미니즘은 여성들 사이의 차이를 인정하지만, 동시에 통일과 단결을 호소한다. 그리고 성차와 성 고정관념을 없애려 하면서도 그에 대한 인식에 기초하고 있다. 페미니즘은 여성들의 현실만큼이나 모순적이다. 여성들은 남성들과 같은 인간이지만, 아이를 낳을 수 있기 때문에 (자궁 기계가 만들어지지 않는 한 계속 그럴 것이다) 어떻게든 다르다. 집단적으로 보아 여성들은 생물학적으로 남성과 다르지만 이 집단은 통일적인 것이 아니다. 여성의 정체성은 "성"이라는 요소에만 기반하고 있지 않으며, 그보다 훨씬 복잡하다. 페미니즘의 다양한 흐름은 이러한 모순들을 반영하고 있다. 그리고 그것들은 내용적으로 중첩되기도 하고 격렬하게 부딪히기도 한다. 또한 다양한 중점을 갖고 다양한 시각을 수용하기도 한다. 그러나 공통점이 있다면, 성을 둘러싼 관계들을 권력과 지배관계로 이해한다는 점이다. 결국 이렇게 해서 아주 평범하지만 엄청나게 중요한 결론에 다다르게 된다. 페미니즘은 모두에게 다르다. 모두는 각자의, 아주 개인적인 접근 통로를 찾아야 한다. 그리고 그에 상응하는 방식으로 행동해야 한다.

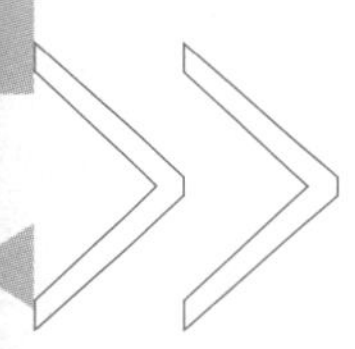

헛소리는 그만.
우리는 페미니스트들이다.
모두가.

– 알파걸 –

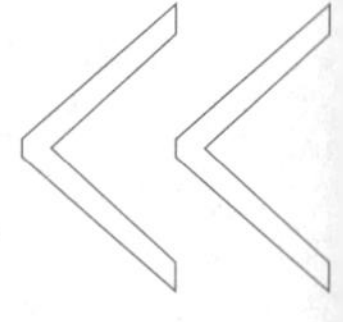

카트린 뢰니케

Katrin Rönicke

독일 작가,
블로거, 팟캐스터
(1982~)

*"사회에서 누가 아이들을 책임지는가?
그리고 이를 왜 사적으로, 엄마에게 떠넘기는
것이 당연시되고 있을까?"*

페미니즘에 기여한 점

독일의 인터넷 페미니즘에 관한 한 가장 앞줄에 서 있다. 온라인[예를 들어 블로그 〈좌파 엘리트(The Leftist Elite)〉나 인터넷 플랫폼 〈인터넷 페미니즘(Netzfeminismus)〉]과 오프라인(예를 들어 토론회나 하인리히 볼 재단의 여성위원회) 모두에서 활동하고 있다. 두 아이의 엄마이며 독일에서의 모성이라는 주제를 항상 비판적인 시각으로 주시하고 있다.

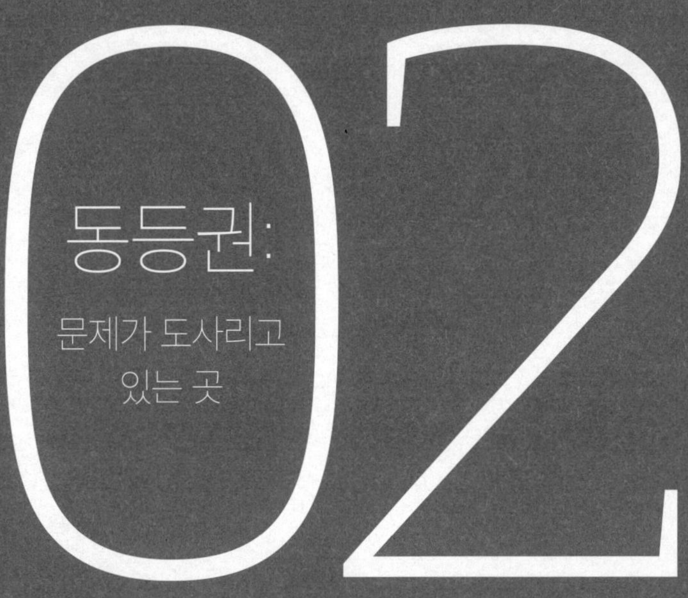

동등권:

문제가 도사리고 있는 곳

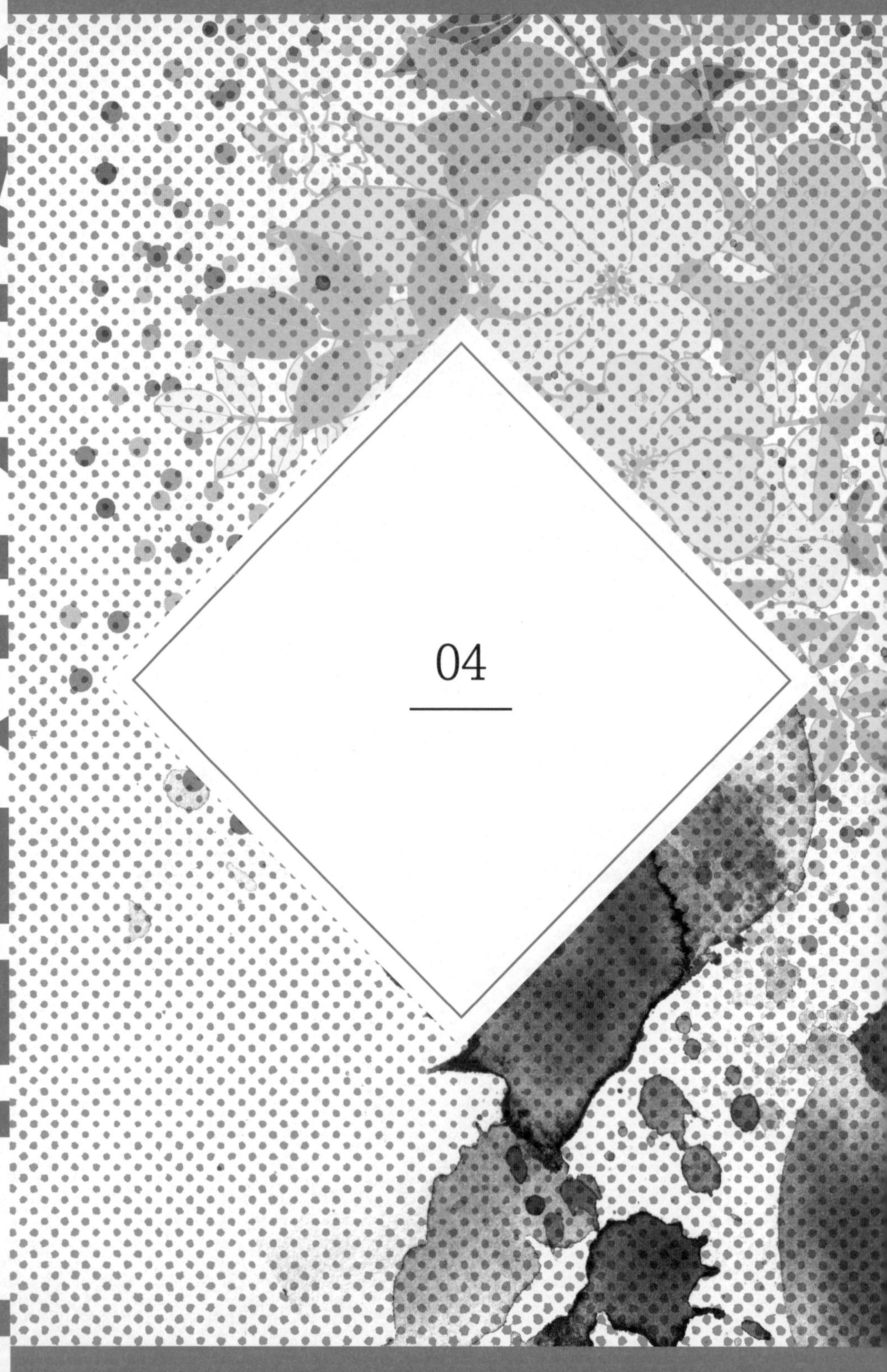

04

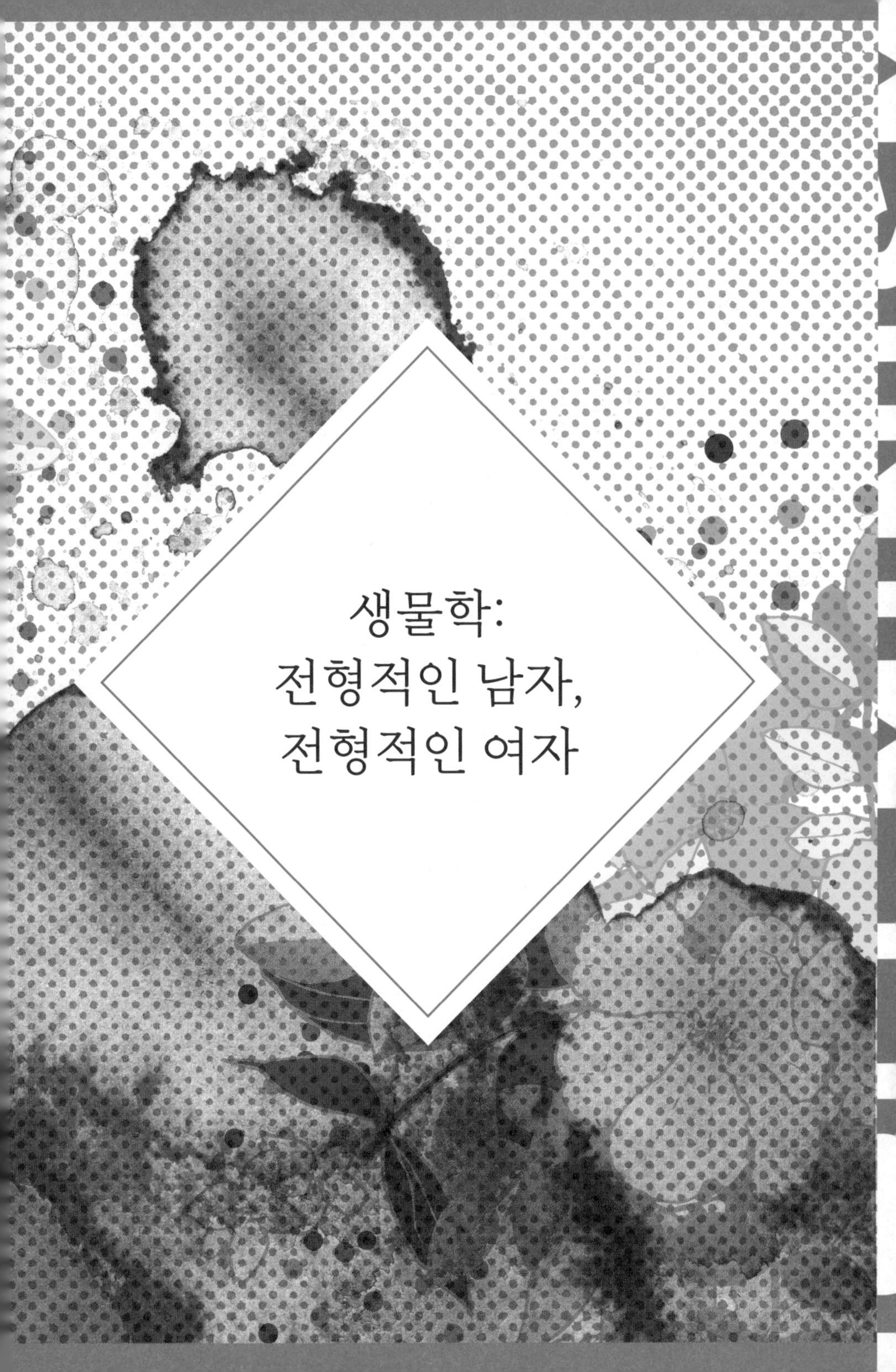

생물학:
전형적인 남자,
전형적인 여자

1. 여자들은 그렇다

히스테릭하고, 더 히스테릭하고, 가장 히스테릭한

그것은 형태도 색상도 다양하다. 분홍색의 커다란 것이 좋을까, 피부색의 얇은 것이 좋을까? 유리 아니면 실리콘? 단순한 것 아니면 호랑이처럼 생긴 것? 《섹스 앤드 더 시티(Sex and the City)》와 같은 드라마를 접하면서 딜도와 바이브레이터가 사회적으로 그리 유별나지 않은 것이 됐다. 내 친구 하나는 최근 집에서 딜도 요정(Dildofee, 독일의 온라인 성인용품 판매점으로, 여성들이 주최자의 집에 모여서 성인용품을 보고 구입할 수 있는 파티를 연다—옮긴이) 웹사이트에는 다음과 같이 적혀 있었다. "우리와 함께 섹스 토이를, 그리고 여기에 속한 모든 것을 발견하세요." 예전에는 여성들이 타파웨어 파티를 열고 샴페인을 마셨지만, 이제는 다양한 페니스 모델 (샴페인은 여전히 마신다) 중에서 고른다. 이 사업은 붐을 일으키고 있는 듯하다.

딜도 요정의 대체물로는 베를린의 성인용품점인 '또 다른 자연(Other Nature)'이 있다. 페미니즘, 퀴어, 비건, 환경과 친화적이다. 가장 좋은 점은 온라인 상점도 있다는 것이다!

딜도와 바이브레이터는 오랫동안 성적 쾌락과 별로 관계가 없었다. 대신 히스테리 환자에게 치료 요법으로 사용돼 왔다. 이 불가사의한 병의 증세로는 높아진 자기 현시 욕구, 망상, 그리고 뇌전증 발작이 있다. 원인은 자궁[그리스어로 히스테라(hystera)]의 질병으로 알려졌다. 이미 고대 이집트에서부터 사람들은 자궁에 정기적으로 정액을 "먹여야" 한다고 믿었다. 그래야 자궁이 몸 안에서 여기저기 돌아다니다가 결국 뇌를 빨아들이지 않게 된다는 것이다.[잠깐 덧붙이자면 공포영화 〈공포의 자궁(Gebärmutter des Grauens)〉에 아주 멋진 아이디어를 제공했다.] 이렇게 된 뇌가 정상적인 생각을 할 수 없는 것은 당연하다. 그렇다면 무엇을 할 수 있단 말인가?

히스테리와 바이브레이터의 발명에 대해서는 매기 질렌할(Maggie Gyllenhaal)이 출연한 영화 〈히스테리아(In guten Händen)〉(2011)에 잘 나와 있다. 페미니즘, 그리고 문화와 성 간의 차이를 연구한 비디오 프로젝트 〈히스테리적인 문학(Hysterical Literature)〉도 볼만하다. 고루하게 들릴지 모르겠지만, 책을 읽으면서 오르가슴을 느끼는 여성들에 관한 이야기는 절대 아니다.

자궁에 먹일 정액이 대량으로 준비돼 있지 않았으므로, 19세기 초반의 치료는 다음과 같았다. 진정. 결혼을 하지 않은 히스테리 환자는 빨리 결혼을 하거나 "히스테리성 발작"으로 유도됐다. 말하자면, 오르가슴으로. 이는 처음에 의사가 생식기를 손으로 마사지하거나 물분사기를 사용해 행해졌다. 에로틱 그 자체! 미국의 의사였던 조지 테일러(George Taylor)는 1869년 증기로 작동하는 "조종자"를 발명했고, 조지프 모티머 그랜빌(Joseph Mortimer Granville)은 1883년 그것을 전기로 작동하는 바이브레이터("공이치기")로 발전시켰다. 위험한 것처럼 들리지만, 장 마르탱 샤르코(Jean Martin Charcot)의 방법과 비교했을 때 바이브레이터는 부드럽고 더 발전된 양태의 도구였다. 이 프랑스의 신경과 의사는 오락 요소도 제공했다. 최면, 전기충격, 그리고 고문도구와 많이 다르지 않은 난소 압축기를 관중이 지켜보는 가운데에서 히스테리 환자에게 사용했다. 물론 이 모든 것이 학문을 위해서라는 명분으로.

오늘날 우리는 자궁이 돌아다닌다고 믿지는 않는다. 적어도 그러기를 바란다. 하지만 "히스테릭"은 여전히 전형적인 여성의 특성이라고 믿는다. 남성들은 성급하고 테스토스테론이 과다하다. 전형적인 여자, 전형적인 남자. 그렇지 않은가?

생물학 대신 사회학:
수집하는 사람과 사냥하는 사람

여자가 기분 나쁜 상태로 주변의 신경을 거슬리게 할 때, 이 상황을 설명해 주는 단 하나의 문장이 있다. "그날이군!" 남자가 같은 상황이라면 그저 일진이 좋지 않을 뿐이다. 여성들의 경우 단순히 호르몬의 문제로 치부한다. 생물학은 자연과학이다. 거기에는 생각이 아닌 사실만이 있다. 내가 환상을 깨뜨렸다면 유감이다. 그러나 이는 옳지 않다. 우리의 행동은 단순히 호르몬, 성별에 따른 뇌의 작용, 그리고 타고난 성격과 동일 선상에 놓을 수 없다. 섹스와 젠더를 구분하는 데에는 성별이 생물학적일 뿐만 아니라 사회적 프로세스의 결과라는 인식이 놓여 있다. 사회 및 주변 환경은 우리가 누구이고 어떠하며 무엇을 하는지에 대해 결정적인 영향을 끼친다.

우리 대부분은 분명한 성 정체성을 갖고 있다. 우리는 어떤 생물학적 성에 스스로가 속하는지를 (본능적으로) 알고 그것과 동일시한다. 그리고 그에 맞춰 성 역할을 수행하며, 일반적으로 남성과 여성에게 적절한 행동으로 통하는 것에 자신을 맞춘다. 그러나 포장과 내용물은 항상 일치하는 것이 아니며, 그렇게 되면 충돌이 발생한다. 예를 들어 2012년 언론인 닐스 피케르트와 다섯 살짜리 아들이 빨간 치마를 각각 입고 찍은 한 장의 사진이 전 세계적으로 유명해졌다. 그렇게 한 이유는 단순했다. 그의 아들이 치마와 원피스를 즐겨 입기 때문에 놀림당했다는 것이다. 모범이 되기 위해, 그리고 아들을 지지하기 위해 피케르트는 스스로 치마를 입었다.

그것을 모범이라고 생각하는 사람들은 없었다. 한 독자는 이 치마 사진이 실린 《슈피겔 온라인》 기사에 "나를 마초라고 부르세요"라고 적었다. "하지만 진짜 남자라면 하지 않는 일이 있어요. 스타킹, 치마…… 따위를 입는 것이죠." 피케르트는 외모로 모아 명백하게 생물학적인 남성이었다. 하지만 "진정한" 남성은 아니었는데, 왜냐하면 아들에게 "여자 옷"을 입힘으로써 사회가 그에게 남자로서 거는 기대에 어긋났기 때문이다. 남자와 치마? 이는 남자가 스코틀랜드인이고 치마는 킬드일 때나 가능한 것이다.

이러한 성 고정관념은, 개인적이고 문화사회적인 영역에서 모두 존재한다. 우리는 무엇이 남자와 여자를 만들고, 그들이 어떻게 성별에 맞게 행동하는지에 대한 수많은 클리셰를 갖고 있다. 우리 스스로가 —의식적이든 무의식적이든— 끊임없이 성 역할을 수행하고 있다. 이를테면, 제모한 다리는 여성, 수염은 남성, 또는 겸손한 태도는 여성, 자신감은 남성이라는 식의 외적 특성이 강조되는 것도 말이다. 마음에 들기 때문에 그렇게 행동한다고 스스로를 믿게 할 수도 있긴 하다. 누군가가 결정해 주는 로봇은 아니니까! 하지만 결국 우리는 사람들이 우리에게 기대하기 때문에 특정한 일들을 하는 것이다.

위스키, 도박, 페라리는
집안일보다 좋다.

– 프랑수아즈 사강(Françoise Sagan) –

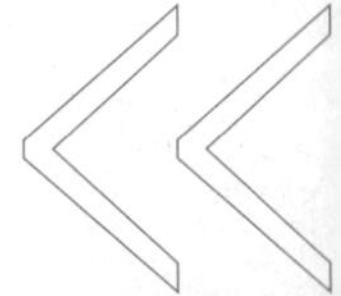

로리 페니

Laurie Penny

영국 블로거, 언론인

(1986~)

"우리는 비현실적인 여성의 몸이 숭배받고
진정한 여성의 권력은 경멸당하는
세상에 살고 있다."

페미니즘에 기여한 점

결핍된 동등권을 위해 지치지 않고 글을 쓰며, 책《정육점(Fleischmarkt)》(2012)을 통해서 영국 페미니즘의 중요한 젊은 목소리들 중 하나가 됐다. 복잡한 사안을 명확하고 급진적인 문장에 담는다. 식이장애를 극복했으며 이제 더는 자신이 문제였다고 생각하지 않는다.

생물학 중심주의 대신 사회학: 완벽하게 자연적인

정체성, 역할, 고정관념. 여기 어디에 생물학의 자리가 있을까? 생물학적 관점에서 보면 남성과 여성이 차이가 있다는 사실을 부인할 수는 없다. (으음, 질과 페니스 등……) 한데 이 공공연한 신체적 차이가 여성과 남성이 무조건 다르게 행동하고 다르게 생각해야 한다는 결론으로 이어지곤 한다. 하지만 왜 젖가슴을 가졌기 때문에 수학에서 정서적으로 불안정한 실패자가 돼야 하는지 이해되지 않는다. 진실은, 이 모든 신체적 차이가 사람들이 생각하는 것만큼, 또는 우리가 그렇게 믿고 싶은 만큼 크지는 않다는 데 있다. 《화성에서 온 남자, 금성에서 온 여자(Mars and Venus Starting Over)》나 《왜 남자들은 귀 기울이지 않고 여자들은 주차를 잘 못하는가(Warum Männer nicht zuhören und Frauen schlecht einparken)》는 (한숨) 누구라도 알고 있으며, 이 책들은 다음과 같은 욕구를 충족시켜 준다. 도대체 남자와 여자는 왜 이렇게 다른가? 어떻게 다른 성별을 더 잘 이해해서 언젠가는 침대로 갈 수 있을까?

2012년 분데스리가 시즌이 시작했을 때 ARD 방송국은 다음과 같은 광고를 내보냈다. 네안데르탈인이 소파에 드러누워 축구를 보는 동안 그의 아내는 짜증을 내며 화면을 가렸다. 이 네안데르탈인 여성이 비키니를 선보였을 때 비로소 그는 아내를 쳐다보았다. “남자들은 항상 그랬어요. 적어도 토요일에는요”라는 목소리가 흘러나온다. 하지만 스포츠 경기 시청자의 3분의 1은 여성이다…….

이런 종류의 모든 질문에는 우리를 석기시대로 돌리는 답변들이 마련돼 있다. 여성은 수집하고 남성은 사냥한다.

미디어는 항상 인류에 대한 중요한 물음에 다양한 설명을 제시한다. 왜 여성들은 계산을 할 줄 모르나? 왜 남성들은 트롤 수준의 감정이입 능력을 갖고 있는가? 타고난 성차를 하드코어하게 옹호하는 사람들, 소위 생물학자들은 사회화와 교육의 역할에 대한 모든 지표를 절대적으로 무시해 버리는가? 이미 수립된 생물학적 차이에서 '자연적인' 행동방식이 도출된다. 그러나 이러한 명제들은 최근의 학문적 지식에 따르면 별다른 의미를 갖지 않는다.

영국의 언론인 나타샤 월터(Natasha Walter, 1967~)는 책 《살아 있는 인형들(Living Dolls)》에서 성차를 연구하는 다양한 학자들과 함께 대화를 나눈다. 그리고 두 가지 인식을 얻게 된다. 첫 번째로 생물학적 결정론을 따르는 사람들은 금기를 용감하게 타파한 사람이라고 스스로를 지칭한다. 그들은 "정치적으로 올바르지 않으며", 모두가 그렇게 생각하지만 대놓고 말하기 꺼려 하는 것들을 이야기한다고 생각한다. 두 번째는 생물학적 차이에 대한 연구결과에 극단적으로 선택적인 접근

나타샤 월터는 《살아 있는 인형들》에서 스스로를 코델리아 파인스(Cordelia Fines)의 책 《젠더, 만들어진 성(Die Geschlechterlüge)》과 자주 연관시켰다. 독일어판은 2012년에 발간됐다. 이 책에서는 성차를 체계적으로 연구해 섬세하게 분석했다. 읽어 볼 만한 가치가 있다.

을 했다. 어떤 차이도 도출되지 않는다면 이 결과는 공개되지 않지만 그 반대라면 미디어를 통해 소개된다. 그리고 미디어는 고맙게도 흥미를 갖는다.[22] 이를 통해 알 수 있는 것은, 생물학 중심주의의 가장 큰 문제는 강경노선이 아니라 그들의 명제가 미디어와 사회 속에서 비판적으로 검토되지 않고 자리 잡는다는 것이다. 생물학 중심주의는 남녀에 관한 농담만으로 경기장 하나를 다 채우는 마리오 바르트(Mario Barth, 독일의 코미디언—옮긴이)와 같은 사람들의 형상을 하고 마치 양의 탈을 쓴 늑대와 같이 다가오는 것이다.

수상한 연구:
학문은 결론을 내렸다…

타고난 성차에 대하여, 진실되고 논쟁의 여지 없는 확실한 증거에는 항상 유아와 어린이들에 대한 연구가 쓰인다. 이 논리가 좋은 인상을 준다는 것은 인정한다. 유아와 어린이들에 대한 연구에는 사회적 요인을 배제할 수가 있다. 성차를 증명해야 하는 연구 중 가장 궁극적인

22 Natasha Walter(2011): *Living Dolls*, 190쪽부터.

것은 심리학자 사이먼 배런 코언(Simon Baron-Cohen)[물론 그는 알리 G.(Ali G.), 그리고 보라트(Borat)라 불리기도 하는 사샤 배런 코언(Sasha Baron Cohen)(〈보라트〉라는 영화의 주인공으로 유명해진 영국의 배우이자 제작자)의 사촌이다]에 의해 행해졌다. 그는 신생아실에서 아기들에게 웃고 있는 여성의 그림과 모빌을 보여 줬다. 그리고 여자 아기는 남자 아기보다 사람을 보는 경우가 많다는 점에서, 여성의 뇌가 다른 사람과 관계를 맺도록 만들어졌으며, 남성의 뇌는 그와 반대로 사람보다는 시스템을 보도록 만들어졌다고 결론 내렸다. 이 연구는 자주, 그리고 기껍게 성별 간의 다양성에 대한 증거로 인용됐다. 여기를 보세요, 아기들이 보여 줬어요! 그러나 하버드 교수인 엘리자베스 스펠케(Elizabeth Spelke)는 이 연구에 대한 분석을 통해 다음과 같은 것을 발견했다. 연구는 공정치 못하게 행해졌을 뿐만 아니라 반복됐을 때 같은 결과가 나오지도 않았다. 이 연구는 인식의 이러한 측면을 대상으로 행한 수많은 연구와는 달리 남성과 여성의 뇌에서 어떤 차이도 도출해 낼 수 없었다.[23]

심지어 실험 대상자가 실험이 자신에게 기대하는 것을 알고 있는 상태에서 이루어지는 경우도 많다. 1999년 스탠포드대 심리학자 클로드 스틸(Claude Steele)의 팀은 여성과 남성에게 어려운 수학 시험을 치르

23 Natasha Walter(2011): *Living Dolls*, 190쪽부터.

과도한 분석

죄책감
&
부끄러움

+
독점 테스트:
당신은 충분히
좌절했나요?

"내가 돈을
내야 했어요!"
공포의 데이트에
대한 이야기

10kg
을 당장
감량하세요

오른쪽 다리를
잘라내세요!

지금!
평범한 섹스
4723
팁과 요령

섹스 여신이
되세요!

작은 신이시여
당신의
어머니처럼

크룹스 핸드믹서로
그를 기분 좋게
만드세요

당신이 가장 좋아하는 스타
이보다 더 포토샵이 잘 될 수는 없다

게 하였다. 여성들은 남성보다 평균 성적이 좋지 않았다. 그러나 스틸은 현명하게도 이 결과의 원인이 성 고정관념에서 기인할 수 있다고 생각했다. 여성들은 본성적으로 수학을 못한다는 고정관념을 알고 있었기 때문에 불안한 상태였다는 것이다. 그래서 다음 단계로 넘어가기 전에 참가자들은 이 시험이 성차를 보여 주지는 못할 것이라는 설명을 들었다. 그리고 결론이 나왔다. 이번에는 남성과 여성이 동일하게 좋은 성적을 냈다.[24] 하!

그러니까, 여성과 남성이 보통 생각되는 것만큼 다르다는 증거는 사실상 별로 없다. 얀이 사람 말을 잘 들어주지 않는다고 해서, 그리고 로라가 주차하는 데 10분이 걸린다고 해서 모든 남성과 여성이 그러한 건 아니다. 그럴 수가 없다. 생물학적 요소가 우리에게 어떤 영향을 끼치는지를 정확히 모른다는 것이 사실이다. 그것은 이미 오래전부터 우리에게 그다지 영향을 끼치고 있지도 않은 것으로 보인다.

그러나 안타깝게도 그에 대한 반증들 역시 배런 코언 같은 사람들이 그들의 명제에 전심전력을 다하는 데 장해가 되지는 못한다.

---

24 Spencer et al.: "Stereotype threat and women's math performance"; *Jounal of Experimental Psychology*, 35/1999.

내가 옳다는 것은 기분 좋은 일이다. 뿐만 아니라 생물학적 사고로는 당연히 불공정을 완벽하게 정당화할 수 있다. 여성은 원래 성취력이 부족하며 아이들을 잘 돌보기 때문에 당연히 집에 머물러 있어야 한다는 것이다. 대신 남자들이 밖에 나가 거친 세상에서 돈을 벌어 올 동안 말이다. 이 얼마나 실용적인가. 우리 사회에서 동등권의 결핍은 그러니까 생물학적 원인을 갖고 있다는 것이다! 여성들이여, 받아들여라. 생물학적 권력에 반대해서 얻을 것은 없다.

2. 아이들의 방

성별과 색깔:
내 옷은 모두 분홍, 분홍, 분홍이야

성별에 대한 광기를 피하려 노력하는 일은 힘들다. 무척이나. 특히 아이들에 관해서는 더욱 그렇다. 유치원에 갔을 때 나는 "장밋빛 공주"라고 불리고 싶었던 때가 있었다. 불쌍한 우리 부모님! 언젠가 엄마에게 이렇게 물었다. 왜 나는 발레 수업에 간 적이 없었냐고. 분홍, 장밋빛, 그리고 예쁜 원피스를 사랑했기 때문에 나에게 맞는 스포츠는 발레였을 것이다! 엄마는 마치 내가 미치기라도 한 양 나를 보며 이렇게 말했다. "아빠와 나는 네가 더 눈에 띌 거라고 생각했단다. 그리고 너를 발레 수업에 보내면 장밋빛 공주는 영원히 사라지지 않을 거라고." 지금은 장밋빛이 나에게 정말로 어울리지 않으며 여자아이들의 장밋빛과 분홍색에 대한 열광은 아무런 근거 없이 나오지 않는다는 것을 안다.

여자아이들 방에 항상 있는 분홍색에 반대하는 프로젝트로 '마이티 걸(A Mighty Girl)'이 있다. 웹사이트(www.amightygirl.com)에 여자아이들을 위한 장난감, 책, 그리고 옷이 진열돼 있으며, 이 물건들은 성 고정관념에서 탈피해 있다. 원더우먼 양말이나 티셔츠부터 "미래의 대통령" 이라는 문구, 그리고 화학놀이 상자나 그림책과 소설에 이르기까지 다양하다. 안타깝게도 독일에는 이와 비슷한 프로젝트가 존재하지 않는다.

왜냐하면 내 부모님들은 분명 분홍색이 없다면 아주 힘들었을 시기를 대단치 않게 생각하고 싶어 했기 때문이다. 오늘날의 부모들은 더더욱 어려운 상황을 맞고 있다. 이는 이미 남자아이들과 여자아이들의 차이점을 강조하는 데—아니, 고정시키는 데—이해관계가 있는 장난감 산업에만 원인이 있는 것이 아니다. 남자아이들이 있는 곳에는 파랗거나 검은색이 칠해져 있으며, 여자아이들은 오직 분홍, 분홍, 분홍이다. 킨더 조이(안에 장난감이 들어 있는 달걀 모양의 초콜릿—옮긴이)가 예전에는 남자와 여자아이들 모두를 위한 것이었다면, 요즘에는 요정이 들어 있는 분홍색 달걀이 별도로 나온다. 누구를 위한다는 것인지, 원.

'아이들'이라는 목표 집단은 이제 성별로 나뉘었다. 사업적 시각으로는 완벽하게 공감할 수밖에 없다. 상품을 이중으로 판매하면 두 배의 수입을 올릴 수 있다. 레고가 2012년 레고 프렌즈라는, 여자아이들을 위한 시리즈를 시장에 내놓은 것은 당연한 일이었다. 미아, 안드레아, 올리비아, 엠마, 그리고 스테파니라는 다섯 명의 친구들은 달콤하고 분홍색으로 덮인 하트레이크 시티에 살면서 카페에서 만나거나 수영장에서 논다. 일반적인 (남성적) 시리즈에 있는 해적선이나 스타워즈 우주선이 있을 자리는 없다. 레고의 대변인 헬레나 세펠프리케(Helena Seppelfricke)에 따르면, 이 구상은 엄마들 및 그 딸들이 함께 발전시켰으며, "정확히 여자아이들의 요구에 맞춰진" 것이라고 한다. 이 요구는 다음과 같이 요약될 수 있다. 많고 작은 꽃들, 요리도구, 장밋빛, 그리

젠더 연구를 하는 스티비 슈미델(Stevie Schmiedel)은 이러한 분홍화 현상에 너무 짜증이 난 나머지 "분홍색은 냄새난다"는 독일 캠페인을 벌여 미디어에서의 성 고정관념과 싸웠다. 그와의 인터뷰는 182쪽에 나와 있다.

고 귀여운 동물. 교육학 교수 레오니 헤르바르츠 엠덴(Leonie Herwartz-Emden, 1949-)은 미아와 그 친구들을 바비보다 더 심각하게 봤다. 왜냐하면 "바비는 몸으로 인해 숭배받지만 적어도 자동차 경주인이나 우주비행사처럼 남성적인 직업을 갖고 있어요."[25]

그러면 자동차 경주인이나 우주비행사 바비는 어디에서 판매되고 있을까? 답은 "어느 곳에서도 판매되고 있지 않다"이다. 이런 바비는 수집용이다. 딱 맞는 생일선물을 찾아 돌아다니는 부모들은 공주 바비와 발레 바비 사이에서만 고를 수 있을 뿐이다. 아름다운 분홍빛 세상, 분홍화에서 벗어나는 길은 부모와 그 딸들에게 거의 불가능한 일이다. 그리고 이것은 생물학의 힘("여자아이들은 원래 분홍색을 좋아한다!")보다는 마케팅 및 성 고정관념과 관련이 있다. 이 전략은 성공할 수밖에 없다. 토요일에 내가 좋아하는 옷가게에서 쇼핑할 때 계산원은 선물 쿠폰을 고르라고 했다. "어떤 색이 좋을까요?"라고 결정을 망설이는 고객이 물었다. "장밋빛이죠, 물론"이라고 그 계산원은 답했다. "이 쿠폰은 여자아이들을 위한 거잖아요." 하지만 장밋빛은 오랫동안 남자들의 색이었다. 장밋빛은 "작은 빨간색"이었으며, 빨간색이 열정, 투

25 "Neue Lego-Linie für Mädchen noch schlimmer als Barbie"; derwesten.de, 26.03.2012.

쟁, 그리고 피를 뜻하는 반면 파란색은 "안정"이나 "진정"을 의미했다. 여자아이들이 미래에 어머니와 주부가 되기 위해 그래야 하는 것들 말이다. 이는 여자아이들이 공격성을 표출할 가능성이 적어지게 되는 결과를 가져온다. 이런 측면에서 보면 그들에게 롤모델이란 없다. 바비의 얼굴에는 한한 웃음이 그려졌으며 릴리피 공주는 항상 기분 좋은 상태로 돌아다닌다. 마치 그의 유니콘 로살리를 가루로 만들어 피워 버린 것처럼 말이다.

작은 진전: 생물학이여, 안녕!

릴리피, 바비 등의 핑크-장밋빛 마케팅 세계에서부터 한발 떨어져서 보면, 다행스럽게도 변화는 일어나고 있다. 느리지만 지속적으로. 생물학은 우리가 누구인지를 정하는 데 예전만큼 결정적인 역할을 하고 있지는 못하기 때문이다. 우리가 성을 사회적 범주(젠더)로 생각하면 새로운 성적 위치들이 늘어서게 된다. 2010년 레아 T.(Lea T.)는 유명 패션 브랜드(프랑스의 지방시)의 광고에 등장하는 첫 번째 성전환자 모델이 됐다. 안드레아 페직(Andreja Pejić)도 모델계에서 아주 성공적으로 활동하는 중이다. 이 호주의 모델은 남자로 태어났으나 양성적 외모를 갖고 있으며 어떤 성별을 선택할지 오랫동안 결정하지 않았다. 그는 남성 모델뿐 아니라 여성 모델의 역할도 하고 있으며 "50인의 최고 남성 모델"에 이름을 올렸고 FHM의 "세계에서 가장 섹시한 100명의 여성"에도 선정됐다. 페직은 2014년 여성으로 살기로 결정했다고 밝혔다. 진화 대신 혁명! 그리고 이는 페미니즘적인 것들이 거의 남아 있지 않은 분야에서 일어난 일이다.

어머니 자연이 우리에게 선사한 것보다는 사회적 관계와 교육이 우리가 누구이며 어떻게 행동하는지를 결정한다. 생물학적 요소("나는 여성이기 때문에 이런 것을 할 수 없다")에 책임을 돌리는 것은 변명일 뿐이다. 우리가 왜 무언가를 하거나 하지 않는지를 갖고 다툴 필요는 없다. 우리는 (성) 정체성과 역할이 협의할 수 있고 변할 수 있는 것이라는 사실을 너무 자주 잊어버린다. 우리는 주변의 기대라는 것에 대해 한 번쯤 의문을 가져봐야 한다. 영국의 언론인이자 페미니스트인 질 서덜랜드(Gill Sutherland)는 그와 남편이 아이들의 성 역할에 대한 생각에 책임이 있다고 결론 내렸다. 죽은 동물을 치우는 일은 아버지가, 머리를 땋는 일은 엄마가 했다. 질이 죽은 거미를 밖으로 가지고 나갔을 때 그는 스스로를 대견해 했다. "거미를 잡는 짧은 순간 동안, 나는 어떻게든 성차별을 극복했어요."[26]

---

26 "Help, I've got three sexist children!"; theguardian.com, 17.08.2013.

페미니즘에 대한
다섯 가지 질문

스티비 슈미델
Stevie Schmiedel

1971년 태어난 이 영국계 독일인은 2012년 '분홍색을 싫어하는 독일연합(Verein Pinkstinks Germany)'을 만들고 미디어를 비판적으로 보자는 운동을 펼치고 있으며, 아이들에게 다양한 롤모델이 있어야 한다고 주장한다. 슈미델은 함부르크 대학과 함부르크 개신교 단과대학에서 젠더학을 강의하고 있다.

페미니즘은 당신에게 어떤 의미입니까?

모든 성별의 동등권을 위한 싸움이죠. 여성은 존재하지 않습니다. 남성도 마찬가지죠. 우리 문화가 정의한 것일 뿐입니다. 물론 이 정의 속으로 구겨 넣어지고 수많은 시간 동안 억압된 사람들은, 있어요. 그러니 동등권을 위한 싸움은 '여성들'로부터 시작돼야 합니다. '분홍색을 싫어하는 독일연합'에는 남성들이 페미니즘에 동의하도록 만들기 위해 싸우는 페미니스트들이 많습니다. 이건 쉽지 않은 일이죠.

당신의 결정적인 페미니즘적 순간은 어떤 것이었나요?

런던에서 공부할 때, 저는 영국 출신임에도 불구하고 “독일 페미니스트”라고 불렸어요. 정치적으로 좌파인 예술 전공 학생에 의해서요. 제가 모든 일에 의견을 가졌다는 이유 때문에 말이죠. 그리고 페미니스트는 당시 욕이었어요. 뭔가 말이 되지 않았죠. 그래서 저는 되물어봐야 했어요. 다행히도 젠더학은 골드스미스 대학에서 중요한 과목이었지요.

실제 또는 허구의 롤모델이 있나요? 누구입니까?

어렸을 때 저의 롤모델은 원더우먼이었어요. 하지만 물리학에 재능이 없었기 때문에 우주비행사는 되지 못했죠. 저는 원더우먼이 멋지다고 생각했고 남자들을 그렇게 때려 주고 싶었어요. 이제는 제 롤모델이 삐삐였다면 물리학에 더 많이 흥미를 가졌을 거라고 아쉬워해요. 실제의 롤모델은 래퍼인 수키예요. 그는 전형적인 여성적 태도를 취하지 않는데도 너무나 매력적이에요. 비교할 대상이 없는 그의 랩뿐만 아니라 멋지고 자존감 강한 세계관도 갖고 있죠. #절규 활동가 카타리나 메스머는 TV 인터뷰를 한 적이 있어요. 모든 말을 그대로 인쇄해도 손색이 없을 정도로 논리정연하고 믿을 수 없을 만큼 지적이에요. 또 하나의 롤모델은 어렸을 때부터의 친구 알렉사 이르트(Alexa Ihrt)인데, 할리우드에서 촬영을 맡고 있죠. 그는 에너지가 엄청나요. 그리고 소설 《달콤한 그대들(Zuckerbabys)》의 작가 커스틴 그레더(Kerstin Grether)에게 편지를 쓰고 싶어요. 저는 이 여성들 모두를 존경해요.

오늘날 페미니즘에서 가장 큰 과제는 무엇인가요?

페미니즘은 너무 쿨하지 못해요. 후기 자본주의에서 여성들은 더 이상 피해자가 아니길 원합니다. 거리에서 물어보면 "왜요, H&M 광고는 예술적이잖아요!"라고 말하죠. "남자들만 그렇게 생각하는 게 아니에요. 우리들도 그래요!" 물론 제가 원더우먼에서 출발했던 것처럼 그들도 이상적인 아름다움을 체화했겠죠. 사창가가 커진 이후로 시창기 광고도 다른 광고와 구분할 수가 없게 됐어요. 질문은 이겁니다. 여성들이 자발적으로 자신을 매매한다면, 매매춘이 왜 불쾌하다는 건가요? 우리에게는 여러 가지 대답이 있지만 누구도 들으려 하지 않아요. 우리는 자유주의적이고 계몽됐으며 자기결정권을 갖고 있으니 "억압"이라는 표현은 어울리지 않죠. 그것은 소비의 즐거움을 망칠 뿐이라는 거예요.

젊은 페미니스트들에게 하고 싶은 말이 있다면?

유머죠! 물론 정당한 분노를 뱃속에 감추고 있는 건 쉽지 않은 일이에요. 왜냐하면, 계몽이라는 것은 타인의 무지에 대한 이해를 통해서만 가능하기 때문이죠. 사람들이 저절로 깨닫게 될 거라는 가정이 아니라 다리를 놓는 것 말이에요. 우리는 '분홍색을 싫어하는 독일연합'에 유머, 화려한 그림, 단순하고 간결한 글을 실어요. 효과가 있는 일이죠. 물론 〈여자팀〉과 같은 고급 이론도 필요해요. 완전히 유치하거나 효과만 좋을 필요는 없죠. 하지만 조금 화려한 건 괜찮잖아요. 페미니즘도 즐거워야 하니까요!

안나 카타리나 메스머

Anna-Katharina Meßmer

독일 활동가, 사회학자

(1983~)

"우리는 성차별 없이도 모두가 같이 잘 살 수 있는지에 대해 공개적으로 논쟁해야 합니다. 그 과정에서 사람들은 자신의 행동과 말 때문에 비판받는 일을 감수해야 해요."

페미니즘에 기여한 점

#절규 활동에 적극적으로 가담했다. 독일 연방 대통령 요아힘 가우크(Joachim Gauck)가 '덕목의 광기'를 위협적이라고 생각하고 있을 때 그에게 편지를 썼다. 메스머는 사민당에서 활동했으며 '성 수술'이라는 주제를 연구해 박사과정을 마쳤다.

05

몸:
욕망의 대상

1. 아름다움: 거울아 거울아…

외모: 그래야만 하고 그래야 한다

바나나 헤어팩을 해 본 적이 있는가? 아주 간단하고 저렴하다. 바나나를 으깨서 머리카락에 마사지를 해 주면 된다. 그리고 좀 놔두었다가 씻어 내면 끝. 비단 같은 머릿결이 한순간에 만들어진다! 적어도 잡지 《소녀(Mädchen)》가 약속한 바에 따르면 그랬다. 2000년대 초반 나는 어렸고 순진했으며, 잡지의 7쪽에 나온, 입을 약간 벌리고 오렌지색의 선글라스를 쓴 긴 갈색 머리의 한 소녀와 똑같이 보이고 싶었다. 그리고 결론은, 다시는 하지 않겠다는 결심이다. 비단결처럼 부드러운 머릿결 대신 에드워드 가위손과 같은 헤어스타일이 완성됐다. 멍청한 바나나는 씻기지도, 빗으로 빗기지도 않았다. 결국 엄마가 달려와서 한 가닥 한 가닥씩 그 질퍽한 과일을 떼어 내야 했다. 이 모든 것이 아름다움을 위해서였다!

우리가 외모에 신경을 덜 쓰면 어떤 일이 일어나는지 이 잡지를 통해 볼 수 있다. 여기에서는 여성 유명인들이 비키니를 입고 등장하며, 셀룰라이트와 뱃살에는 친절하게도 빨간 동그라미 표시가 쳐 있어서, 그렇다면 허벅지는 어떻게 생겨야 하는지도 알 수 있게 해 준다. 그래야 마땅하다는 것은 미디어로부터 우리에게 울려 퍼지는 명령이다. 아름다운 것은 섹시한 사람이며, 섹시한 것만이 아름답다. 가장 심각한 것은 미디어에 나오는 아름답고 섹시한 여성들의 사진이 모두 수정된 것이라는 사실을 우리가 알고 있으며, 그럼에도 불구하고 계속해서 이 사진들과 스스로를 비교한다는 것이다. 말하자면 절대 도달할 수 없는 이상형을 따라가려 노력한다는 것이다.

이는 어떤 사람들, 즉 우리에게 화장품과 다이어트 제품을 판매하는 사람들에게는 적절한 일이다. 수백만 명의 여성들이 아침에 일어나 거울을 보며 다음과 같이 말하는 것은 상상할 수 없다. "흠, 나는 이 정도면 괜찮은 것 같아. 리프팅 크림이나 수분 로션이 뭐 하러 필요하겠어? 이뇨제는? 정말 열다섯 가지 샴푸가 다 필요할까? 전부 필요 없어!" 아름다움은 사업이다. 그리고 이 사업은 고객들의 불만족에 기반하고 있다.

긴 다리, 팽팽한 엉덩이, 커다란 눈. 짧은 동영상 〈몸의 진화(Body Evolution)〉는 모든 것이 포토샵으로 가능하다는 사실을 인상 깊게 다루고 있다. 이 동영상에서는 한 여성이 비인간적인 비율을 가진 바비 인형의 형상으로 변한다.

이 환상적인 각본은 현실이 되기 어렵다. 미에 관련된 사업은 강력한 동맹을 이루고 있기 때문이다. 잡지, TV, 그리고 광고는 우리가 스스로에게 할 수 있는 모든 것들을 제시해 준다. (5~9세 여자아이들을 대상으로 한) 말 잡지 《웬디(Wendy)》도 화장 팁을 제공하고 부록으로 아이섀도를 준다. 한 광고에서는 여성이 치즈와 크루아상을 먹고도 양심의 가책을 느끼지 않을 수 있는데, 그 치즈는 저지방이며 '두 다르프스트(Du darfst)'("당신은 그래도 됩니다"라는 뜻을 가진 독일의 식품 브랜드 이름—옮긴이)의 것이기 때문이다. 크루아상을 먹기 전에는 지방 흡수량을 줄이는 다이어트 약을 먹었다. 약을 먹고 싶지 않은 사람들은 감자 다이어드를 하고 몇 주 뒤에 해독을 하면 된다. 제대로 먹고, 화장을 하고, 〈핏 포 펀(Fit for fun)〉에 나오는 운동 요령을 따라하기만 하면 우리는 언젠가 커다란 광고판에서 레이스 속옷을 입고 뇌쇄적인 눈빛을 보내는 H&M의 모델처럼 보일 수도 있을 것이다. 우리는 열심히, 그리고 충분히 돈을 투자한다면 해낼 수 있다. 적어도 미디어는 그렇게 약속한다.

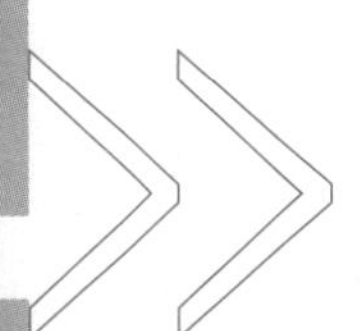

당신의 몸을 고치기를 중단하라.
세상을 고쳐라.

– 이브 엔슬러(Eve Ensler) –

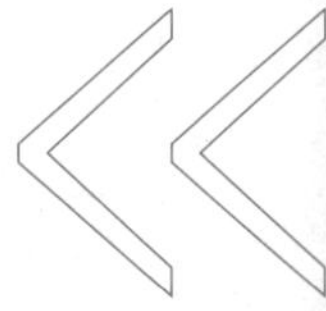

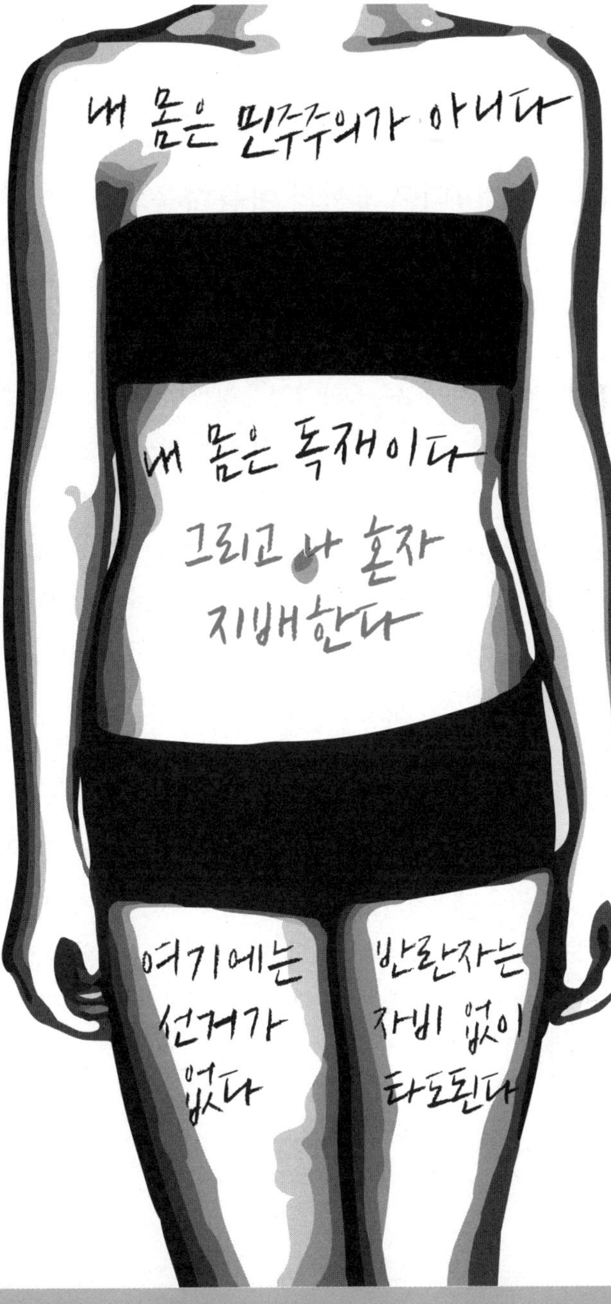

내 몸은 민주주의가 아니다

내 몸은 독재이다

그리고 나 혼자
지배한다

여기에는
선거가
없다

반란자는
자비 없이
타도된다

미디어에서의 아름다움: 아주 표면적인

미디어와 문화는 아름다움의 크기가 정해져 있다는 메시지를 전달하는 데 성공하고 있다. 모두가 아름다움을 같은 것으로 이해하며, 모두가 그쪽으로 향한다. 작가이자 페미니스트인 나오미 울프(Naomi Wolf, 1962~)는 이를 "아름다움의 신화"라고 부른다. 여성들은 아름다워야 하며 남성들은 아름다운 여성을 소유하기를 원한다. 이는 여성의 아름다움이 생산성과 동일시되는 성적 선택의 한 종류다.[27] 다윈이 환영할 만하다. 이제 "적자생존" 대신 "미자생존"이 되는 것이다. 외모가 중심이 되는 사회에 아름다운 사람이 가장 잘 어울리는 것은 당연하다. 울프에게 아름다움이란 통화, 즉 돈이다. 그는 아름다움이 1980년대 이후—여성이 직업상으로 더 많은 가능성을 갖게 되고 성공적이 돼 갔을 때—의미를 갖게 됐다고 주장한다. 여성의 지위가 높아질수록 외모에 더 많이 투자해야 하는 것이다. 하지만 한 여성이 아주 높은 곳까지 올라 갔을 때, 금세 공격이 날아온다. "외모로 저 자리를 얻은 거야!"

---

27 Naomi Wolf (2000): *Der Mythos Schönheit,* 14쪽.

아름다움은 여성들의 입을 다물게 하는 완벽한 방법이기도 하다. 끊임없이 외모를 가꾸는 일은 다른 일에 대한 집중을 방해한다. 왁싱과 얼굴팩 사이에는 지위가 높은 일이나 정치적 요구를 위한 시간이 존재하지 않는다. 설사 그렇다 하더라도 아름다움은 이래저래 문제다. 우리는 너무 매력적이거나 아니면 너무 그렇지 않다. 이 싸움에서 우리 여성들은 절대 이길 수 없다.

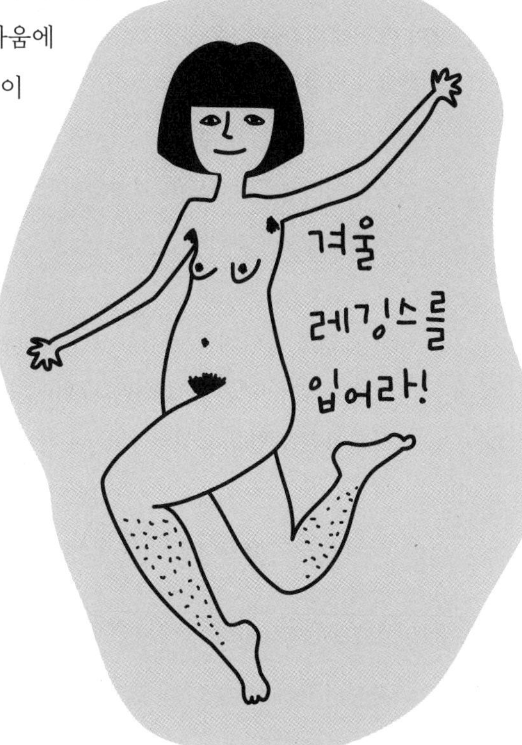

아름다움에 대한 느낌: (비)자연적으로 아름다운

2010년 화장품 기업 도브는 20개국에서 18~64세에 해당하는 6407명의 여성에게 아름다움에 관해 설문조사를 했다. 그리고 다음과 같은 결과가 나왔다.

* 독일에서는 2퍼센트의 여성만이 스스로를 아름답다고 생각한다(전 세계적으로는 4퍼센트).

* 설문 대상 여성의 39퍼센트가 아름다움에 대한 가장 큰 압력은 스스로 만든다고 인정했다. 17퍼센트만이 아름다워야 한다는 사회적인 압력을 느낀다.

* 53퍼센트는 아름다움이 생물학적 특성 이상의 것이라고 생각한다.

* 자신의 몸에서 배, 다리, 그리고 엉덩이를 가장 덜 좋아한다.[28]

---

28 Dove, "Die ganze wahrheit über Schönheit", 2010.

여성과 아름다움의 관계는 이중적이다. 그들은 날씬한 배와 탄탄한 엉덩이만으로는 아름다워질 수 없다고 생각한다. 하지만 스스로가 그 점에서 부족하다고 생각하기 때문에 무척이나 날씬한 배와 탄탄한 엉덩이를 지니고 싶어 한다. 이에 대해 그들은 사회적인 영향과는 상관없으며, 순전히 개인적인 욕구라고 생각한다.

물론 도브가 이 설문조사를 좋은 생각만으로 한 것은 아니다. 이는 나 또는 당신과 같은 여성을 모델로 기용하는 "실제 여성" 광고 캠페인의 일환이었다. 그 광고에서는 언제나 똑같은 젊고 마른 몸 대신 다양한 몸의 형태, 즉 젊고 나이 든 여성, 밝거나 어두운 피부색, 파스텔 색의 속옷, 즐겁게 카메라를 바라보는 모습들을 볼 수 있었다. 그러나 이로써 상품을 판매한다는 기본 의도를 감출 수는 없었다. (그래서 사진과 동영상들은 보정작업을 거쳤다.) 물론 아름다움은 좋은 것이다. 그러나 도브 제품을 사용할 때만 그렇다. 아, 그러고 보니 이 상표는 유니레버(Unilever)라는 대기업에 속하기도 한다. "두 다르프스트(당신은 그래도 돼요)"나 "슬림 페스트(빨리 날씬하게)", 그리고 피부색을 밝게 만드는 크림인 "페어 앤드 러블리(하얀 피부로 사랑스럽게)"를 만드는 회사 말이다. "자연스러운" 아름다움과 유럽의 "있는 그대로의 당신!"에 담긴 메시지는 씁쓸한 뒷맛을 남긴다.

성형수술: 서걱서걱!

유행하는 다이어트도 도움이 되지 못하고 "자연스러운" 아름다움은 시작하고 싶지도 않다. 왜 그래야 하는가. 성형수술이 있는데! 어울리지 않는 것은 어울리게 만들면 된다. 또는 간단히 하나하나씩 잘라 버리든가. 독일에서는 성형수술을 하는 사람의 83퍼센트 정도가 여성이다.[29] 그리고 그중 대부분은 열여덟 살에서 서른 살이다. 페이스 리프팅을 하려는 사람들은 얼굴에 세월이 자취가 역력한 여든 살이 아니라 자신의 외모가 충분히 매력적이지 않다고 생각하는 젊은 여성들이다.

성형수술은 더 이상 비난받지 않으며 적절한 수단으로 인식되고 있다. 몸은 마음대로 형성할 수 있는 날것의 재료다. 성형수술에 대해서는 흥미롭게도 자존감이나 전권 같은 페미니즘 용어들이 많이 사용되고 있다. 자존감을 만들려면 칼을 대야 한다. 아름다워지려면 고통을 견뎌야 한다.

---

29 Deutsche Gesellschaft für Ästhetisch-Plastische Chirurgie, "Zahlen, Fakten und Trends in der Ästhetisch-Plastischen Chirurgie 2013/2014".

성형수술

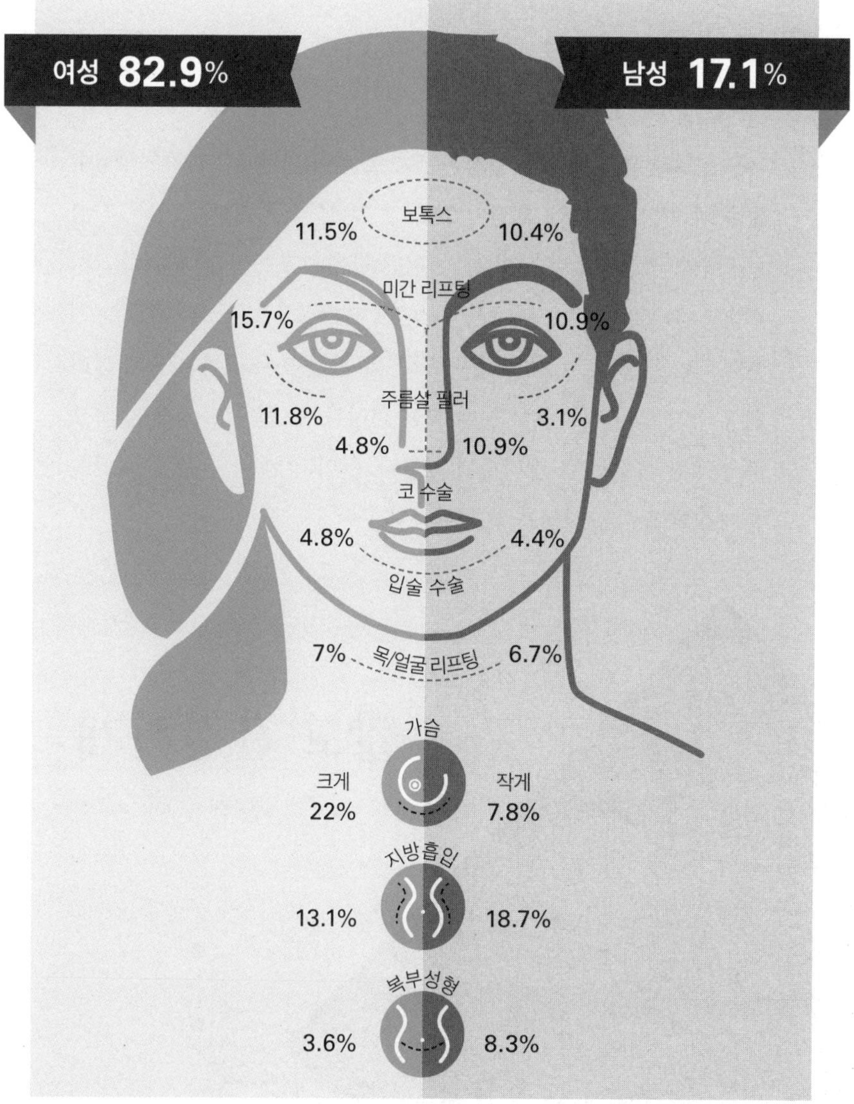

독일성형수술 협회, 2014.

누구든 수술을 하겠다는 결정은 스스로 해야만 한다. 그러나 성형수술을 하려면 우리에게 오점이 있고 그 "손실"을 제거할 수 있는 적절한 방법이 있음이 전제돼야 한다. 이런 일은 오토마티즘(Automatismen, 약을 먹고도 먹었다는 사실을 망각하고 다시 약을 먹는 증상을 말한다. 과다복용과 중독으로 이어진다—옮긴이)으로 흐르는 경우가 많은데, 쫑긋 솟은 귀가 마음에 걸리면 갑자기 입가의 주름이 눈에 띄는 식이다. 한 번 이 소용돌이 속으로 들어간 사람은 다시 나오기 힘들다. 이미 말한 바와 같이, 불만족을 대상으로 하는 사업은 잘 돌아간다.

짧고 간결하게

전권

페미니즘 용어 중 전권(Ermächtigung)은 스스로를 책임지는 것, 그리고 독립적인 삶을 꾸리는 것을 의미한다. 특히 무력하다고 느끼는 사람들의 경우에 말이다. 전권(영어로는 empowerment)이라는 개념은 영미 언어권에서 나왔는데, 특히 자기계발 영역에서의 경험을 통해 만들어졌다.

식이장애: 그 길에서 나를 만나다

헤어팩을 하거나, 비키니존을 면도하거나 잡지에서 뷰티 팁을 찾고 있을 때가 아니면 우리는 굶고 있다. 별다른 해가 없는 다이어트에서 건강하지 못한 식이습관이나 혹은 식이장애까지 이르는 길은 물 흐르듯 자연스럽게 진행된다. 10~20퍼센트의 국민들이 심각한 식이장애에 시달리고 있으며 그중 90퍼센트는 여성이다. 가장 많은 경우(70퍼센트)는 폭식증이고 20퍼센트는 거식증, 그리고 10퍼센트는 대식증이다. 특히 걱정스러운 점은, 독일연방 건강정보부에 따르면 청소년 중 5분의 1이 여기에 속해 있으며 14~17세까지의 여성 청소년 중 3분의 1이 식이장애의 징후를 보이고 있다는 것이다. 게다가 거식증과 폭식증은 어린이와 청소년에서 가장 빈번한 만성 질병으로 나타났다.[30] 그리고 이는 죽음으로 이어질 수 있다. 환자 중 17퍼센트가 사망한다. 어떻게 이럴 수 있는가? 어떻게 우리 중 일부가 식사를 완전히 거부하거나 변기에 매달려 토하고 있을

거식증 환자를 도와주고 정보를 제공해 주는 첫 번째 온라인 상담소는 'hungrig-online.de'이다. 젊은 여성이 멋진 기타리스트의 마음에 들기 위해 어떤 것들까지 감수하는지는 커스틴 그레더의 소설《달콤한 그대들(Zuckerbabys)》(2006)에서 볼 수 있다. 그레더의 인터뷰는 384쪽에 나와 있다.

30 www.bzga-esstoerungen.de/index.php?id=44

거식증은 여성 질병으로 알려져 있지만 남성들에게서도 증가하는 추세다. 정확한 통계는 나와 있지 않다. 그러나 오늘날 거식증 환자의 8~10퍼센트, 또는 25퍼센트가 남성일 가능성이 있다. 남성들에게 있어서는 거식증이 운동중독과 같이 오는 경우가 많다. 그들은 소위 '아도니스컴플렉스'에 시달리며 몸을 근육 넝어리로 만들려는 강박적 소망을 갖고 있다.

수 있을까? 나머지 역시 적어도 얼마나 뚱뚱하냐에 대해 끊임없이 이야기하는 '팻 톡(Fat Talk)'을 한다. 여기에서는 질문과 대답이 탁구공처럼 왔다 갔다 한다. "이 티셔츠를 입으니까 뚱뚱해 보이지?", "아휴, 이 바지를 입은 내 엉넝이를 보라구!" 여성 청소년 중 3분의 1이 식사할 때 죄책감을 느낀다.[31] 식이장애의 원인에 대해서 이야기하자면, 미디어에 나오는 마른 모델들의 영향도 분명히 있다. 86-61-86의 몸매를 가진 지젤 번천은 우리가 무엇이 아닌지를 똑똑히 보여 준다. 그리고 빅토리아 베컴이 출산 몇 주 뒤 다시 예전과 똑같이 마른 몸으로 등장하는 것을 보았을 때, 우리는 스스로에게 자문한다. 왜 그는 과자봉지를 멀리할 수 있고 우리는 그렇지 못하는지.

미디어에만 책임을 묻는 것은 물론 너무 단순하다. 그러나 미디어가 만드는 상은 이미 존재하는 약점과 만났을 때 특히 위험하다. 그리고 사회는 우리가 어릴 때부터 결함이 있다고 말해 주는 능력이 아주 출중하다. 전체 산업이 그로부터 이익을 얻는다는 것은 놀라운 일이 아니다.

31 BRAVo TrendMonitor, "Wie ticken die Jugendlichen heute?", 2013.

있는 그대로

베스 디토

Beth Ditto

미국 음악가

(1981~)

" '뚱뚱하다'라는 단어를 되찾는 것은 전권을 찾는 일이었어요. 나는 이 단어를 더 이상 모욕이나 폄하의 의미로 사용하지 않았죠. 대신 사실로 대체했어요. 왜냐하면 사실 나는 뚱뚱하고, 그래도 괜찮으니까요. 이제 누군가 나를 보고 뚱뚱하다고 하면 그냥 동의해요. 예전에는 창피하고 감정적이 됐겠지만요."

페미니즘에 기여한 점

팝계의 예외적 현상. 레즈비언일 뿐 아니라 통통하기도 하다. 다르게 되려고 노력한 적은 없다. 기괴한 스타일과 독특한 목소리로 사람들을 사로잡는 쪽을 선호한다. 장 폴 고티에(Jean Paul Gaultier)의 2010년 파리 패션쇼에서 첫 번째로 무대에 올랐고, 나체로 《러브 매거진》의 표지에 실렸다. 타고난 커다란 목소리로 솔로로서 그리고 '가십'이라는 밴드에서 노래하며, 페미니즘적인 사안과 LGBT 커뮤니티를 위해서도 이 목소리를 사용한다.

역대로 항상 마른 몸이 이상형인 것은 아니었다. 구글에서 "Fat Pills 50-s"를 검색하면 1950년대에 살이 찌는 (그래서 예뻐지는) 약이 여성들에게 판매됐다는 사실을 알 수 있는 광고들이 나온다.

다이어트 약, 제로 사이즈, 식이장애는 사회가 여성의 몸과 관계 맺는 방식의 표현이다. 남성들에게도 날씬하고 건강한 몸이 요구된다. 그러나 여성의 몸과 달리 모두에게 속한 공공의 자산처럼 취급되지는 않는다. 여성의 몸은 그것을 바라보는 사람을 위해 아름답게 만들어져야 하는 대상물이 된다.[32] 나오미 울프를 다시 한 번 살펴보자. 1980년대에 여성의 직업과 신분상승의 기회가 높아지자 아름다움의 이상형인 '날씬함'에 맞지 않는 여성의 몸은 좀처럼 용인되지 않았다. 여성들은 모든 것을 같이할 수 있었지만 그들을 위한 공간이 마련되지는 않았다ㅡ말 그대로의 '공간' 말이다. 그들은 이론적으로 모든 개인적 자유를 누렸지만 진정한, 그리고 정치적인 권력은 없었다. 식이장애는 이러한 모순의 발현이다. 미국 작가 캐럴라인 냅(Caroline Knapp, 1959~2002)은 오랫동안 거식증을 앓았으며 '굶주림'이라는 개념을 음식 이상의 것으로 이해한다. 삶에의 굶주림, 경험에의 굶주림, 그리고 섹스와 권력에의 굶주림 등등. 사회는 여성 권력에 대해 아주 양가적이며 그렇기 때문에 여성의 굶주림을 통

영국의 페미니스트 캣 벤야드(Kat Benyard)는 그의 책《평등이라는 환상(Eguality Illusion)》(2010)에서 여성이 겪는 일상적인, 그리고 그들의 몸에 관한 문제들을 이야기하고 있다. 이를 위해 많은 여성들의 일상을 관찰하고 그들의 삶을 기록했다. 아침에 거울에 비친 (불만족스러운) 자신의 얼굴, 어디에서나 존재하는 성차별, 그리고 포르노그래피에서 가정폭력까지.

32 Kat Banyard (2010): *The Equality Illusion*, 20쪽.

제하려 한다. 여성들은 사회가 제시하는 것에만 굶주림을 가질 수 있다. 화장, 아름다움, 그리고 쇼핑.

영국의 블로거 로리 페니(Laurie Penny, 1986~)는 거식증 환자였으며 "자발적인 굶주림의 승리이며 [……] 서구 페미니즘의 가장 큰 패배"다.[33] 그는 스스로를 글자 그대로 "가늘게" 만들었다. 거식증 환자가 말라 비틀어지고 부서질 것 같은 몸을 드러낸다면, 폭식증 환자는 비밀리에 움직인다. 굶주림은 스스로에 대한 통제와 규율을 의미한다. 구토는 연약한 사람들이나 하는 짓이다. 한쪽에서는 완벽한 순응. 그리고 다른 한쪽에서는 개인의 자유와 사회적 현실 사이의 모순에 대한 좌절. 자신의 몸에 대한 통제는 삶에 대한 통제와 동일시된다. 통제할 수 있는 사람은 권력을 갖는다. 자기 자신과 다른 사람에 대해서. 이는 자신의 몸을 습득하는 가장 극단적이고 가장 해로운 방식이다.

캐럴라인 냅의 《굶주림(Hunger)》(2006) 외에도 로리 페니(Laurie Penny)의 《정육점(Fleischmarkt)》 또한 식이장애에 관한 한 반드시 읽어 봐야 하는 책이다. 이 두 작가들은 급진적이고 타협 없이 식이장애가 사회적인 문제라는 점을 분명히 한다. 로리 페니에 대해서는 169쪽에서 좀 더 자세하게 볼 수 있다.

33 Laury Penny (2012): *Fleischmarkt*, S. 47.

식이장애

구토, 극단적 다이어트, 대식(빙에 식이Binge-Eating).
여성들은 남성들보다 다섯 배 더 식이장애에 빠지기 쉽다.

식이장애
독일 여성과 남성

폭식증/거식증
나이: 14~18세

폭식증, 거식증에 시달리는 여성-남성 비율은 20:1이다.

빙에-식이장애
나이: 18세 이상

1.6% 0.8%

독일연방 건강정보부.

아름다움과의 관계:
모든 것이 상대적이다

그렇다면 우리는 아무것도 할 수 없다는 말인가? 그렇지 않다. 우리는 이해해야 한다. '정말로' 이해해야 한다. 아름다움에 대한 정의란 존재하지 않는다는 것을. 그리고 앞으로도 그러리라는 것을. 아름다움은 항상 마른 것이 아니다. 아름다움은 사람을 갑자기 웃게 만드는 특이한 유머다. 아름다움이란 생각을 말할 수 있는 용기이며 겁먹지 않는 것이다. 아름다움은 이 사람이 항상 누군가의 옆에 있을 것이라는 신뢰성이다. 평안할 때, 우리 자신일 수 있을 때, 우리는 아름답다. 아름다움은 특정한 엉덩이 사이즈나 허벅지 사이의 공간으로 정의될 수 없다. 아름다움은 부분의 총합이다. 우리의 실수는 다른 사람들의 눈에 띄지 않는 경우가 많다. 또는 그들에게 아무런 상관이 없다. 외모와 몸무게에 대한 이 모든 광기는, 누가 왜 우리 스스로를 못생겼다고 느끼도록 만들고 싶어 하는지 분명하게 보여 준다.

RIOTS
NOT
DIETS

페미니즘에 대한

다섯 가지 질문

카트린 랑에

Katrin Lange

1989년 빌레펠트에서 태어난 이 프리랜서 그래픽디자이너는 2009년 블로그 〈매혹적인 곡선(Reizende Rundungen)〉을 개설하여 열심히 꾸려 가고 있다. 랑에는 뚱뚱한 여성들도 패션과 스타일링에서 즐거움을 찾을 수 있으며, 아름다움의 이상형은 쓰레기통에 속하는 것임을 보여 줬다.

페미니즘은 당신에게 어떤 의미입니까?

여성성이 다시 새롭게 조명을 받을 기회입니다. 여성성은 미디어에서 성적으로 과도하게, 또는 연약함으로 표현되지요. 저는 여성성을 다시 찬미하고 싶고, 얼마나 다양한 측면이 존재하는지, 그리고 여성으로 산다는 것에는 얼마나 다양한 길이 있는지를 보여 주고 싶어요.

당신의 결정적인 페미니즘적 순간은 어떤 것이었나요?

저는 꼬리표 달기를 좋아하지 않아요. 예를 들어 트위터 프로필에 "페미니스트입니다"라든가 "활동가입니다"라고 절대 쓰지 않지요. 저는 블로그를 통해서 페미니즘 운동과 가까워졌어요. "몸 긍정성"과 "비만 받아들이기"에 관련된 블로그와 글을 찾는 과정에서 자연스럽게 페미니즘적 사고를 만나게 됐고요. 저는 아름다움의 이상형과 몸이라는 주제에 관해 많이 생각해요. 그리고 인터넷에서—특히 다른 블로거들을 통해서—새로운 시각과 인상을 얻죠. 이것들은 천천히, 하지만 분명히 많은 사람들이 페미니즘이라고 할 수 있을 만한 생각을 만들어 내요.

실제 또는 허구의 롤모델이 있나요? 누구입니까?

제 실제 롤모델은 베스 디토(Beth Ditto)입니다. 뮤직비디오와 패션 잡지에서 항상 마르고 매끈하고 털이 없는 여성들을 보는 세상에서, 그는 희망의 불빛과도 같았었어요. 오래전부터 제 가상의 롤모델은 캣 스트랫포드(Kat Stratford)예요. 〈내가 너를 싫어하는 10가지 이유(10 Dinge, die ich an dir hasse)〉에 나오는 배우지요. 당시 저랑 제 가장 친한 친구는 (영화에서) 그가 한 말들을 서로에게 하곤 했어요. 물론 아주 오랜 시간이 지나서야 그가 얼마나 특별한 캐릭터인지를 알게 됐어요. 그전에는 그저 쿨하다고 생각했을 뿐이었죠.

오늘날 페미니즘에서 가장 큰 과제는 무엇인가요?

저는 페미니즘뿐만 아니라 '~이즘'이라는 말이 달린 것에는 뭐든지 공격적으로 쏘아붙이곤 했어요. 살다 보면 좌절할 때가 있고, 그러면 언젠가는 가운뎃손가락을 세우고 세상을 돌아다니며 "엿먹어, 내 생각이 옳아!"라고 소리치게 될 거예요. 하지만 제 생각으로는, 소리를 지르는 것과 안티가 되는 것으로는 절대 바라는 효과를 얻지 못해요.

젊은 페미니스트들에게 하고 싶은 말이 있다면?

자신의 생각을 정립하세요. '대가'들이 말하고 행동하는 것이더라도 스스로 동의하지 않는다면 믿지 마세요. 다르게 생각하세요! 하지만 마음을 열고 다른 사람들이 하는 말에 귀 기울이세요. 그리고 다양한 관점으로 사물을 바라보세요.

리나 던햄

Lena Dunham

미국 배우이자 제작자,
감독, 그리고 작가
(1986~)

"저는 페미니즘이 다시 쿨해져야 하고, 목이 막힐 정도로 빽빽한 무슬리처럼 느껴져서는 안 된다는 생각이 엄청 매력적이라고 봐요."

페미니즘에 기여한 점

재미있고, 영리하고, 창조적이다. 규범적인 아름다움에 어울리는 측면은 하나도 없고, 그렇다고 해서 어떻게든 자신을 변화시킬 생각도 없다. 자신이 출연하는 〈걸스(Girls)〉에서 (반)나체의 몸을 보여 주는 것이 당연하다고 생각하지 않는다. 그러나 그것을 대담한 표현으로서가 아니라 세상에서 가장 정상적인 일로 보이게끔 만든다.

2. 섹스: 포르노스타처럼

섹스는 팔린다

몇 년 전까지만 해도 무수히 많은 남성 잡지에서 옷을 벗는 것이 여성들에게는 경력의 끝이 되곤 했다. 그러나 이제 연예 산업에서 어느 정도 유명한 여성들의 누드 사진은 별다른 문제없이 용인된다. 물론 “미학적인” 사진의 형태로 말이다. 그러니까 길거리의 매춘부보다는 고급 호스티스라고나 할까. 우리 문화에서의 섹스는 항상 여성적이다. 섹스는 가슴, 엉덩이, 그리고 다리다. 섹스는 비키니 모델과 아이스크림 선전에서 도발적으로 핥는 입술이다. 어느 정도 “섹시”한 것은 점점 사라져 가고 진짜 섹스가 도래했다. 즉, 포르노가 일상의 부분이 된 것이다. 그렇게 우리는 포르노 산업의 법칙을 입 밖으로 꺼내지 않고 받아들인다. 첫째, 포르노스타처럼 보일 것. 둘째, 포르노스타처럼 섹스를 할 것.

은밀한 곳의 털과 수술: 털이 없는 시대

영화 〈우리도 사랑일까(Take this Waltz)〉(2011)에는 주인공 미셸 윌리엄스(Michelle Williams)가 아쿠아 체조를 한 뒤 젊고 나이 든 많은 여성들과 샤워실에서 벗고 있는 장면이 나온다. 모두가 아주 평범한 몸매였다. 다소 펑퍼짐한 엉덩이, 또는 작은 배, 그리고, 그들은 아래쪽에 털이 있었다. 내가 영화관에서 이 장면을 보고 있을 때, 많은 사람들이 킥킥거렸다. 멋진 대화 때문에? 또는 보통 몸무게에 털이 나 있는 여성들 때문에? 제모를 하지 않은 음부는 이제 일반적인 것이 아니라 예외가 됐다. 털은 섹시하지 않고 역겨운 것으로 통한다. 우리의 은밀한 곳은 로타 마테우스(Lothar Matthäus, 독일의 축구선수. 다섯 번 결혼하고 많은 연애 스캔들을 뿌리고 다녔다—옮긴이)의 연애처럼 공적인 것이 됐다. 역설적으로 '은밀한'은, '성적인' 및 '음부와 관련된'과 더불어 아주 친밀하고 숨겨져 있으며 사적인 것을 의미한다. 오늘날 사생활로 남겨진 부분은 별로 많지 않다. 라이프치히의 의료사회학자 엘마 브랠러(Elmar Brähler)는 심지어 "유효함의 정언명령"[34]에 대해 이야기한다. 이는, 당신이 무엇을 원하든 간에 무엇이 괜찮고 그렇지 않은지에 대한 결정은 이미 내려져 있음을 뜻한다. 포르노에서 음모를 제거하는 것에는

34 "Schönheit unter der Gürtellinie"; *DIE ZEIT*, 29/2009.

실용적인 목적이 있다. 성별을 샅샅이 비추어 보이게 하는 것. 앞으로 10년 내에는 이 트렌드가 실제 세계에도 도입될지 모른다. 〈섹스 앤드 더 시티〉에서 서맨사는 음모에 대해 이렇게 정의한다. "그것은 당신의 신발만큼이나 당신에 대해서 많은 것을 말한다!" 번역하자면, 무성한=우웩.

섹스는 미디어나 포르노에서 보는 것처럼 무균성이며 깨끗하다. 털은 비위생적이고 없어져야 한다. 물론 그렇지 않다. '물은 씻기 위해 있는 것이다'라는 유행가 제목을 규칙적으로 실행하는 사람들은 털 역시 깨끗하게 유지한다. 사실 털이 없으면 더 많이 땀을 흘리고 가벼운 상처도 많이 난다. 뾰루지와 살 속으로 파고든 털이 면도나 그 비슷한 것들의 부작용이라는 점은 굳이 말하고 싶지도 않다. 위생 외에도—당연히—섹스까지 도마 위에 올랐다. 털은 섹스를 좋지 않게 만든다. 왜냐하면 털이 있는 여성의 음부는 핥을 수가 없기 때문이다. 독일 여성은 일생 동안 평균 6~7명의 섹스 파트너를 가지며, 그들이 제모를 선호한다는 통계가 마치 미래를 내다본 것처럼 도출됐다. 이로써 제모는 의무가 되고 몸의 다른 부분 역시 싸움터로 지정됐다. 은밀한 곳의 털을 깎으면 음부가 잘 보인다. 그러나 어쩐 일인지 전혀 포르노처럼 보이지는 않는다. 이제는 우리를 이상적인 포르노와 더 가깝게 만들어 주는 은밀한 곳의 성형수술이 있다. 얼마나 좋은 일인가. 음순 축소술, G 스팟 주사요법, 질 축소……. 이유는 명백하다. 완

케이틀린 모런

Caitlin Moran

영국 칼럼니스트, 작가

(1975~)

"저는 당신들에게 '나는 페미니스트이다!'라고 말할 것을 권합니다. 제가 가장 선호하는 방식은 의자 위로 올라가 위를 향해 '나는 페미니스트다!'라고 외치는 것이에요. 왜냐하면 무얼 하든지 의자 위에 올라가 있을 때 더 선동적이거든요."

페미니즘에 기여한 점

스컹크와 비슷한 헤어스타일을 하고 있으며 특히 아주, 아주 재미있는 사람이다. 그의 책 《아마도 올해의 가장 명랑한 페미니즘 이야기(How to be a woman)》(자서전과 페미니스트 선언문의 혼합)에서 음모, 스트립클럽, 레이디 가가와 클럽에 가기 등에 대해 논했다. 정치적 메시지를 제시하지는 않지만 일상에서 진지하게 관찰한 것에 대해 이야기한다. 딸이 길을 가다 넘어졌을 때, "가부장제에 책임이 있어!"라고 소리칠 것을 당부한다.

〈센터폴드(Centrefold)〉라는 단편영화를 꼭 볼 필요가 있다. 이 영화에서는 여성들이 "아래쪽을" 수술하기로 한 결심에 대해 이야기하는데, 인터넷에서 "음부"를 검색해 여성들의 음부가 얼마나 다양한 모습을 하고 있는지를 알게 된다. 공동 샤워실에서야 이렇게 자세히 들여다볼 수가 없다.

벽하게 제모된 은밀한 부분이 어린 소녀처럼 보인다면 그제야 우리의 성별은 올바른 것이다. 이상적으로 음순은 내부를 가리고 있다. "미성숙"은 신선한 빵을 연상하는 모양새다. 처녀이고, 깨끗하며, 순수하다.

이런 수술은 대부분 몸에 대한, 그리고 성적인 불만족에서 나온다. 양자는 서로 연관돼 있다. 외모에 만족하지 못하는 사람은 섹스를 할 때도 긴장을 풀지 못하고 너무 큰 소음순이 진짜 문제라고 스스로 믿게 될 수도 있다. 반대로 만족스럽지 못한 섹스 역시 우리의 몸에 대해 의심을 하도록 만들 수 있다. 은밀한 부위가 매력적이지 못하다고 생각할 수 있는 것이다. 멋진 섹스와 몸에 대한 기대는 은밀한 부위의 수술이 가져다주는 위험부담을 내려놓을 수 있도록 한다. 베를린 DRK 여성병원의 원장이었던 헤리베르트 켄테니치(Heribert Kentenich) 교수는 은밀한 곳의 수술이 가져올 감염의 위험성에 대해 경고한다. 질리프팅의 경우 "신경의 손상으로 마비가 된 듯한 느낌이 올 수 있으며 섹스할 때 문제가 생길 수 있다"[35]고 한다. 수술을 통해 더 나은 섹스를 얻게 될 거라 기대하지만 정작 아무것도 느껴지지 않는 결과를 초래해 아예 섹스를 불가능하게 만들 수도 있다.

35 "Der Wunsch nach dem perfekten Genital"; stern.de, 24.10.2008.

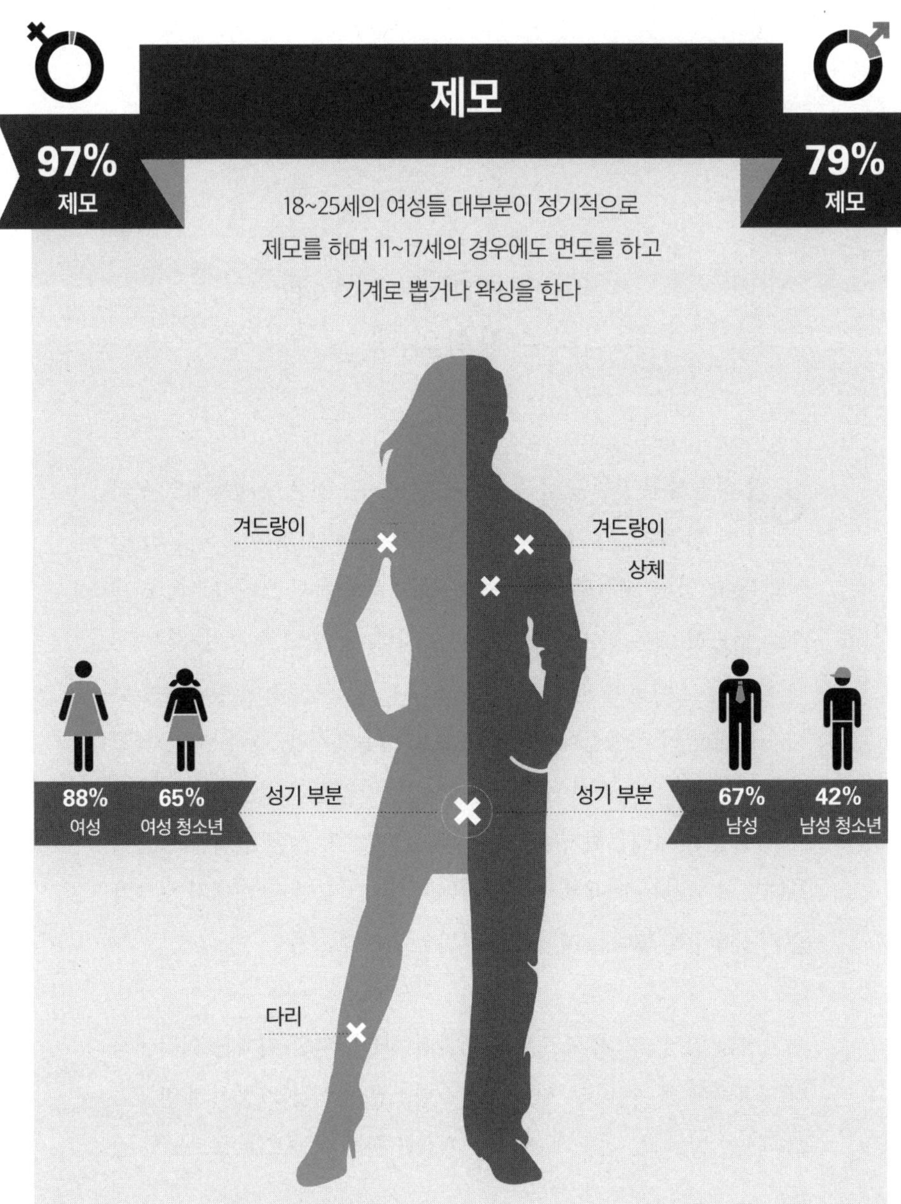

Universität Leipzig: "Körperhaarentfernung bei immer mehr jungen Erwachsenen im Trend", 2008.
BRAVO: "Dr. Sommer-Studie 2009 – Liebe! Körper! Sexualität!"

포르노그래피와 그 효과: 다른 사람의 섹스

여성들의 은밀한 곳을 수술하도록 만드는 것은 흥미롭게도 우리가 할 수 없는 섹스다. 즉, 포르노에서의 그것이다. 아무런 감정의 동요 없이 자신의 페니스를 여성의 몸속에서 스타카토의 리듬으로 두드려 대는 남자들도 현실은 아니다. 말이 되지 않는가? 2008년 성 연구가 야코프 파스퇴테르(Jakob Pastötter)는 프로지벤 방송국을 위해 56,000명의 사람들에게 인터넷으로 설문조사를 했다. 이는 독일에서 가장 규모가 큰 성 연구였다. 그는 일반인들의 성생활에서 포르노는 일종의 지배문화가 됐다고 결론을 내렸다. 많은 사람들의 눈에 포르노의 섹스는 모방할 수 있는 현실이다. 그 결과, 침대에서 오르가슴은 많을수록 좋다는 생각이 증가하고 있다.[36]

예전에는 미성년자가 포르노를 구하기 힘들었지만 이제는 어디에서나 자유롭게 볼 수 있다. 인터넷과 스마트폰이 이를 가능하게 만들었기 때문이다. 나는 친구네 집에서 DVD를 통해 처음으로 포르노를 접

36 "Schamhaarverlust durch Pornokonsum"; stern.de, 2008.10.18.

"우리에게는 전체에 관한 문제다. 자기결정을 위한 여성들"이라는 캠페인은 청소년들에게 일어나고 있는 포르노 소비의 확산을 분석하고 그 결과를 다음 웹사이트에 공개한다. www.uns-gehts-ums-ganze.de

했다. 지나 와일드, 맥주, 그리고 피자는 우리에게 좋은 조합으로 보였다. 내 개인적 경험으로는, 왼쪽과 오른쪽에서 돌출하는 페니스를 핥고 있던 지나를 본 순간 입맛을 잃고 말았다. 2009년 잡지 《브라보(BRAVO)》의 좀머(Sommer) 박사 팀은 열한 살에서 열일곱 살 난 설문 대상 청소년 중 3분의 2가 이미 포르노를 접했다는 결론을 내렸다. 설문 대상의 절반은 TV를 통해서 포르노에서 무엇이 다루어지는지 알게 됐다고 답했다.[37] 여기에서 잘 인지해 둘 점은 다음과 같다. 설문 대상자들의 정기적인 포르노 소비는 사실상 별다른 의미가 없다고 하더라도(남성 청소년의 8퍼센트, 그리고 여성 청소년의 1퍼센트만이 정기적으로 포르노를 본다), 클릭 한 번에 사람들이 성교하는 장면을 볼 수 있는 것이다. 더 이상 간단할 수가 없다. 청소년들은 너무 일찍 '진짜' 섹스가 어떻게 보이는지를 배운다. 그래서 자기 자신의 욕망과 성의 형태를 만들어 가는 일이 어려워진다. 그리고 가상의 롤모델과 비교하는 일 없이 경험을 수집할 수도 없다. 예전에는 친구들과 함께 경험을 나눴지만 지금은 자신의 성 경험을 포르노에서의 섹스와 비교한다. 측량 막대는 현기증을 불러일으킬 만큼 높은 곳에 있다. 인터넷과 가상 섹스를 통해서 실제의 섹스, 우리의 섹스는 사적인 것, 비밀스러운

37 "Dr.-Sommer-Studie 2009 - Liebe!, Körper!, Sexualität!", 98쪽.

것, 그리고 실수를 할 가능성과 멀리 떨어져 버렸다.

포르노 산업:
나는 벗은 사람들을 본다

결국 과도하게 성화된 문화에서 가장 많이 고통받는 사람들은 여성이다. 잡지에서 나체로 포즈를 취하며 우리를 외설적인 눈빛으로 쳐다보거나, 〈여름 소녀(Das Sommermädchen)〉와 같은 프로그램에서 비키니를 입고 나오는 사람들은 모두 여성이다. 그리고 포르노에서 페니스가 집어넣어지고 박히고, 바닥에 눕는 것도 여성이다. 굴욕적인 포즈로 입에 페니스를 물고 다른 페니스는 엉덩이에 박힌 채로 전신과 모든 구멍에 정액을 묻히고 있는 것도 여성이다. 그리고 포르노는 점점 더 폭력적이 돼 가고 있다. 영국에서 가장 유명한 50개의 포르노 웹사이트와 DVD를 조사한 2010년의 한 연구에 따르면, 그중 90퍼센트가 여성에 대한 물리적이고 언어적인 폭력을 담고 있다.[38] 포르노 산업은 1970년대부터 전문성을 띠어 갔으며 엄청난 수요를

38 Gail Dines : *Pornland. How Porn has Hijacked our Sexuality*, 2011.

가진 커다란 사업이 됐다. 그리고 열악한 노동조건이 한몫했다. 모든 곳에서 배우들이 성병에 걸리지 않도록 주의하는 것은 아니었다. 그리고 포르노 촬영이 엄격한 위생규정하에 이루어지는 미국에서도 촬영 시 감염될 위험은 높은 비율로 존재했다. 특히 콘돔이 경시됐기 때문이다. 콘돔은 배우의 발기를 '위협하고', 누구도 '콘돔 포르노'는 보지 않았다. 안전한 섹스는 정력의 적이었다. 이는 배우들에게 일주일에 여러 번 여러 명의 파트너와 콘돔 없는 섹스를 하는 것을 뜻했다. 그 결과는 누구나 충분히 예상할 수 있다.

노동조건은 하나의 요소이며 내용은 또 다른 문제다. 포르노는 남성을 행위하는 사람으로, 여성을 당하는 사람으로 묘사한다. 포르노는 쾌락으로 일그러진 여성의 얼굴에 집중한다. 그 여성에게 성교하고 밀치고 뚫고 들어가는 남성은 어쨌거나 상관없다. 포르노그래피가 거의 남성 시청자를 겨냥하고 그들의 환상과 함께하기 때문에, 포르노 배우는 모든 남자가 그의 위치에 있다는 상상을 할 수 있게끔 익명이어야 한다. 그리고 그들은 라라, 지나, 또는 사샤와 섹스를 한다. 남자 배우들의 얼굴을 볼 수 없다면 포르노는 왜 존재하는가? 그리고 왜 유명한 포르노 배우들은 거의 여성들인가? 소위 "레즈비언 포르노"라는 것이 특히 인기가 있기도 하다. 그러나 실제와 같은 레즈비언 섹스는 당연히 아니며 이성애자 남성이 상상하는, 그리고 원하는 종류의 섹스다. 여성의 성이 얼마나 남성들의 선호에 따라 변형됐는지를 보여 주는 완벽한 하나의 예라고 할 수 있다.

여성적 저항? 아주 작은 반항

여성은 자유분방하고 성적으로 열려 있을 것으로 기대된다. 언제나 준비가 돼 있는 포르노 배우들처럼. 그렇지 않다면 점잔 빼는 것으로 여겨진다. 동시에 여성의 성은 뭔가 더러운 것으로 취급받는다. 남성들이 수음을 하고, 문지르고, 또는 야자나무를 흔드는 데 반해, 여성의 자위에 대해서는 관용구 하나 없다. 그래서 딜도와 바이브레이터는 화려한 색상과 동물의 모양을 하고 있다. 원래의 목적을 잊게 하기 위함이다. "진동하는 돌고래라니, 얼마나 귀여워!" 여성의 진짜 성이 눈에 보이지 않기 때문에 여성들은 자연스럽게 그들만의 섹시함을 발견했다.

미국이 언론인 아리엘 레비(Ariel Levy, 1980-)는 그의 책 《여성 쇼비니스트 돼지들—여성들과 조야한 문화의 비상(Female Chauvinist Pigs—Women and the Rise of Raunch Culture)》에서 특히 젊은 여성들이 최근 포르노그래피와 성화를 전권에 관한 문제로 받아들인다고 주장했다. 그들은 그 자신과 다른 여성들을 성적 욕망의 대상으로 만듦으로써 창을 거꾸로 잡는다. 그들은 성화에 아무런 문제의식을 느끼지 않으며 오히려 즐긴다. 이 "여성 쇼비니스트 돼지들"은 공공장소에서 여자 친구들과 서로를 더듬고(흥분된다!), 포르노 스타의 자서전을 책장에 꽂아 두며(섹시하다!), "잡년"이라고 쓰여 있는 티셔츠를 자랑스럽게 입고 다닌다(대담하다!). 그들은 쾌락을 적으로 삼는 페미니스트들이 아니며 전형적인 여성상은 그들에게 아무것도 의미하질 않는다. 모든 것이 엄청난 즐거움일 뿐이다! 현재 《플레이보이(Playboy)》 창간자 휴 헤프너(Hugh Hefner)의 딸이자 《플레이보이》의 대표인 크리스티 헤프너(Christie Hefner, 1952~)는 레비에게 많은 여성들이 이 잡지를 본다고 이야기했다. 이는 헤프너에게 있어서 요즘 젊은 세대 여성들이 성혁명을 경험한 (페미니스트) 여성들보다 섹스와 섹시함에 대해 더 성숙하고 격식 없는 생각을 갖고 있다는 증거다. "토끼 머리는 섹시한 즐거움을 상징하죠. 배꼽 피어싱이나 골반 청바지와 비슷한 형태의 아주 작은 반항 말이에요."[39] 예전에는 미니스커트가 성혁명의 상징이었다면 오늘날에는 T 팬티가 드러나 보이는 골반청바지가 그것이다.

여성들은 비로소 자발적으로 스스로를 성화할 수 있다! 마음에 드는

---

39 Ariel Levy (2005): *Female Chauvinist Pigs*, 39쪽.

것은 다 허락된다. 물론 자발성이라는 논거에 반대되는 말을 하기란 어렵다. 그러나 스스로 선택한 성화가 진정한 자유일까? 섹시함은 진정한 여성성과는 반대로 무해하며 위협적이지 않다. 나는 이것이 에로틱 3부작 《그레이의 50가지 그림자(Shades of Grey)》가 그토록 성공적이었던 이유라고 생각한다. 아나스타시아 스틸은 그의 성성을 발견하지만, 그것은 크리스티안 그레이의 도움이 있었기 때문이다. 그는 아나스타시아의 성성을 그가 제시한 길로 유도해서 통제한다. 이 모두는 마치 신데렐라 동화처럼, 순수한 처녀 아나스타시아가 타락하고 고통받는 크리스티안을 구원할 수 있는 유일한 사람이라는 식의 이야기로 전개된다. 그래서 《그레이의 50가지 그림자》는 시대정신을 완벽하게 반영하고 있다. 여성은 섹시하고 싶은지 아닌지에 대해 스스로 결정할 수 있지만 무엇이 섹시한 것인지는 결정하지 않는다. 여기에서 여성의 성성은 특정한 모형을 갖지 않는다. 그것은 특정한 상에 부합할 필요가 없다. 여성의 성성은 아주 개인적이고, 모두가 스스로 결정해야만 하는 것이다.

-창녀
-잡년
-나도 원했어
-도발적인
-시시덕거리는
-유행에 뒤처진
-점잔 빼는
-경직된

이중 잣대: 수컷과 잡년

섹스와 포르노가 더 이상 금기시되지 않는 것은 좋은 일이다. 물론 보이고 말해지는 섹스의 대부분은 경직된 표본을 따르고 있다. 특히 젊은 여성들에게는 선택의 가능성을 허용하지 않을 뿐만 아니라 그들의 성성을 테스트해 볼 기회도 주어지지 않는다. 그 대신 이중 잣대가 적용된다. 많은 여성과 잔 남자는 수컷이고, 많은 파트너와 잔 여자는 화냥년이다. 공격적인 성성을 발현하는 남자는 남성적이고, 성적으로 공격적인 여성은 위협적이다. 공공연하게 섹스에 대해서 말하는 남자는 여유롭다고 여겨지며, 똑같은 행동을 하는 여성은 거칠게 여겨진다. 성혁명은 약속을 완벽하게 이행하지는 못했다. 여성들은 그들의 성을 즐길 수 있으며, 사회적 규범과 기대에서 자유로워야 한다. 우리에게 필요한 것은 성의 표현 형태가 좀 더 다양해지는 것이다. 포르노그래피에서도 말이다.

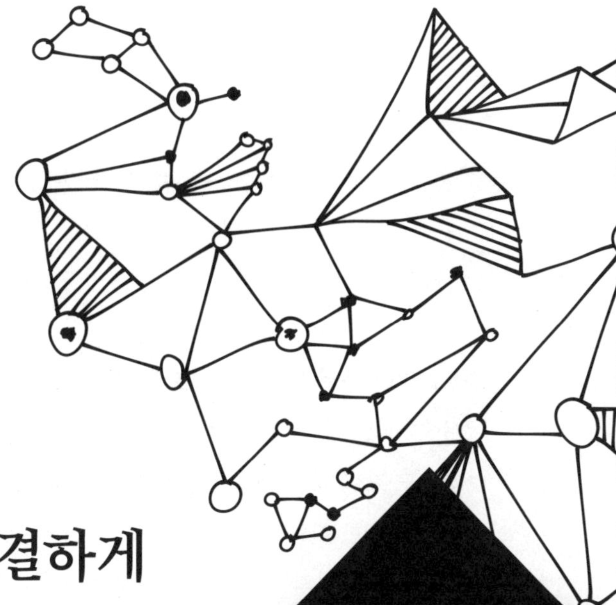

짧고 간결하게

섹스-긍정적 VS. 섹스-부정적

페미니스트들은 많은 것을 두고 논쟁을 하지만 포르노그래피에 대해서는 특히나 격렬하다. 한쪽에서는 포르노그래피를 가부장제의 기둥이자 여성에 대한 폭력의 원인으로 본다. 그와 다르게 섹스-긍정적 페미니즘은 성인들 간에 합의된 성적인 표현 형태의 다양함을 강조하며 더 많은 성적 자유를 요구한다. 포르노그래피에 대한 개방성도 포함해서 말이다.

주류 포르노:
시급 5달러와 성병

우리 자신을 속이지 말자. 포르노그레피는 고대 이집트에도 있었으며, 고대 그리스에는 식사를 할 때 볼 수 있도록 아이들의 접시와 찻잔에도 그런 그림이 그려져 있었다.[40] 그와 반대로 내 스파게티 접시에는 뚱뚱한 이탈리아 요리사가 그려져 있어서 아주 지루하게 보였다. 포르노그래피는 항상 존재할 것이다. 알리스 슈바르처가 'PorNO' 캠페인을 통해서 원했던 것처럼 그것을 금지하는 대신, 우리는 포르노의 소비자로서 저렴하게 제작되고 여성을 경멸하는 영화를 보고 싶어 하는지에 대해 곰곰이 생각해 봐야 한다. 마트에서 유기농 사과를 사고 난 뒤 집에 와서 배우가 시급 5달러와 성병으로 보수를 지급받는 저렴한 포르노를 볼 수는 없다. 사실 몇 년 전부터 주류 포르노의 대안을 제작하려는 움직임이 있어 왔다. 성 계몽자이며 커뮤니케이션 학자인 로라 메리트(Laura Méritt, 1960~)는 'PorNO'와 선을 긋고 베를린에서 2년에 한 번씩 유럽 페미니즘 포르노상을 시상하는 'PorYes' 이니셔티브를 시작했다. 동시에 'PorYes'는 페미니즘적 포르

40 Montgomery Hyde (1969): *Geschichte der Pornographie*, 65쪽.

사랑
성
증오
성차별

LOVE SEX HATE SEXISM

노의 꼬리표가 됐다. 윤리적 노동조건, 신체적 폭력과 같은 여성 경멸적인 표현 등이 심사의 기준이다. 그리고 여성의 쾌락 및 성적 다양성—다양한 섹스의 방법과 성적 지향성의 형태로—은 강조돼야 한다.[41] 물론 이 모든 것이 다 한 영화에서 보여야 되는 것은 아니며, 상투적인 상황과 표현도 메리트는 문제 삼지 않았다. 그러나 그는 주류 포르노에서처럼 끊임없이 오르가슴으로 가는 직접적인 길과는 다른 요구가 있다는 것을 확신했다. 성차별적이고 저렴하게 제작된 주류 포르노의 대안을 찾는 사람들 또한 그렇게 생각할 것이다.

포르노는 질 나쁜 주류 포르노조차도 섹스와 성에 대해, 그리고 남성성과 여성성에 대해 공개적으로 이야기할 수 있는 멋진 조건이다. 혹은 스스로를 흥분시키는 좋은 도구이기도 하다. 포르노에 대해 침묵하는 것으로는 아무것도 이루지 못한다. 대신 우리는 그에 대해 더욱 많이 이야기해서 성을 해석할 수 있는 주권을 저렴한 포르노들에게 넘겨 주지 말아야 한다.

41 www.poryes.de.

포르노를 조금 다르게

에리카 루스트

(Erika Lust)

erikalust.com

스웨덴의 에로틱 영화 제작자이자 감독이다. 2009년 포르노에 접근하는 자기결정권에 대한 책《X: 여성을 위한 포르노(X: Porno für Frauen)》를 내놓았다.

신디 갤럽

(Cindy Gallop)

makelovenotporn.com

갤럽은 2012년 MakeLoveNotPorn.com 프로젝트를 시작했다. 성에 대한 정보를 주고 포르노에서 일어나는 일들이 현실과 상관없을 때가 많다는 사실을 알리는 것이 목표다.

애니 스프링클

(Annie Sprinkle)

anniesprinkle.org

포르노 배우였으며 예술 퍼포먼스를 통해 유머러스하게 성과 여성의 몸에 대해 이야기한다. 포르노 잡지를 발간하고 있기도 하며 성학에서 박사학위를 받았다.

융스헤프트 / 기디헤프트

(Jungsheft) / (Giddyheft)

jungsheft.de

(남성용이나 여성용 중에 고를 수 있는) 잡지. 자체적으로 출판하며 나체의 몸을 있는 그대로 보여 준다. 그리고 포르노에서 자주 볼 수 있는, 호색적인 수컷과 기꺼이 하는 암컷의 클리셰를 거부한다.

페트라 조이

(Petra Joy)

petrajoy.com

독일의 영화 제작자이자 영화감독이다. 그의 영화에서는 특히 성적으로 응석받이인 여성들을 다룬다. 이 영화들은 배우들과 조이 자신의 상상에 근거한다.

페미니즘에 대한
다섯 가지 질문

로라 메리트
Laura Méritt

1960년 출생한 커뮤니케이션 학자이자 섹스 계몽가, 웃음 연구가. 섹스-긍정적 페미니즘과 PorYes 운동의 대표적 인물이다. 강사로 일하는 동시에 주로 베를린에 있는 그의 가게인 섹스클루시비테텐에서 정기적으로 성이라는 주제에 대해 워크숍과 세미나를 연다.

페미니즘은 당신에게 어떤 의미입니까?

모든 성별, 성성, 그리고 문화들을 존중하는 가운데 상생하는 사회를 건설하기 위한 참여입니다. 제게 가장 중요한 것은 섹스를 긍정적으로 보는 태도죠.

당신의 결정적인 페미니즘적 순간은 어떤 것이었나요?

제 할아버지는 오빠에게 책을 읽어 줬지만 저는 여자아이였기 때문에 인정을 해 주지 않았어요. 아주 불공평하다고 생각했습니다.

실제 또는 허구의 롤모델이 있나요? 누구입니까?

아니타 아우그스푸르그(Anita Augspurg)와 리다 구스타파 헤이만(Lida Gustava Heymann)은 초기 여성운동에서 급진적 활동가들이었어요. 그들은 관습에 구애받지 않고 용감했죠. 게일 루빈스(Gayle Rubins)는 미국의 성 사상가이자 섹스-긍정적 운동의 선구자예요. 그리고 저는 젊은 여성으로서 로리 페니(Laurie Penny)를 아주 멋지게 생각하는데, 그 역시 자본주의 비판과 페미니즘을 같이 연관시켜요. 대단하죠!

오늘날 페미니즘에서 가장 큰 과제는 무엇인가요?

성별에의 고착과 그 뒤에 숨은 권력 구조를 드러내고, 성성과 정치를 같이 생각하고, 규범화에 대한 대안으로 긍정적인 제안을 하고, (성적인) 자존감을 지원하는 것이죠. 다양성을 삶의 격언으로 삼는 것입니다.

젊은 페미니스트들에게 하고 싶은 말이 있다면?

스스로를 항상 다양하게 알아 가세요. 스스로를 위해 기분 좋은 무절제함을 발견하세요. 호기심을 갖고 놀고 실험하고 정보를 얻고 참여하세요. 논쟁을 긍정적인 잠재력으로 보고 자신과 타인의 계발을 지원하세요. 페미니즘은 섹시하게 만듭니다!

3. 매매춘: 다른 사람과 같지 않은 직업

매매춘: 가상 VS. 현실

포르노그래피에 관해서는 페미니스트들의 의견이 일치하지 않는다. 그러나 매매춘에 관해서라면 정말로 격렬한 논쟁이 벌어진다. 놀랄 일도 아닌 것이, 매매춘만큼 다양한 주제가 하나의 직업에 중첩돼 있는 경우는 없기 때문이다. 돈과 섹스, 남성과 여성의 관계, 권력과 범죄, 상냥함과 폭력, 그리고 자기결정권과 강제성. 지불은 탄력적이고, 통계나 믿을 만한 설문도 없고, 하나의 입장을 반격하고 다른 입장을 입증할 만한 자료도 없다. 대신 수많은 의견이 있고 정기적으로 치열한 토론이 벌어진다.

독일에서는 2013년 말부터 매매춘에 대해 다시 격렬한 논쟁이 시작됐다. 프랑스에서 있었던 새로운 매매춘 법안을 둘러싼 논의가 단초였다. 독일에서는 시의적절하게 알리스 슈바르처의 새 책 《매매춘—독일의 스캔들(Prostitution—Ein deutscher Skandal)》이 나왔다. 슈바르처는 이 책에서 매매춘의 금지를 요구하고 있다. 그와 함께 마르고트 캐스만(Margot Käßmann), 존야 크라우스(Sonya Kraus), 디테르 누어(Dieter Nuhr) 등 많은 유명인들이 지지를 표명한 캠페인도 벌어졌다. 매매춘에 관해서라면 우리는 아주 다양한 생각과 인상을 마주하게 된다. 내가 청소년이었을 때 어머니는, 크리스티아네 F.(Christiane F.)의 《우리, 동물원역의 아이들(Wir Kinder vom Bahnhof Zoo)》을 읽으라고 건네주신 적이 있다. 크리스티아네는 마약을 사기 위해 자신의 몸을 팔았다. 이 매춘부는 의존적이고 무력한 소녀였다. 그 뒤로 서점에는 《엿 먹어라, 베를린: 학생이자 파트타임 창녀(Fucking Berlin: Studentin und Teilzeit-Hure)》라는 책이 쌓였다. 학생들은 에스코트 걸의 삶에 대해, 그리고 왜 이것이 지루한 아르바이트보다 더 쿨한지에 대해 이야기했다. 매춘부는 섹시하고 매력적인 여자였다. 우리는 줄리아 로버츠가 영화 〈프리티 우먼(Pretty Woman)〉에서 어떻게 매춘부로서 이상적인 남자를 만나는지를 보았다. 그 매춘부는 현대판 신데렐라였다. 오후의 TV에서는 다양한 범죄 프로그램들이 줄담배를 피우며 그의 여자들을 돌보는 선량하고 살찐 포주를 보여 준다. 매춘부는 가슴이 따뜻한 엄마의 대체물이다. 그 뒤에는 알렉산드라 넬델(Alexandra Neldel)이 출연하는 〈떠도는 창녀(Die Wanderhure)〉가 방송되는데, 중세에 자신의 아름다움과 놀라운 사랑의 테크닉을 이용해서 복수를 꾀하는 여자가 주인공이다. 매춘부는 여성의 무기로 싸우는 사람이다. 그리고 마지막으로 동유럽에서 독일로 납치된 여성이 매매춘 소굴로 들어가는 스릴러물이 방송된다. 매춘부는 인신매매의 희생자다.

무엇인 현실인가? 정확하게는 알 수 없다. 마리암 라우(Mariam Lau)는 《차이트》에 다음과 같이 썼다. "에이즈는 연구가 잘 됐다. 마약중독도 그렇다. 하지만 매매춘은 점점 넓어지고 있는, 엄청나게 크고 잘 보이지 않는 어둠의 세계다."[42] 이것이 매매춘에 관한 논쟁을 어렵게 만드는 요소다. 이 주제에 대해 생각을 정리하기도 역시 어렵다.

매매춘은 독일에서 합법이다. 2002년 매매춘법이 시행되면서 매매춘은 전적으로 합법화됐고 그 뒤부터 서비스업으로 통한다. 당시 목표는 매춘부들의 직업적 상황을 개선하고자 하는 것이었다. 그들은 노동계약서를 쓰고 의료보험과 연금보험을 들고 경우에 따라서는 임금 소송도 제기할 수 있게 됐다.

독립적 매춘부로서의 활동 역시 허가됐으며 사창가의 운영도 마찬가지였다. 매매춘에 대한 지원은 예를 들면, 적절한 공간의 확보를 통해 포주나 강제성 및 금전적 착취를 없애는 것이었다. 이 법에 대해서는 10여 년이 지난 지금 의견이 갈린다. 매춘부가 직업적으로 더 많은 보호를 받을 수 있도록 개정을 요구하는 입장이 있는 반면, 다른 한쪽에서는 이 법이 실패했다고 주장하며 매매춘의 전면 금지를 주장하고 있다.

---

42 "Ware Freiheit"; *DIE ZEIT*, 46/2013.

샤를로테 로체

Charlotte Roche

독일, 영국의
진행자이자 작가
(1978~)

"저는 더 많은 섹스, 더 많은 방종, 그리고 금기의 소멸을 지지해요. 저는 냄새 나고 맛있고 더러운 소리가 나는 진짜 섹스는 누구든 충분히 누릴 수 없을 거라고 생각해요."

페미니즘에 기여한 점

독일 문학에서 전례 없던 일을 만들었다. 소설 《촉촉한 곳(Feuchtgebiete)》(2008)에서 여성의 몸이 미디어나 팝문화에서 묘사하는 것처럼 깨끗하고 티 없고 무균질의 것이 아니라는 것을 보여 줬다. 여성으로서 통제 불가능하고 지저분하게 자신의 성성을 경험하는 것에 아무런 문제가 없다고 생각한다. 그리고 이에 대해 사회로부터 허가를 받으려 하지 않는다.

도덕의 문제

매매춘 금지를 반대하는 이들은 성노동이 모든 다른 직업과 마찬가지로 합법적임에도 불구하고 여전히 사회적으로 낙인찍혀 있다고 한다. 사회학자 안나 카타리나 메스머(Anna-Katharina Meßmer)는 매매춘 폐지에 대한 요구가 매매춘의 복합적인 현실을 인정받지 못하게 만들고, 특히 매춘부들에게 손해를 입힌다고 본다.

> "매매춘 금지는 성 노동자들을 다시 불법으로 몰아내고, 낙인을 찍으며, 임금소송을 제기하거나 보험에 들 중요한 권리를 빼앗습니다."[43]

성노동을 직업으로 인정하는 이유는 다양하다. 물질적인 강제도 당연히 여기에 속한다. 이 다양성이 문제를 어렵게 만드는데, 탄트라 마사지사로 일하는 마흔다섯 살이 된 여성은 정액제 사창가에서 일하는 스물두 살 엄마나 길거리에서 영업을 하는 열여덟 살인 여성들과

43 "Prostitution abschaffen?"; *DIE ZEIT*, 46/2013.

는 직업적 요구가 아주 다르다. 강제로 하는 매매춘에서 고급 에스코트까지, 스펙트럼은 다양하다. 그리고 이 여성들을 둘러싸고 격렬한 토론이 존재한다. 여기에서 결정적인 논점은, 자발성이다. 매매춘 산업이 대다수의 성 노동자가 자발적으로 직업을 갖는다고 강조하는 데 반해, 매매춘 금지를 주장하는 사람들은 이를 전혀 다르게 본다. 알리스 슈바르처는 독일 매춘부의 80~90퍼센트가 인신매매의 피해자라고 주장한다.[44] 슈바르처에 따르면 독일에서 2002년 매매춘이 완전하게 합법화됨으로써 인신매매가 증가했다고 한다. 같은 맥락에서 유럽연합 이사회가 재정적으로 지원한 연구가 뒷받침하고 있는 결론은 다음과 같다. 매매춘의 합법화는 수요가 늘어나고 시장이 커지는 결과를 가져왔으며, 매춘부와 인신매매 여성들의 수 역시 증가했다. 또 다른 수치는 이 결론과 배치된다. 도나 카르멘 상담소의 후아니타 헤닝(Juanita Henning)에 따르면, 2010년 독일의 매춘부 200,000명 중 761명의 인신매매 피해자가 있었던 것으로 추정된다. 그리고 그중 159건만이 여성이 폭력과 협박의 피해자였다고 한다.[45] 독일 연방범죄관리

'성노동'이라는 개념은 부정적인 의미가 담긴 '매매춘'에 반해 서비스라는 측면을 강조한다. 성산업(예를 들어 매춘부, 도미나, 탄트라 마사지사 등)에 종사하는 것 역시 다른 직종들과 마찬가지로 하나의 직업 활동이라는 것을 분명히 해야 한다.

44 "Deutschland ist ein Zuhälter-Eldorado"; *Frankfurter Rundschau,* 02.12.2013.

45 "Wir brauchen kein neues Gesetz"; *Die Tageszeitung,* 22.11.2013.

국의 보고에 따르면 독일에서 인신매매건의 수는 2001년과 2011년 사이에 심지어 감소했다.[46]

다른 직업과 다를 바가 없는?

그다지 안정성 없는 수치를 갖고 논쟁할 때, 자발성이라는 것은 결정적인 논점이 아닐지도 모른다. 전체적으로 봐서는 범죄적인 측면보다 도덕적 문제가 중심에 놓여 있다고 하겠다. 왜냐하면 인신매매는 범죄이며 그 자체로 처벌돼야 하고 이를 위해서 새로운 법이 필요하지는 않기 때문이다. 그와는 반대로, 이미 마련돼 있는 법적 원칙이 매매춘의 영역에서도 일관되게 적용돼야만 한다. 강요와 포주 역시 마찬가지다. 매매춘 금지의 반대자들은 알리스 슈바르처가 매매춘 자체와 인신매매를 동일시하고 그것을 항상 학대로 간주한다고 비판한다. 이 대목에서 잠시 덧붙이자면, 페미니즘의 세대 논쟁이 드러난다. 슈바르처는 자신의 주장에 미국의 페미니스트인 안드레아 드워킨(Andrea Dworkin, 1946~2005)을 즐겨 인용한다. 그는 성폭력을 당한

46 Bundeskriminalamt, "Bundeslagebild Menchenhandel 2012," 17쪽.

적이 있으며 오랜 기간 동안 매춘부로 일했고 나중에는 포르노그래피와 매매춘에 대해 극단적으로 비판적인 글들을 썼다. 이성애자 성교는 그에게 있어 항상 여성의 위치를 격하시키는 것이었다.
제3, 혹은 제4의 물결 페미니스트들이 성 노동자가 꿈의 직업이라는 환상을 갖고 있지는 않았지만, 그럼에도 이 직업을 하나의 직업으로 바라보고, 성 노동자들을 존중하며, 특히 그들을 대변해 줘야 한다고 생각한다. 모든 성 노동자들이 자동적으로 피해자가 되는 것은 아니다.

그렇다면 무엇을 해야 할까? 매매춘법을 개정해야 하나? 매매춘을 폐지해야 할까? 만약 그렇다면, 어떻게? 스웨덴의 경우, 매춘부로 일하는 여성이 아니라 상대 남성이 처벌을 받는다. 독일 사민당과 기민당은 적어도 매매춘법을 강화하고 강제 매매춘을 이용하는 사람들을 처벌하려 한다. 명확하지 않은 점은, 남성들이 강제 매매춘의 여부를 어떻게 확인할 수 있느냐는 것이다.

확실한 것은 매매춘에 찍힌 사회적 낙인이 그렇게 빨리 사라지지는 않을 것이라는 점이다. 섹스를 단순한 서비스업으로 보는 것은 한마디로 어려운 일이다. 게다가 성산업은 거의 남성의 욕구에만 집중함으로써 성차별을 만들어 낸다. 또 하나 확실한 것은, 독일에서 매매춘 금지는 가능하지 않으며 그래서 매매춘법이 더 시급히 개정돼야만 한다는 점이다. 모든 매춘부의 1퍼센트만이 노동계약서를 쓰고, 아주 적은 수만이 의료보험의 혜택을 받는다는 점은[47] 법이 의도 자체는 좋았으나 대다수 매춘부들의 삶과 직업적 현실을 간과했다는 사실을 반증한다. 성 노동자 로비스트 요한나 베버(Johanna Weber)는 이 법이 고용돼 있는 사람들을 위해 만들어진 것이며, 여성들을 고용인들에게 종속시킨다고 비난한다. "우리 중 대다수는 프리랜서가 되길 원해요."[48] 성 노동자들과 진정한 대화를 나누는 것은 법의 개정에 도움이 된다. 누가 매춘부보다 그 직업에 대해 더 잘 알겠는가? 노르트라인-베스트팔렌 주에서는 2011년부터 '매매춘 원탁회의(Runder Tisch Prostitution)'가 운영된다. 행정부와 상담소의 전문가들 및 지방 수뇌부의 대표, 그리고 학자, 매춘부, 사창가 운영자 등이 한자리에 모여 의견을 교환한다. 목표는 매매춘이라는 주제에 대한 공동의 제안을 만들어 내는 것이다. 그리고 주정부는 결정을 내리는 주체로서 이를 활용한다. 말하고 듣는 것은, 언제나 그렇듯 나쁘지 않은 생각이다.

47 Bundesministerium für Familie, Senioren, Frauen und Jugend, "Bericht der Bundesregierung zu den Auswirkungen des Gesetzes zur Regelung der Rechtsverhältnisse der Prostituierten (Prostitutionsgesetz - ProstG)".

48 "Ware Freiheit"; *DIE ZEIT*, 46/2013.

내가 아는 모든 여성은 성별 간의
사회적이고 정치적인 평등에 찬성하면서도,
누구도 자신을 페미니스트라 부르지 않는다.

- 미셸레 로텐(Michèle Roten) -

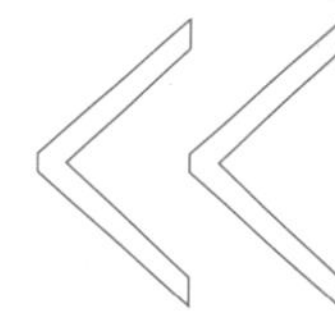

수키

Sookee

독일 퀴어 래퍼

(1983~)

"힙합은 항상 그것이 행해지는 사회만큼이나 동성애 혐오적이며 성차별적이다."

페미니즘에 기여한 점

권력 구조와 성차별에 대해 글을 쓰고 있으며, 특히 성차별의 경우 힙합계에 아주아주 만연하다고 생각한다. 동성과 이성의 구분에 대해서도 동성애 혐오만큼이나 큰 의미를 두지 않는다. 청소년들에게 타인에 대한 존중 및 삶의 계획을 세우도록 가르친다. 스스로를 왕도 아니고 여왕도 아니며 그 중간 어딘가에 있는 존재로서 '베를린의 퀑(Quing of Berlin)'이라 부른다. 〈10억(One Billion)〉이나 〈너의 몸, 너의 집(Dein Körper, dein Haus)〉 등의 페미니즘 찬가를 쓴다.

4. 번식:
아이가 온다
— 혹은 오지 않는다

피임약: 내 배는 내 것이다

영화와 TV에서는 아주 명백한 사안이다. 한 여성이 아이를 갖겠다고 결정하고 나서 과장된 몸짓으로 피임약을 쓰레기통에 던져 버린다. 파트너는 기쁘게 웃으며 그 장면을 지켜보다 "자, 그럼 이제 해 볼까"라고 하며 여성을 침대로 이끈다. 또는 그 파트너가 쓰레기통에 있는 피임약을 당황스럽게 지켜보고 있다. 우리의 경험상, 아이를 원하는 것은 일방적인 일이다. 이렇든 저렇든 피임은 여성의 일이다. 우리 여성들은 임신하고 싶은지 아닌지를 스스로 결정한다. 우리 스스로의 몸에 대한, 특히 생식기관에 대한 통제권을 갖는다는 것은 근본적으로 페미니즘적이다. 우리가 언제 누구와 섹스를 할지에 대해, 언제 아이를 가질지 혹은 가지고 싶은지 아닌지에 대해 결정하지 못한다면, 동등권은 아무런 의미가 없다. 피임약이든 루프이든 누바링이든, 여성은 선택할 수 있다. 하지만 피임 방법의 종류에 대해서만이다. 우리가 피임에 대해 신경을 쓴다는 것은 확실하기 때문이다. 제약회사 쉐링은 전 세계적으로 유일하게 "남성을 위한 피임약"을 개

피임약은 처음에 결혼한 여성들에게만 처방됐다. 물론 남편의 동의까지 얻어야 했다. 섹스는 결혼한 사람들에게만 가능한 일이었으며, 그렇기 때문에 결혼하지 않은 여성들의 경우 피임약이 필요 없었다. 싱글 여성에게는 섹스도 없다.

발하기 위해 힘쓰다 2008년 중단했다. 실험과정에서 호르몬제는 믿을 만한 것으로 판명됐으며 주입하는 방식(팔에 구멍을 내고 주사를 통해)도 문제가 없었다. 그렇다면 무엇이 문제였을까? 기분의 동요였다![49] 남성들은 그런 것을 원하지 않았다. 이런 논리라면 피임약은 시장에서 판매돼서는 안 된다. 왜냐하면 기분이 오르락내리락하는 것은 원래 수많은 부작용 중 하나였기 때문이다. 물론 피임약은 말할 수 없이 편리하다. 그러나 여성의 생리주기에 영향을 미친다. 모든 호르몬적 피임법은 부작용을 동반한다. 많은 여성들에게 이는 성적 자율권을 위해 치르는 작은 비용인 것이다. 남성을 위한 피임약은 나오지 않을 것이기 때문에 콘돔이 "남성에게 맞는" 유일한 피임 방법이며 이는 성병을 예방하는 유일한 방법이기도 하다. 그러니까 피임은 여성에게 맡겨진 일이지만 여성만의 일은 아니다. 남성에게도 마찬가지로 관련있는 일이다.

피임약은 1960년대에 시장에 처음으로 등장했으며 당시 성혁명의 상징이었다. 그리고 그 위치를 오늘날까지도 잃지 않고 있다. 이론적으로 우리가 누구나와 섹스를 할 수 있다는 사실은 자명하기 때문이다. 성혁명으로부터 만들어진 피임약은 호르몬제일 뿐만 아니라 라이프

49 "Zarte Seelen"; *EMMA*, 1/2008

스타일 액세서리였다. 피임약은 여성스러운 이름이 지어져 화려한 포장으로 싸여 있으며 피부를 좋게 만들기 때문이다. 제약산업은 젊은 고객들을 겨냥해 성공적으로 마케팅했는데, 이 고객들은 섹스에 대한 생각 말고도 여드름을 없애겠다는 의도에서 피임약을 찾는 경우도 많았다. 이젠 청소년들까지 예뻐지기 위해서, 혹은 생리주기를 조절하기 위해서 피임약을 찾고 있다. 이것은 뭔가 불편한 일이다.

사후 피임약: 그래도 괜찮아!

간혹 이런 일들이 일어난다. 콘돔은 찢어지고, 피임약 복용을 잊고, 누바링은 질 속에 잘 안착되지 않다가 한참 뒤에 침대 위에서 발견이 된다. 섹스 뒤의 나른함 대신 공포감이 밀려온다. '사후 피임약'이 필요하다! 단점은 섹스 이후 72시간 이내에만 효과를 발휘한다는 것이다. 빠를수록 좋다. 그리고 지금까지는 처방전이 필요했다. 그렇기 때문에 일단은 의사에게, 또는 응급실로 (방광염이나 찢어진 콘돔처럼 재미있는 일은 꼭 주말이나 휴일에 일어나기 때문에) 가서 상담을 하고 경우에 따라서는 검사를 받은 뒤에 처방을 받는다. 한마디로 이 모든 과정이 번거롭다. 그러나 처방전이 필요한 폴란드와 이탈리아 이외의 다른 모든 유럽 국가들에서는 상황이 다르게 돌아간다.

페미니스트들은 수년 전부터 독일에서도 사후피임약을 처방전 없이 약국에서 구입할 수 있도록 해 달라고 요구했다. 이는 여성의 생식권과 성적 자기결정권에 속하기 때문이다. 그리고 여성이나 그의 파트너 모두가 불편한 상황을 피해 갈 수 있기 때문이다. 의사에게나 응급실로 가는 길은 도시가 아닌 경우 너무 멀 수도 있다. 기다림. 자기합리화를 해야 하는 기분. 바보같이 피임을 했다는 생각이 들 뿐만 아니라 이제 자칫하면 찾아올지도 모르는 결과까지 예상을 해야 한다.(안녕, 아가야!) 그리고 여성들이 사후피임약을 구하는 데 어려움이 생기는 일은 언제나 있을 수 있다.

그리고 2015년 초반. 때가 왔다. 유럽연합 이사회는 사후피임약을 독일에서도 처방전 없이 약국에서 구입하도록 했다. 이 결정은 3월부터 시행됐다.
처방전이 있어야 한다고 주장하는 편에서는, 약국에서 제대로 된 설명을 해 주지 않아 원하지 않는 임신이 되거나, 임신중절이 헤아릴 수 없이 많아질 것을 우려했다. 그러나 스웨덴, 노르웨이, 스코틀랜드에서의 연구는 그것이 단지 공포심일 뿐이라는 것을 보여 줬다. 이 국가들에서는 사후피임약을 처방전 없이 살 수 있게 된 뒤에도 낙태가 증가하지 않았다. 성병의 증가 역시 나타나지 않았다. 우리는 처방전이 동반되지 않는 구입에 대해서 안심하고 기뻐해도 된다.

낙태: 처벌 없는 예외

하지만 사후피임약마저 너무 늦었다면? 낙태라는 주제는 이미 20세기 초반부터 논쟁을 불러일으켰다. 낙태를 처벌할 수 있게 한 218조 역시 제국시대에 생겨서 이제 100년이 다 돼 간다. 초기 여성운동의 주역들은 할 일이 아주 많았다. 1920년에 이미 사민당 의원들이 제국의회에서 낙태를 처벌할 수 없게 한 법안을 상정하였으나 부결됐다. 제3제국에서 나치는 유대인, 로마인, 그리고 그들이 생식을 원치 않는 특정 집단에 대해 "출산통제"를 가했다. 물론 "아리아" 여성들은 지도자에게 아이를 선사해야 했다. 낙태는 있을 수 없는 일이었다.

1971년, 낙태권을 개혁하려는 지역 이니셔티브들이 독일 전역에 걸쳐 연합체 '행동 18(Aktion 18)'을 설립했다. 제대로 된 쿠데타는 알리스 슈바르처가 《슈테른》을 통해 주도한 "나는 낙태를 했다" 운동이었다.

이는 낙태라는 주제를 정치적 의제로 상승시켰다. 그러나 당시의 요구는 받아들여지지 않았다. 218조는 삭제되지 않았으며, 임신중절은 계속해서 불법으로 남았다. 다만, 소위 "처벌 없는 예외"라는 것이 있다. 일반적으로는 임신중절 기한규정이 적용된다. 낙태는 (12주 이내) 해당 여성이 임신 갈등 상담에 참여하고 3일간의 숙고 기간을 거쳤다는 사실을 증명해야 가능해진다. 원칙적으로는 임신중절이 여전히 금지돼 있고, 국가가 정한 좁은 제한망 속에서 이루어질 때만 처벌되지 않는다.

어쨌든 우리에게는 임신중절의 기회가 있다. 폴란드나 아일랜드에서는 상황이 전혀 다르다. 그리고 이들은 인권헌장을 승인한 유럽연합 국가들이다! 그러나 성적이고 생식적인 자기결정권은 부차적 인권인 모양이다. 미국에서는 "삶을 지지한다"라는 배너를 내건 낙태 반대자들이 낙태를 하는 사람들과 기관들을 위협하기 때문에 "계획된 부모"와 같은 시설은 경찰이 경호를 해야만 한다. 미국 영화 〈주노(Juno)〉(2007)에서는 주노라는 청소년이 임신을 하고 (계획된) 낙태를 하러 가는 길에 "삶을 지지한다"에 속하는 히스테릭한 동창의 제지를 받게 되는데, 그는 주노의 배를 쳐다보고 만지며 "벌써 손톱이 있어!"라고 말한다.

바바라 빙켄

Barbara Vinken

독일 문학자

(1960~)

"패션에서는 몸에 대한 상, 그리고 성별 간의 관계가 우스갯소리로, 가끔은 폭력적으로 다루어진다."

페미니즘에 기여한 점

가정정책, 엄마의 역할, 그리고 패션에 대해 날카롭고 열정적으로 분석적인 글을 쓴다. 예술지 《모노폴(Monopol)》에 따르면 '독일에서 가장 매력적인 교수'이며, 패션의 발전에 의거해서 성이론을 설명한다.

영화 〈주노〉가 페미니즘적이지 않다고 생각하는 사람들이 있다. 왜냐하면 주노는 원치 않았음에도 (그래서 입양을 시켰다) 아이를 낳았기 때문이다. 또 다른 사람들은 스스로 결정을 내리는 페미니즘적 판단이라고 보기도 한다. 글쎄, 할 수 있는 일은 하나다. 영화를 보고 생각하는 것.

그럼에도 독일은 그런 척하는 것보다 덜 진보적이다. 그렇지 않다면, 예를 들어 왜 TV에서 임신중절이라는 주제가 전혀 다뤄지지 않는가? 물론 더 중요한 문제들이 있다. 누가 누구와 잤으며, 죽었다고 생각했던 애인은 도대체 어디서 갑자기 나타났을까? 여성 캐릭터가 임신했을 경우 원칙적으로 낙태에 관한 논쟁은 이루어지지 않는다. 아이를 낳고, 끝이다. 그렇지 않을 경우 드라마 제작자는 그것이 가장 나쁜 선택이었다는 사실을 우리에게 알려 주는 데 모든 것을 걸게 된다. (매일같이 300만 명의 사람들이 보는) ARD 방송국의 텔레노벨라(사랑을 주제로 하는 가벼운 TV 드라마를 일컫는 말—옮긴이) 〈사랑의 폭풍(Sturm der Liebe)〉에서는 가수 나타샤가 남자 친구에게 아무런 말도 없이 낙태를 하려 하는데, 커다란 죄책감 때문에 유산을 하고 만다. 그는 이미 성인이 될 딸이 있으며 커리어가 중요했으므로 그 시점에 아이를 갖고 싶지 않았던 것이다. 〈사랑의 폭풍〉의 작가가 변덕스럽고 이기적인 드라마 캐릭터를 강조하기 위해 나타샤의 낙태를 이용했는지의 여부는 상관없다.

〈금지된 사랑〉에서는 섹시한 제시카가 (불임인) 친구의 남편과 술에 취해 하룻밤을 보낸 뒤 아이를 갖게 됐다. 이런. 이 장면이 현실적이지 않기는 하지만, 만약 내가 그런 상황에 처했다면 낙태를 고려해 볼 것이다. 그러나 제시카는 자신의 "작은곰 젤리"를 무조건 낳고 싶어 했다. 이는 무식하고 유혹적인 제시카를 사랑스러운 금발로 표현하는 드라마의 분위기와도 맞아떨어진다. 독일 TV에서는 아이를 낳기로 결정하는 것이 어른스럽고 책임감 있는 행동으로 통한다. 그와 반대로 낙태는 나약함의 상징과도 같다.

모성:
엄마가 된다는 것은 어렵지 않다…?

엄마가 나를 가졌을 때, 아빠는 엄마에게 무거운 것을 들지 못하게 했다. 엄마는 몸에 좋은 음식을 먹고 주기적으로 임신선에 크림을 발랐다. 다른 말로 하자면, 내 엄마는 말할 수 없이 구식이었다. 심지어 태만하다고도 할 수 있겠다. 요즘에는 아기가 삶을 가장 좋은 상태로 시작할 수 있도록 하는 것이 중요하다.

배 속의 아기에게 클래식 음악을 들려주는 것은 최소한으로 해야 될 일이다. 임신부에게 요구되는 것은 많다. 그들은 조심스럽게 행동해

무보수 노동

직업과 아이가 있는 남성과 여성은 일상에서 매일 몇 분씩 무엇을 하며 보내는가?

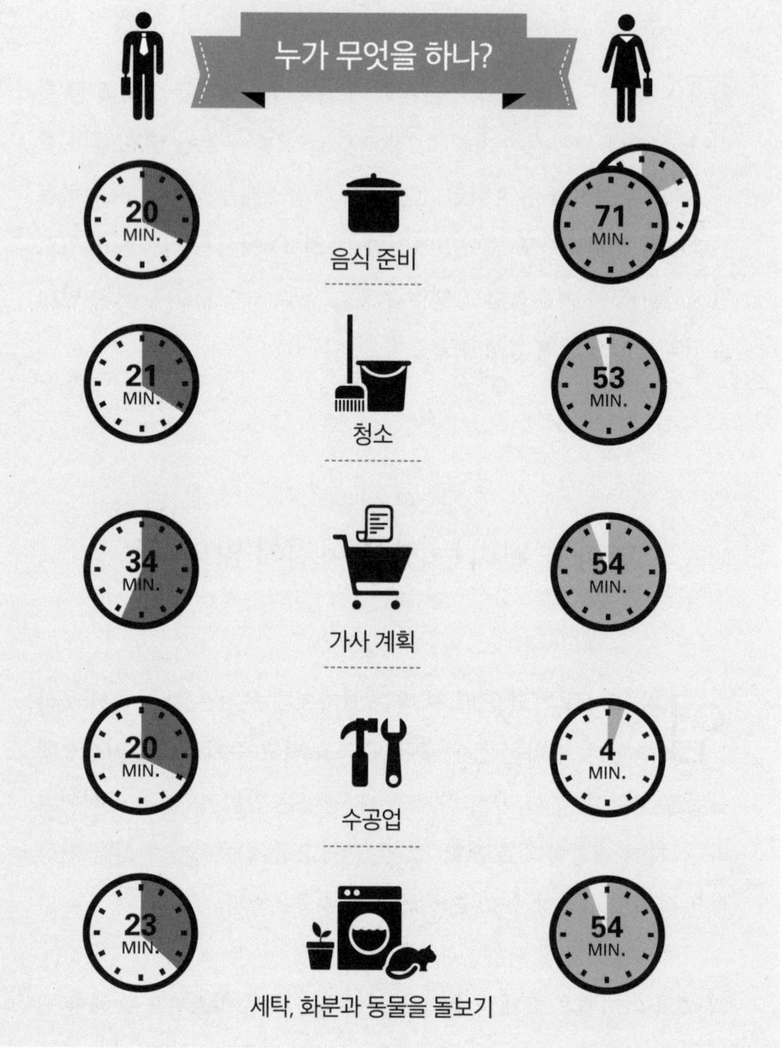

Statistisches Bundesamt, 2003.

야 하며, 몸에 좋은 음식을 먹고, 가장 좋은 출산방식을 고르고, 아기방을 예쁘게 잘 꾸미고, 다양한 출산 준비 코스에 등록을 하고……. 목록은 끝이 없다. 이에 대한 책임은 사회적 압력에도 있다. 오늘날 태아는 엄마의 주권이 미치는 영역이 아니다. 임신이라는 아주 사적이고 은밀한 일—킴 카다시안은 예외로 하고—이 공개적인 것으로 바뀌었다. 결국 우리 모두는 무엇이 엄마와 아이에게 가장 좋은 것인지를 안다.

아이의 출산으로 일단 가장 큰일을 해냈다고 생각하는 사람이 있다면, 틀렸다. 이제 본격적으로 스트레스가 시작되는 것이다! (아주 중요하지 않은 문제는 아니지만) 아이가 울거나 밤에 잠을 자지 않아서가 아니다. 엄마는 기록적인 시간 내에 다시 몸매를 되찾아야 한다. 하이디 클룸 같은 스타들은 탄수화물을 멀리하고, 하루에 1200칼로리만 먹고, 개인 트레이너와 요리사를 고용한다면 가능하다는 것을 보여 줬다. 아주 쉽고 해 볼 만하다. 미국에서는 '엄마 단장(Mommy Makeovers)'이라는 것이 있어서, 출산 이후의 엄마에게 수술을 통해 최고의 외모를 만들어 준다. 전체 패키지에는 뱃살 리프팅, 지방흡입 등도 포함돼 있다.

아이를 낳는 것이 문제가 아니라 어떤 종류의 엄마인지가 중요한 것이다. 적어도 유명인 엄마들은 가장 빠르게 날씬해지는 방법이 수유라고 믿고 있다. "출산 이후 몸에 좋은 음식을 먹고 아이에서 모유 수유를 했어요. 살은 저절로 빠졌죠!" 모유는 아이에게 가장 좋다고 한다. 분유는 부모들이 일을 나누어 하고 돌아가면서 아이를 먹일 수 있도록 해 준다. 그러나 어머니 자연이 언제나 가장 좋은 것이다. 그래도 공공장소에서 아이에게 수유를 해서는 안 된다. 카페에서 아이에게 수유를 하다가 쫓겨나는 엄마들이 계속해서 나오고 있다. 그 장면이 다른 손님들에게 부담이 되기 때문이다. 자연의 가슴은 갑자기 역겨운 것이 된다.

엄마의 역할:
어디에도 아이들은 없다

모성은 많은 기대와 연관돼 있다. 임신 중인 엄마가 새로운 상황에 적응하지 못하기 때문에 위기가 오면 가족과 지인들은 즉시 엄마의 역할에 관한 조커를 꺼내 든다. "날 믿어" 하며 사람들은 뭔가 아는 듯 고개를 끄덕거린다. "아이가 태어나면 모든 것이 자연스럽게 느껴질 거야." 엄마가 된다는 것은 결국 여성의 유전자 속에 있는 것이다. 그러나 프랑스의 철학자 엘리자베스 바딘터(Élisabeth Badinter,

1944~)의 생각은 다르다. 모성이라는 것은 "이데올로기와 사회적, 경제적, 문화적 환경에 달려 있다."[50] 엄마의 모성은 (그래서 생물학적으로 결정된) 본능이 아니라 각각의 여성에 따라 아주 다양하게 나타나는 감정일 뿐이다.

바딘터에 따르면, 독일에서는 엄마의 역할이 전통적으로 과하게 강조돼 왔다. "무자비한 엄마"라는 개념은 여기에만 있다. 바딘터는 슈퍼엄마를 이상적으로 보는 경향이 출생률 저하를 가져온다고 말한다. 그러나 이는 특히 임신보다 커리어를 중시하는 젊고 이기적인 여성들에게 책임이 있다고들 한다. 40년 전부터 독일의 출산율은 1.4명으로 비교적 꾸준하게 유지되고 있지만 다른 유럽 국가들에 비해서 높은 편은 아니다.(프랑스 여성은 보통 1인당 2.07명의 아이를 갖는다) 출산율 저하의 몇 가지 이유는 뻔하다. 대학에 머무는 기간이 길어지고, 여성들이 직업을 갖는 경우가 늘어났다. 여성들은 항상 자신의 삶이 자리를 잡은 뒤에, 즉 졸업을 한 뒤에, 안정된 직장과 집과 반려자를 둔 뒤에 아이를 가지려 한다. 게다가 아이를 낳는다는 것은 더 이상 당연한 일이 아니며 하나의 선택지일 뿐이다. 그리고 점점 더 많은 여성들—특히 학자들—이 아이를 낳지 않기로 결정한다.

50 Elisabeth Badinter (2010): *Der Konflikt. Die Frau und die Mutter.* 11쪽.

직업 활동

여성들은 커리어의 문제에 있어서는 여전히 양보하는 입장에 있다.
대신 그들은 아이나 환자를 돌보고 파트타임으로 일을 하는 경우가 많다.

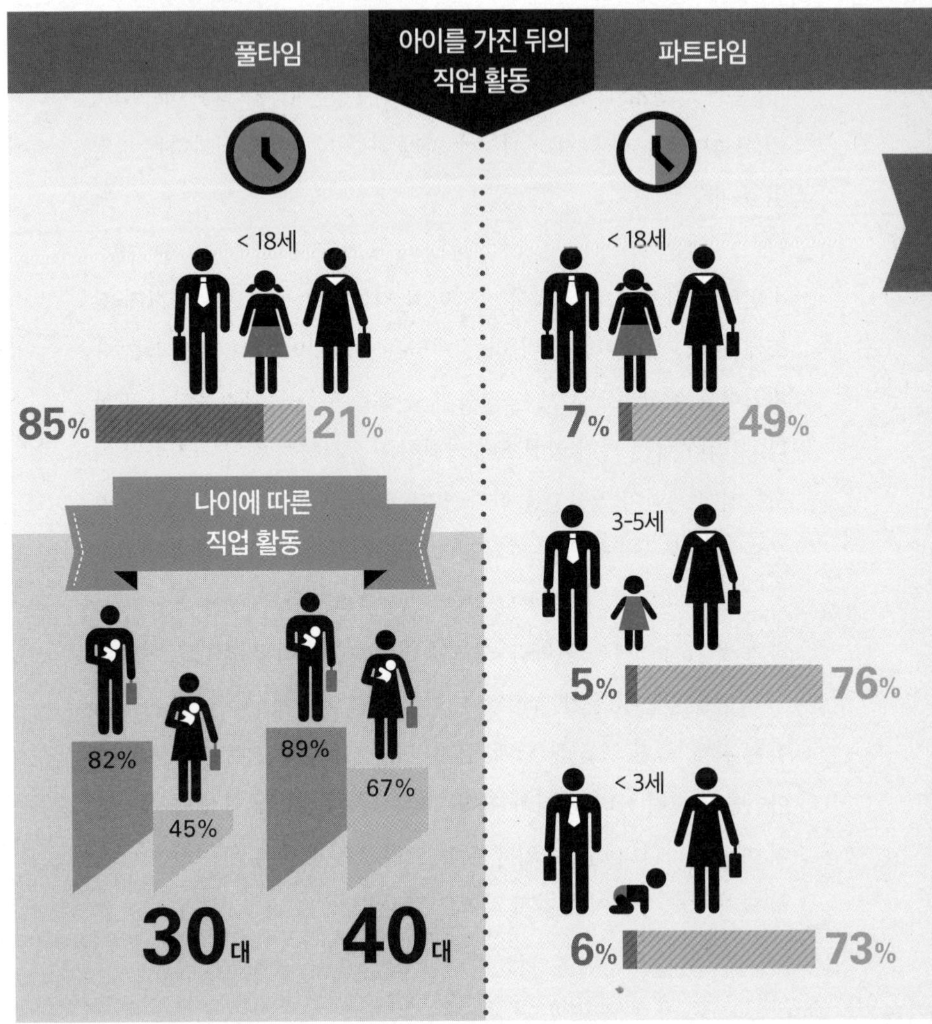

Destatis, 2010.

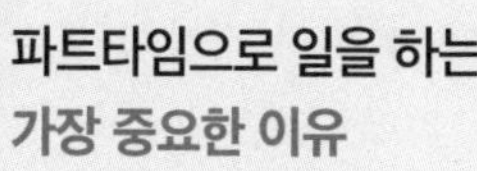

파트타임으로 일을 하는
가장 중요한 이유

27.6% 84.6%
직업을 갖고도 집안의
나이 든 아이를 돌보기 위해

49.2% 8.4%
풀타임 일을 찾지 못해서

사람이나 환자를
돌보는 이는
누구인가?

340 562

39 699

자신의 수입이 없는 경우

반려자와
같이 산다

남성 1.8%
여성 6.3%

아이가 있고
결혼을 했다

남성 1.3%
여성 40.9%

'좋은 엄마'라는 모델이 독일에서 엄마 되기를 쉽지 않게 만든다는 것은 당연하다. 이는 여성이 엄마가 되는 데 전념하지 않기 때문이 아니라 대담하게도 직업까지 갖기를 원하기 때문이다. 아이냐 직장이냐. 어느 쪽으로 마음이 가는가?

양육: 남자가 직업이 없는 것보다 여자가 부엌에 있는 것이 낫다

생물학적으로 엄마가 될 수 있느냐 없느냐의 여부는 오늘날까지 여성과 남성을 구분하고 있다. 그러나 결국 모성은 사회문화적인 불평등의 가장 중요한 요소 중 하나다. 왜 그럴까?

우리 사회에는 여전히 모성과 직업 사이에 대립관계가 존재한다. 남자가 대부분의 돈을 벌어오고 여자는 부수적인 수입을 담당한다. 당연한 일이다. 엄마는 양육과 가사일을 책임져야 한다. 이것은 사적인 공간에서 일어나는 일이기 때문에 정식 노동으로 인정되지도 않는다. 그 결과, 아이가 태어나자마자 여성은 직업 활동을 어느 정도 줄이게 된다. 이러한 현상을 전문용어로 '가족 구덩이(Familiendelle)'라고 한다.

이와는 달리, 갓 아버지가 된 남성은 역설적으로 예전보다 더 많이 일한다. 엄마는 아이를 낳고 기르는 것에 대한 벌로 '보육 벌금'을 낸다. 그들은 가족의 의무를 통해 노동 시간을 줄이고 직장을 좀 오래 떠나 있게 된다. 출산율의 상승에 대한 대가는 노동시장에서의 기회가 장기간에 걸쳐 줄어드는 것이다. "내 상황은 전혀 달라. 남편하고 나는 아이를 번갈아 가며 보고 둘 다 일하러 갈 거야"라고 우리는 생각한다. 이미 많은 사람들이 같은 생각을 했지만, 언제든지 간에 소위 "동등권의 덫"에 빠지게 됐다. 사람들은 누가 어떤 일을 맡을 것인지를 출산 전에 세심하게 계획한다. 특히 양육을 분담하는 것 말이다. 그러나 출산 이후에는 남성이 돈을 벌어 오는 동안 아이를 돌보고 가사일을 맡는 쪽은 대부분 여성이 된다. 이전에는 가사일을 잘 분담하던 사람들도 그렇게 되는 경우가 많다.

스웨덴인인 마리아 스벨란드(Maria Sveland, 1974~)는 이러한 갈등을 자신의 소설 《쓴보지(Bitterfotze)》(2009)에 멋지게 담아냈다. 사라와 요한은 막 부모가 됐다. 언론인인 사라는 시게를 돌보고 영화감독인 요한은 거의 매일 집을 비운다. 좌절은 점점 커져 가고 이 부부는 결국 가족상담을 받게 된다. 상담사 마츠는 진지하게 설명한다.

> "당신들은 사랑하는 사이에서 공정함이란 이루어질 수 없는 목표라는 것을 받아들여야 해요. [……] 그리고 요한이 그렇게 일을 많이 하는 것은 석기시대부터 그래 왔던 거예요. 어떤 시대든, 책임을 지는 건 남자들이에요. 사냥을 하고 먹을 것을 구해 오죠."[51]

이 말을 듣자마자 사라와 요한은 요란하게 웃음이 터져 나오려는 것을 참을 수 없었다. 시급한 문제에 대한 답은 여전히 얻지 못했다. "서로 사랑하는 사람들마저 동등한 관계를 만들지 못하는데 어떻게 동등권이 보장된 사회가 될 수 있겠어요?"[52] 아주 명백하다. 사적인 것은 정치적인 것이다. 그래서 국가가 엄마와 아빠를 내버려 두어서는 안 되며 아이와 직장을 조화시키는 어려운 문제에 대해 지원을 해야만 한다.

---

51 Maria Sveland (2009): Bitterfotze, 81쪽.

52 Ebenda, 11쪽.

젊은 세대의 성차별

25세까지의 젊은 여성과 남성 간에도 이미 가정과 직장을
어떻게 통합할 것인가의 문제에 대해 커다란 인식 차이를 보이고 있다.

직장 & 가정

80%

여성은
직장과 가정을
조화시키려 한다.

60%

남성은
의무를 똑같이
나눠 가지려 하지 않는다.

Bundesministerium für Familie, Senioren, Frauen und Jugend, 2008.

결합: 일보 전진, 이보 후퇴

직장과 가정의 결합에 관한 일이라면 독일의 엄마들에게는 선택권이 없다. 많은 엄마들이 처음에는 아이들 옆에 있고 싶어 하고, 그건 그대로 괜찮다. 모성은 개인적인 사안이며 그것과 어떻게 관계 맺고 꾸려 가는지는 각자가 스스로 결정해야 한다. 그러나 대다수의 엄마들은 계속해서 일을 하고 싶어 한다. 이는 물론 문학자 바바라 빙켄이 주장한 바와 같이 쉽지 않은 일이다. 왜냐하면 "독일의 가족정책은 여성을 아내와 엄마로서의 역할 속에서 바라보지만 직장을 가진 시민으로서 지원해 주지는 않는다."[53] 다른 나라의 연구들은 육아의 해결이 엄마가 계속 일을 하는 데 결정적인 요인이라는 것을 보여 준다. 물론 어린이집은 마법의 도구가 아니며 직장과 가정의 결합이라는 문제 모두에 답을 제공해 주지도 못한다. 그러나 중요한 요소이기는 하며, 직장을 가진 엄마들의 짐을 덜어 주거나 직업 활동 자체를 가능하게 만들어 준다. 이 나라에서는 이것을 너무 늦게 알아차리고 몇십억을 어린이집 및 유치원 설립에 쏟아부었다. 하지만 유감스럽게도 그 속도는 발을 질질 끌고 가듯 너무 느렸으며, 말구유는 여전

53 Barbara Vinken (2007): *Die deutsche Mutter,* 35쪽.
모성에 관한 일이라면 독일에서는 바바라 빙켄을 비켜 갈 수 없다. 절대! 더 많은 정보는 251쪽 참조.

히 부족한 상태다. 그리고 "모두를 위한 더 많은 어린이집"과 같은 조치는 반가운 것이지만, 부부개별과세(부부의 소득을 합산한 뒤 반으로 나누어 계산한 세금을 두 배로 하여 부과하는 독일의 제도—옮긴이)라는 어려운 문제가 여전히 남아 있다.

양육 문제에서는 아빠가 별다른 역할을 하지 못한다고 인식된다. 그러나 그들은 시급히 아빠의 역할을 해야 한다! 남자들이 따를 아빠-롤모델은 여전히 너무 적다. 그럴 기회가 있다고 해도, 적은 수의 아빠들만이 아이들을 돌보는 데 시간을 보낸다. 이러한 활동이 "기저귀 갈기 견습기간"—기민당 정치인 페터 람자우어(Peter Ramsauer)의 말 그대로—으로 비웃음당하고 고용인 측에서도 이해도가 낮은 것은 그리 놀랍지 않다.

가장 중요한 것을 중심으로, 복잡한 과정을 잠시 축약해 보자. 부부는 남성과 여성 사이의 수입차가 클수록 더 많이 세금감면을 받는다. 여기서 남성과 여성 간의 구조적 임금차[젠더 간 보수의 차이(Gender Pay Gap)]를 거의 모든 직업의 영역에 대비해 보면 종종 다음과 같은 그림이 나온다. 재정적으로 보았을 때는 더 적게 버는 쪽이—대부분 여성인—일을 그만두거나 파트타임으로 일하는 것이 더 적절하게 된다. 여기에서는 더 많은 어린이집이 만들어지고 더 많은 아빠들이 부모와 함께하는 시간에 참여를 할 수 있다. 부부개별과세 때문에 대부분의 결혼한 엄마가 일을 하는 것이 별 이득이 되지 않는 한, 변화할 것이 많지도 않고 그럴 수도 없다. 슈퍼엄마라는 관념은 계속해서 긴 그림자를 드리우게 된다.

HE CAN DO IT

독일에서의 모성? 유리한 것은 분명 아니다. 엄마들에게 실질적인 선택의 자유를 만들어 주는 정치적 의지가 부족하기 때문만이 아니라, 여성에게 엄청난 압력을 주는 사회적 어머니 상이 존재하기 때문이다. 마리아 스벨란드가 적었듯이, "슬픈 일이지만 엄마가 된다는 일은 가장 어려운 평등 프로젝트로 보인다."[54] 진보적인 스웨덴이 이렇다면 독일에서는 정말 할 일이 많다.

---

54 Maria Sveland (2009): *Bitterfotze*, 91쪽.

5. 폭력: 싫다는 '싫다'를 뜻한다

커다란 두려움

밤에 전철역에서 내려 집으로 갈 때 나는 가방에서 열쇠를 꺼내 손에 쥔다. 사람을 만나면 쳐다보지 않고, 누군가 내 뒤에서 걸어오면 긴장하게 된다. 그리고 내가 밤에 어디에서 누구와 함께 있는지 항상 누군가가 알고 있도록 해 둔다. 이 모든 것은, 내게 두려움이 있기 때문이다. 내가 밤에 혼자 길을 가고 있다는 사실을 누군가가 이용할 수 있다는 두려움 말이다. 너무 극적이고 과도한 두려움을 갖고 있는 것처럼 들리기는 한다. 그러나 모든 여성들이—의식적이든 아니든—위에서 말한 것들과 같은 작은 방어기제를 사용하고 있다고 생각한다. 미국의 작가 제시카 발렌티(Jessica Valenti, 1979~)는 이를 "강간 일정"[55] 이라고 부르는데, 이는 언제든지 공격당할 수 있다는 느낌과 그것에 대항하려는 시도를 말한다. 조심하는 것은 일반적으로 좋은 자세다. 그러나 그래야만 하는 것은 아니어야 한다. 우리는 안전하다고 느껴야 한다.

제시카 발렌티는 책《신체 전면을 다 드러낸 페미니즘(Full Frontal Feminism)》으로 유명하다.《뉴욕 타임스》가 이 책을 극찬했으며, "씹할(fuck)"이라는 단어의 과도한 사용으로도 유명하다.(이 책 53쪽에서 특히 자세하게 볼 수 있다.)

---

55 Jessica Valenti (2007): *Full Frontal Feminism*, 63쪽.

우리의 대비책은 우리를 어느 정도 보호해 줄 것이라는 인상을 준다. 그러나 현실은 그렇지 못하다.

주자네 라이네만(Susanne Leinemann)은 여성들이 항상 어디에서든지 폭력의 피해자가 될 수 있다는 사실을 몸소 체험했다. 이 언론인은 2010년 베를린-빌머스도르프에서 집으로 가는 길에 여러 명의 청년들로부터 습격을 받았으며, 그 일이 대해 〈습격(Der Überfall)〉이라는 르포를 써서 상을 받았다. (*DIE ZEIT*, 49/2010).

독일에서는 여성들이 주기적으로 신체적 그리고/또는 성적 폭력의 피해자가 된다. 2004년에 실시된 연방가족부의 대표적인 설문은 설문 대상 여성의 40퍼센트가 열여섯 살부터 신체적 폭력이나 성폭력, 또는 양자를 모두 경험했다(그리고 58퍼센트는 성희롱의 형태로).[56] 2011년 경찰 범죄 통계에 따르면, 총 7539건의

56 "Lebenssituation, Sicherheit und Gesundheit von Frauen in Deutschland", Bundesministerium für Familie, Senioren, Frauen und Jugend, 2004.

강간 또는 성적 강요가 발생했다. 그러나 이 수치는 분명히 더 높을 것이다. 피해자의 92.6퍼센트는 여성이었다.[57] 2014년 3월에는 기본권을 위한 유럽의 단체가 유럽 연합 전체에 걸쳐 설문을 실시했다. 그 결과에 따르면, 설문 대상자 여성의 33퍼센트가 15세 이후로 신체적 폭력 그리고/또는 성폭력을 경험했다.[58] 우리는 많은 여성들에게 성폭력이 일상인 문화에서 살고 있다. 그러나 이는 경시되고 부정되며 심지어 괜찮은 것으로 받아들여지기도 한다. 지배적인 편견과 신화는 피해자를 괴롭히고 가해자를 보호한다.

57 "Polizeiliche Kriminalstatistik 2011", Bundesministerium des Innern, 2012.

58 "Gewalt gegen Frauen-eine EU-weite Erhebung. Ergebnisse auf einen Blick", Europäische Agentur für Grundrechte, 2014.

첫 번째 신화: 여성들에게 책임이 있다(또는: 옷의 힘)

성범죄에서는 일반적으로 옷이 중요한 역할을 한다. 물론 가해자의 옷이 아니다. 아니, 흥미로운 질문은 피해자가 당일 무슨 옷을 입었는가이다. 짧은 치마를 입었나? 딱 붙는 윗옷? 하이힐? 이렇게 무책임하다니!

캐나다의 경찰인 마이클 상귀네티(Michael Sanguinetti)도 그렇게 생각했다. 그는 2011년 범죄에 대한 예방적 조치에 관한 한 행사에서 여학생들에게 강간당하지 않기 위해서는 "헤픈 여자"처럼 입지 말라고 조언했다. 이 사건은 가해자와 피해자를 뒤바꾸는 데 항의하는 전 세계적인 운동 '헤픈 여자들의 걷기(Slutwalk)'를 시작하는 계기가 됐다. 즉, 성범죄의 피해자에게도 책임이 있다는 생각에 반대하는 것이다. 내 짧은 원피스는 '좋아요'를 뜻하지 않는다! 한 여성을 강간하려는 사람은 그 여성이 두꺼운 니트를 입고 흐물흐물한 코듀로이 바지를 입었다 해도 그렇게 한다.

두 번째 신화: '싫다'는 원래 '좋다'를 뜻한다 (또는: 너도 원했잖아!)

2013년 여름, 로빈 시크(Robin Thicke)의 〈모호한 선(Blurred Lines)〉에 맞춰 춤추지 않은 사람이 있었을까? 나 역시 새벽 파티에서 다른 사람들과 함께 "굿 거어어어어얼"이라고 떼창했다. 나는 그 노래를 (반쯤 벗은 채 수동적인 여성들이 배경처럼 서 있고 완벽하게 옷을 차려입은 세 명의 남성이 그들에게 비비적대는) 뮤직비디오와 가사를 의식에서 떨쳐 버리며 즐겼다. 시크는 그 자신인 수컷에 대해 노래했다. "나는 모호한 선이 싫어/나는 네가 그것을 원한다는 것을 알아/하지만 너는 좋은 여자야/네가 나를 잡는 방식/더러워지고 싶은 것이 틀림없어/계속해, 내게 와." 이 가수는 "얌전한 여자"가 사실은 무엇을 원하는지에 대해 알려 주고 싶어 한다. 거칠고 동물적인 섹스 말이다. 그러나 선택된 여자는 고상한 체한다. 빌어먹을 "모호한" 선! 좋다, 시크는 여자들이 무엇을 좋아하는지 알고 있기 때문에 동의를 얻을 때까지 기다리지 않아도 된다. 양측이 모두 동의하는 것은 섹시하지 못하다. 2013년의 여름에만 그랬던 것은 아니다.

여성의 "싫다"는 아양 떠는 것이며, 성적인 자극의 일종이라고 보는 시각은 끈질기게 남아 있다. 이봐, 그녀도 원한다고!라고 어떤 남성들은 믿고 있으며 그로써 용기를 얻는다. 이런 남성들을 위한 작은 팁은 다음과 같다. 당신들은. 틀렸어.

세 번째 신화: '진짜' 강간(또는: 무기를 가진 낯선 이)

우리는 '진짜' 강간이 어떤지에 대한 상을 머릿속에 갖고 있다. 그런 일은 특히 밤에, 어두울 때, 사람이 없는 구석진 곳에서, 말하자면 공

〈용감한 미스 월드(Brave Miss World)〉라는 다큐멘터리에는 미스 월드인 데다 열여덟 살에 성폭행당한 리노어 애바길(Linor Abargil)의 이야기가 담겨 있다. 리노어는 가해자를 감옥에 집어넣었고, 그 경험에 대해 공개적으로 말하며 다른 피해자들에게 그들이 혼자가 아님을 보여 줬다. 이 영화에서 영화감독 세실리아 펙(Cocilia Peck)은 다양한 여성들이 겪은 성폭력에 관해서 스스로의 경험을 이야기하도록 했다.

원 같은 곳에서 일어난다.(첫 번째 신화와의 작은 관련성: 그런 곳으로 간 여성들에게 책임이 있다.) 낯선 사람이 수풀 속에서 무기를 들고 튀어나온다. 그러나 슬픈 진실은, 강간이 언제나 어느 곳에서나 우리가 아는 사람들에 의해 일어날 수 있다는 것이다. 여성에 대한 폭력은 성적이건 아니건 간에 가족이나 지인들 중의 남성들에 의해 일어나는 비율이 높다. 성범죄의 23퍼센트에서 피해자와 가해자는 친족관계에 있다. 33퍼센트의 경우 가해자는 피해자의 지인이다. 피해자의 15퍼센트는 가해자와 연인관계였던 적이 있다.[59]

그러나 이는 우리가 생각하던 틀에 맞지 않다. 그렇기 때문에 자신이 경험한 것을 강간에 포함시켜야 하는지에 대해 확신하지 못하는 피해자가 많다. 게다가 그들에게도 책임이 있는 것인지의 여부까지. 칼을 든 낯선 사람이 수풀 속에서 튀어나온 것이 아니기 때문이다. 그들은 가해자에게 연대의식을 느끼며 보호하고 싶어 하는지도 모른다. 그는 원래 좋은 사람이었어! 아무도 자신을 믿어 주지 않을 것이라는 두려움 때문에 차라리 관계를 유지시키려는 것이다. '진짜' 강간의 신화는 여성들이 친분관계를 끝내고, 연락을 끊고, 고소하는 일을 어렵게 만든다.

59 "Polizeiliche Kriminalstatistik 2011", Bundesministerium des Innern, 2012.

네 번째 신화: 여성들은 거짓말을 한다
(또는: 피해자 회원권)

당신의 혐오스러운 전 남자 친구에게 제대로 복수하고 싶은가? 그가 당신을 강간했다고 고소하는 것보다 더 간단한 방법은 없다. 기상 캐스터였던 외르크 카헬만(Jörg Kachelmann)은 모든 여성들이 이렇게 생각하고 행동한다고 믿는다. 그가 그렇게 고소를 당하고 무죄로 풀려난 경험이 있기 때문이다. 카헬만은 다른 남성들의 경우도 비슷할 것이라고 생각한다. 왜냐하면 사람들이 남자의 말은 잘 믿지 않기 때문이다. 여성들은 항상 피해자이고 남성들은 항상 가해자이다. 카헬만은

짧고 간결하게
강간 문화

이 개념은 성폭력이 많은 여성들에게 일상이 돼 있는, 그러나 하찮게 여겨지고 무시되거나 심지어 허용되는 사회를 뜻한다. 성폭력의 피해자들에게는 사건에 대한 공동의 책임이 부여되는데, 이를 '가해자-피해자-도치'라고 한다.

이를 '피해자 회원권'이라고 부른다. 이 개념은, 2012년 부적절한 표현으로 선정된 바 있다.
대량으로, 그리고 전략적으로 누명을 씌우는 것에 관한 카헬만의 명제는 아주 단순한 사실에 의해 빠르게 반박될 수 있다. 추정컨데, 성폭력의 피해자 중 5퍼센트 정도만이 고소를 한다.[60] 재판 과정이 극단적으로 부담이 되기 때문에 이는 놀랄 만한 일이 아니다. 성폭력의 피해자에게는 사건이 일어난 뒤 가능한 한 빨리 의사에게 가서 검사를 받을 것이 요구된다. 그러나 이러한 경우 많은 사람들은 사건을 잊고, 흔적을 없애며, 몸을 씻고, 혼자 있고 싶어 한다. 병원과 경찰서에서 그들은 육체적으로나 정신적으로 자신을 드러내야 한다. 사건이 어떻게 진행됐는지에 대해 계속해서 반복적으로 설명해야 한다. 재판정에서도 같은 일이 일어난다. 가해자가 동석하는 경우도 있으며, 누구도 나의 말을 믿어 주지 않거나 심지어 책임을 물을 것이라는 생각이 계속해서 들게 된다. 물론 누명을 쓸 가능성도 있다. 그러나 이는 경우의 수가 극히 적으며, 누명을 씌운 사람은 당연히 유죄 판결을 받는다. 무고한 사람의 인생을 망치려 했기 때문에. 그리고 진짜 강간 피해자의 신빙성을 해쳤기 때문에.

---

60 "Lebenssituation, Sicherheit und Gesundheit von Frauen in Deutschland", Bundesministerium für Familie, Senioren, Frauen und Jugend, 2004.

연인 혹은 배우자가 살인자

독일에서 한 남성이나 한 여성이 살해를 당할 경우,
(전) 연인이나 배우자가 가해자인 경우는 얼마나 빈번할까?

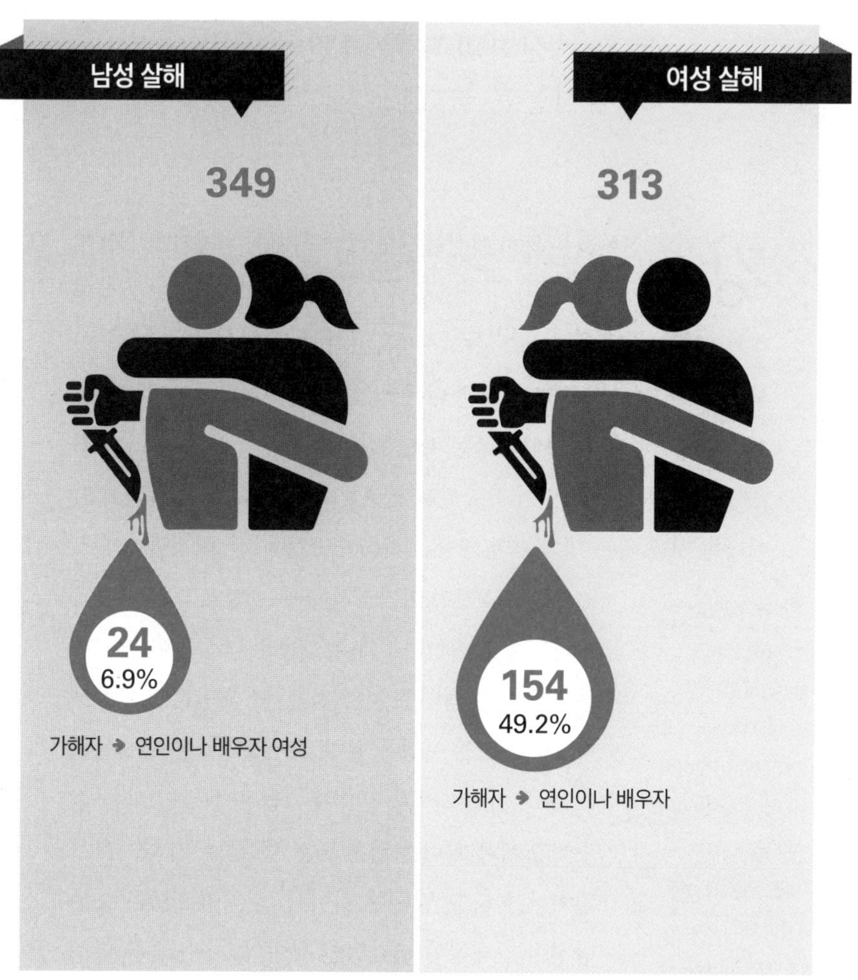

"Tödliche Zweisamkeit"; *Süddeutsche Zeitung*, 23.05.2012.

신화의 다른 측면: 남자들은 늑대다(그리고 개)…

강간의 신화들은 특히 여성들에게 해당되지만, 우리가 남성들에 대해 갖고 있는 상이 어떤지도 같이 보여 준다. 미국의 정치평론가 젤리나 맥스웰(Zerlina Maxwell)—성폭력의 피해자이기도 한—이 미국 TV에서 성폭력을 막는 것은 여성의 과제가 아니라 남성의 과제라고 말했을 때, 소셜 미디어에는 수도 없이 악플이 달렸다. 그러나 맥스웰은 단지 질문을 던지고 싶었던 것뿐이다. 왜 우리는 성폭력이 일어나는 것을 막는 데 필요한 예방 조치를 만드는 대신, 여성들에게 스스로를 보호하라고 가르치는 데 그렇게 많은 시간과 에너지를 들이는가? 왜 여성들은 남성들이 저지른 사건에 대해 책임을 져야 하는가? 예방은 불가능하다고 주장하는 사람은 원칙적으로, 강간은 남성들에게 아주 자연스러운 일이며 그들은 섹스만 아는 짐승이고 짧은 치마를 입은 모든 사람들에게 다가가서 덮쳐야 한다고 말하는 것이다. 원칙상으로는 모든 남성이 잠재적인 강간범인 것이다. 아주 슬픈 남성상이 아닐 수 없다.

#나는고소하지않았다(#ichhabnichtangezeigt)는 강간이나 성적 강제에 대해 고소하지 않은 (익명의) 여성들이 모여서 만든 인터넷 행동망이다. 이에 속한 웹사이트에는 피해자들을 위한 정보와 도움말들이 있다. www.ichhabnichtangezeigt.wordpress.com

이러한 생각은 여성들뿐 아니라 남성들에게도 해롭다. 왜냐하면 남성의 성적 공격성은 규범이며 폭력은 심지어 섹시하다는 생각을 불어넣어 주기 때문이다. 영국의 한 연구에서 끔찍한 결과가 나온 것은 그래서 놀랍지 않다.[61] 실험 대상 남성들에게 '남성 잡지'에서의 인용문과 강간범이 한 말을 제시해 줬을 때, 그들은 양자를 서로 구분하지 못했다. 남성들은 계속해서 성적으로 유발된 폭력이 괜찮다는 메시지를 전달받고 있다. 그들은 스페인의 고위 관리인 호세 마누엘 카스텔라오(José Manuel Castelao)가 "법은 여자와 같다. 여성은 강간을 위해 존재한다"(물론 그는 이 말을 한 뒤 직업을 잃었다)고 말했다는 사실을 신문에서 본다. 또는 한 친구가 기분이 좋지 않은 여성에게 "제대로 섹스 한번 해야겠네"라고 말하는 것을 듣는다.

나는 블로그 〈제제벨(Jezebel)〉을 통해 이 연구를 알게 됐다. 〈제제벨〉은 〈이세벨(Isebel)〉의 미국식 이름이다. 구약에서 그를 떼어 놓고 생각할 수는 없다. 그의 남편인 이스라엘의 아합 왕은 페니키아의 여신에게 충성을 맹세하기 위해 이세벨에게 신(야훼)을 외면하라고 한다. 성경과 블로그 〈제제벨〉은 물론 서로 관련이 없다. 그러기에는 "유명인, 섹스, 여성을 위한 패션" 등과 페미니즘적 시각에서의 뒷담화가 너무 많다.

61 Peter Hegarty & Miranda Horvath: "Are sex offenders and lads' mags using the same language?", Universities of Surrey & Middlesex, 2011.

패트릭 스튜어트 경

Sir Patrick Stewart

영국 배우

(1940~)

"여성에 대한 폭력은 학습되는 것입니다. 우리는 모두 각자 이러한 종류의 폭력을 가능케 하고, 무시하고, 용서하는 것을 바꾸도록 행동해야 합니다. 나는 이렇게 하겠다고 약속합니다. 그리고 다른 남성들도 같은 일을 하게끔 동참시킬 것입니다."

페미니즘에 기여한 점

장 뤽 피카드(Jean-luc Picard)와 찰스 세이비어(Charles Xavier)이며, 간달프(Gandalf)나 마그네토(Magneto)라고도 불리는 이안 매켈런(Ian McKellen)과 친구다. "페미니스트는 이렇게 생겼다"고 쓰인 티셔츠를 입는다. 어린 시절 어머니가 아버지에게 학대받았던 경험이 있으며, 여성에 대한 폭력에 항상 반대해 왔다.

새로운 남성상: “그런 놈이 되지 마!”

몇 가지 새로운 남성상이 있다면 어떨까? 긍정적인 남성성에다 여성성을 보완한 것이라면? 남성들은 책임지는 것을 배워야 한다. 그들은 사회적인 코드를 바꾸고 새로운 행동양식을 발전시키는 데 공헌해야 한다.

“그런 놈이 되지 마(Don't be that guy)” 캠페인은 잠재적인 피해자에서 잠재적인 가해자로의 시점 변화가 어떻게 보이는지에 대해 시위한다. 한 포스터에 젊은 여성이 짧고 까만 원피스 차림으로 소파에 엎드려 있는 장면이 보인다. 머리는 수그려 있고 옆에는 빈 와인잔과 맥주잔이 있다. 슬로건은 “그녀가 싫다고 말하지 않았다고 해서…… 좋다는 것을 의미하지는 않는다”이다. 그 아래에는 “합의 없는 섹스=강간”이라는 말이 적혀 있다. 다른 포스터에는 한 젊은 남자가 술에 많이 취한 여자를 차에 태워 주고 있다. 슬로건은 “집에 가는 것을 도와줬다고 해서…… 마음대로 해도 되는 것은 아니다”이다. 이 포스터는 2011년 여름 캐나다 밴쿠버의 한 바에 걸렸는데, 열여덟 살에서 스물다섯 살의 젊은 남성을 겨냥한 캠페인으로 다른 단체와 더불어 밴쿠버 경찰

청에서도 지원을 했다. 캐나다의 《글로브 앤드 메일(Globe and Mail)》에 따르면, 밴쿠버에서 성적으로 습격하는 범죄의 발생 수는 2011년 10퍼센트 줄어들었다.[62] 그전에는 지속적으로 상승하고 있었다. (짧은 치마를 입지 않고 술에 취하지도 않은) 잠재적 강간 피해자에 집중하는 것은 아무런 효과가 없지만 잠재적 가해자에 대해서는 그렇지 않다. 열여덟 살에서 스물다섯 살의 남성들을 대상으로 한 연구는 그들 중 48퍼센트가 한 여성이 무슨 일이 일어났는지 알 수 없을 정도로 취했을 때 일어나는 일을 강간으로 느끼지 않는다는 사실을 보여 줬다.[63] 성폭력에 대해서 세상은 흑백이 아니라 회색이다. 그리고 명확지 않다.

62 "'Don't Be That Guy'ad campaign cuts Vancouver sex assaults by 10 percent in 2011"; *The Globe and Mail,* 21.01.2012.

63 www.theviolencestopshere.ca/dbtg.php

여성에 대한 폭력

여성 중 절반 이상이 성추행 피해자로서의 경험이 있다.
4분의 1은 연인이나 배우자에 의해 폭력을 경험했다.

〈독일에서 여성의 생활상태, 안전, 그리고 건강〉, 가족, 노인, 여성과 청소년을 위한 연방부처, 2004.

섹스와 강간 사이의 좁은 능선: 이것은 강간이었나?

미국 드라마 〈걸스(Girls)〉의 한 에피소드에서는 (정말로 아주, 아주) 이상한 아담이 여자 친구 나탈리아와 섹스를 한다. 처음에 나탈리아는 침실에서 네발로 기어 다니라는 그의 주문대로 했다. 그다음에는 아담이 나탈리아를 침대 위로 거칠게 던지고 삽입을 시작했다. 나탈리아가 아주 기분이 좋지 않았음은 명백하다. 한 대목에서는 "싫어"라고 말하기도 하지만 아담은 긴장을 풀고 계속하기를 요구한다. 그러고 나서 그는 엉덩이에 삽입을 하고 마지막에는 나탈리아가 옷을 더럽히지 말라고 부탁했음에도 가슴에 사정을 한다. 나탈리아는 거의 눈물을 흘릴 정도가 돼 아담에게 지금은 정말 원하지 않는다고 말한다. 트위터와 미국 블로그에서는 이 에피소드가 방영된 뒤 격렬한 토론이 벌어졌다. 이것은 강간이었나?

사실 모든 여성은 끔찍하고 불편하거나 단순히 좋지 않은 섹스 상황에 놓여 본 적이 있다. 그러고 나면 상처를 입고 이용당했다고 느끼며 심지어는 트라우마를 갖게 된다. 사람들은 간혹 섹스를 원하지 않지만 그냥 하는 경우도 있다. 연인에게 기쁨을 주기 위해서, 의무라는

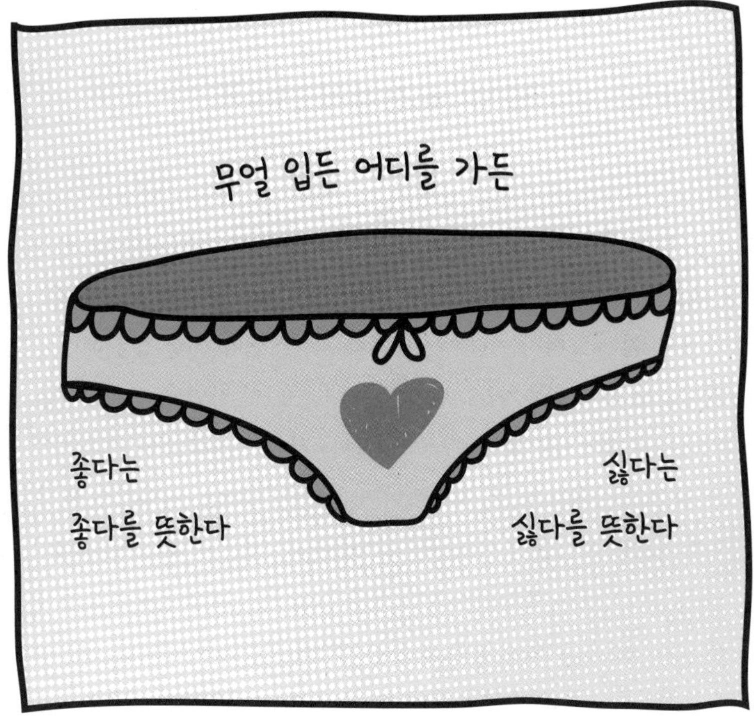

느낌 때문에, 또는 단순히 싫다고 말하기에는 너무 피곤하기에.

사람들은 간혹 섹스를 하면서 하고 싶지 않은 일들도 한다. 하지만 이미 합의된 사항을 도중에 그만둔다? 상대방에게는 부적절한 것처럼 느껴진다.

합의: 열정적인 "좋아"

상대방과 이전에 섹스를 한 적이 있거나, 연인관계이거나, 또는 일반적으로 섹스에 대해 "좋아"라고 말하는 사이인데도 섹스가 좋지 않게 느껴지는 경우는 특히나 혼란스럽다. 이런 경우 매번 강간이라고 해야 하는가? 그렇지 않다. 〈걸스〉의 장면에 대한 토론은 어디가 문제인지를 보여 준다. 생각하는 것만큼 확신이 없거나, 성적으로 그리 자유롭지 않거나, 아니면 잘 알지 못하는 여성들도 많다. 일반적으로 사람들이 섹스에서 실수를 하는 것은 좋다. 그렇지 않다면 무엇이 마음이 드는지 어떻게 배우겠는가? 상대방이 섹스 도중 쿠션으로 얼굴을 누르는 것을 그리 좋아하지 않는다면? 그리고 오럴섹스가 아주 끝내 준다면? 누구도 해 보기 전에는 자신에게 어떤 것이 마음에 들지 모른다. 벗은 몸, 땀, 그리고 호르몬. 무언가 실패하기 좋은 조건이다. 이런 것들에 대해 이야기할 수 없거나 그러기를 꺼려 한다면 상황은 어려워진다. 우리 할머니가 말씀하시던 대로, 말하는 자만이 도움을 얻는다. 하지만 정확히 어떻게 돼야 한다는 것인가?

제시카 발렌티(Jessica Valenti)와 재클린 프리드먼(Jaclyn Friedman)이 함께 저술한 《좋다는 좋다를 뜻한다(Yes means Yes)》(2008)가 있다. 여성의 성이 가치 있게 다루어지고, 강간 없는 세상은 어떠할지 상상한다.

재클린 프리드먼과 제시카 발렌티는 이 문제에 가까이 가기 위해 도취 상태의, 혹은 열정적인 합의(enthusiastic consent)라는 개념을 발전시켰다. 성적인 일에 상대방이 열정적으로 임한다면 우리 모두—남성과 여성—가 그에 대해 책임을 져야 한다는 뜻이다. “싫어”가 등장하기를 기다리는 대신, 우리는 적극적인 “좋아”를 얻어 내는 데 집중해야 한다. 이는 반드시 말을 통해 이루어지는 것은 아니지만, 상대방과 처음으로 섹스를 하거나 그다지 잘 알지 못할 때는 특히 안전한 방법이다. 우리는 우리가 정말 무엇을 원하는지 말해야 하며 그것이 무엇인지를 알아내야 한다. 섹스에서는 한 사람이 다른 한 사람과 무엇을 한다기보다 공동의 관점이 중요하다. 나는 희망사항과 욕구에 열려 있는 마음으로 접근하고 서로 존중하는—지속적인 관계를 맺고 있건 파트너가 바뀌건 간에 상관없이—사람들 사이에서의 섹스는 더 나을 것이라고 확신한다.

우리 여성들이 스스로를 변화시켜야 하는 것은 아니다. 성폭력이 일반적인 일로 통하고 “싫다”가 자주 “좋다”로 이해되는 우리의 문화를 바꿔야 한다.

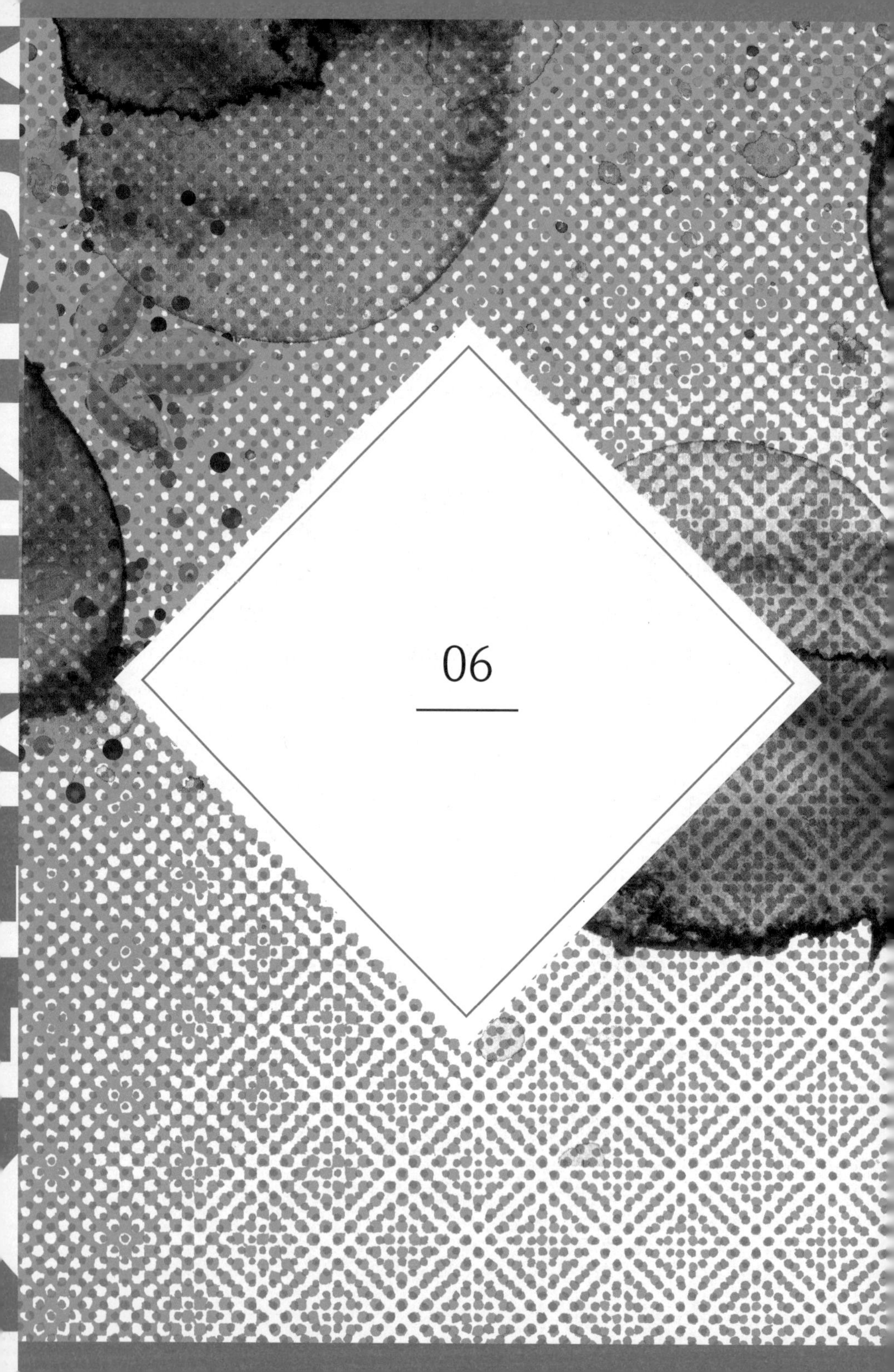
06

정치:
주도적인 여성들

1. 정치에서의 여성: 쓸데없는 소모

2012년 말 《차이트》는 너무 기뻐 자제할 수가 없었다. 내가 모르는 사이에 이해에는 혁명이 일어났음이 분명하다. "공적인 공간과 정치의 페미니즘화"가 달성된 것이다! 각 줄마다 샴페인을 마셔야 할 것 같은 분위기가 읽혔고 2012년은 즉시 "여성의 해"로 불렸다.

> "늦어도 올해부터는 여성들이 사회에서 지도적인 위치에 서는 경우가 많아질 것이다. 그들은 이제 남성 지배적인 공적 공간에서 소수로서의 여성이 아니며, 이 나라의 담론과 양식을 결정하기 시작할 것이다."[64]

이는 "여성화"를 뜻하는 것이지만, 갑자기 모든 여성 정치인들이 여성적인 옷을 입는 것을 의미하지는 않는다. 젠더 안경을 쓰고 독일의 정치적인 환경을 바라보는 사람은 사실상 무언가 기분 좋은 것을 보게 된다. 메르켈은 연방총리의 위치에 올랐고 남성 당원 동료들 중에는 경쟁자도 없다. 만약 있다면 우르줄라 폰 데어 라이엔(Ursula von der Leyen, 독일의 여성 국방부 장관—옮긴이)을 꼽을 수 있겠다. 노르트라인-베스

64 "Wie weiblich wird's noch"; *DIE ZEIT*, 51/2012.

트팔렌, 라인란트-팔츠, 그리고 잘란트 주에서는 각각 한네로레 크라프트(Hannelore Kraft), 말루 드레이어(Malu Dreyer), 그리고 안네그레트 크람프 카렌바우어(Annegret Kramp-Karrenbauer) 등의 여성들이 주지사 자리에 있다. 독일의 정치는 지난 몇 년간 여성적이 된 것이다. 야호! 그러나 음, 정확히 뜻하는 바는 무엇일까?

일단은 주요 위치에 여성 정치인이 늘어났다. 그중 최고는 물론 미국의 유력지 《타임》이 거듭 세계에서 가장 영향력이 높은 100인으로 선정한 우리의 안지(앙겔라 메르켈의 애칭—옮긴이)다. 물론 2013년에는 목록에 오르지 못했는데 "여성의 해"가 지나갔다는 이유 하나 때문이었다. 그러나 한 여성이 국가의 수장이라는 사실이 연방의회에서 여성 의원의 비율이 높지는 않다는 점을 가리지는 못한다. 2013년 10월 새롭게 구성된 연방의회의 여성 의원 비율은 36.5퍼센트(631명의 의원 중 230명)다.[65] 연방의회는 국민을 대변하는 곳인데도 말이다.

전 세계적으로 가장 먼저 한 국가의 가장 높은 정치적 관리의 위치에 오른 사람은 1960년 스리랑카의 시리마보 반다라나이케(Sirimavo Bandaranaike)였다. 국무총리였던 그의 남편 솔로몬 반다라나이케(Solomon Bandaranaike)는 1959년 그가 보는 앞에서 총으로 살해됐다.

65 Deutscher Bundestag, Oktober 2013.

가장 명성 있는 정치적 위치인 총리의 자리 이후에는 이 나라에서 이제까지 여성 연방 대통령이나 외무부 장관이 없었다. 경제부 역시 아직 여성 수장을 가져 본 적이 없다. 재정부도 마찬가지다. 가족부는 그와 다르게 짧은 기간을 제외하고는 거의 여성이 담당하고 있다. 전 사민당 출신 총리 게르하르트 슈뢰더(Gerhard Schröder)가 주장한 바와 같이 가족부는 "쓸데없는 부서"이니만큼 말이 안 되는 것도 아니다. 그리고 그런 것들은 보통 여성들이 해도 된다. 남성 정치인들은 더 나은, 예를 들면 재정부에서 유로 정책을 기획하는 일을 해야 한다. "우리 사회에 유연함을 부여하는"(정치인들이 흔히 하는 말로) 결정적 정치 영역은 항상 남성들이 맡는다. 얼마 전부터 우르줄라 폰 데어 라이엔이 맡고 있는 국방부는 물론 예외다.

루이제 F. 푸시

Luise F. Pusch

독일의 언어학자
(1944~)

"남성들을 위해서는 정말 쓸데없는 기념물들이 많이 만들어진다. 그들은 길을 가다가 스스로를 떠올리게 된다. 지폐와 기념주화, 동상과 이정표, 그리고 백과사전과 명언 모음 등에서도."

페미니즘에 기여한 점

페미니즘 언어학 분야를 선도했다. 언어가 사회적 상황을 반영하고 독일어는 수정해야 할 필요가 있다는 확신이 있다. 왜냐하면 여성들이 언어에 드러나지 않기 때문이다. 남성은 규범이고 여성은 예외다. 특히 재미있는 글과 주석으로 공정한 언어를 위해 싸운다. "사회정치적 중요성을 가진 문법 연구"를 한다.

2. 남성 정치인 대 여성 정치인: '슈뢰더' 대 '메르켈 여사'

여성 정치인들은 여성이라는 이유 하나로 엄청나게 특별한 존재가 돼 미디어가 붙여 주는 표식을 달게 된다. 특히 성별 고정관념에 따른 묘사 말이다. 간단히 말하자면, 미디어는 여성 정치인들을 남성 정치인들과 다르게 취급한다. 이에 관해서는 학문적 증거도 존재한다.

커뮤니케이션 학자 크리스티나 홀츠 바차(Christina Holtz-Bacha)와 토마스 코흐(Thomas Koch)는 2005년의 연방의회 선거에서 성별과 관련된 측면을 분석했다. 메르켈은 당시의 연방총리 게르하르트 슈뢰더에 대한 도전자로 나섰다. 여성이 연방총리에 지원하는 것은 처음 있는 일이었다. 바차와 코흐는 독일의 신문, 시사 잡지, 그리고 일반 잡지 등을 대상으로 메르켈이 슈뢰더와 다르게 표현되고 있는지 조사했다. 이미 연구의 서론에서 밝혔듯이, "메르켈은 여성으로서가 아니라 정치인으로서 평가받으려 노력했고, 그래서 2005년 선거에서 여성으로서의 역할을 전면에 내

크리스티나 홀츠 바차가 편집한 《고정관념? 광고에서의 여성과 남성(Stereotype? Die Darstellung von Frauen und Männern in der Werbung)》(2011) 역시 흥미롭고 시사하는 바가 많은 책이다.

세우지 않았다."[66] 그러나 별로 효과가 있지는 않았는데, 보도에서 슈뢰더에 비해 메르켈의 외모가 더 자주 다루어졌기 때문이다. 저자들은 그럼에도 성별에 관련된 보도가 선을 지켰던 이유가 메르켈의 선거운동 방식에 있다고 분석했다. 즉, 거꾸로 말하면, 여성 정치인들은 특히 고정관념을 따르는 보도의 일부가 되지 않기 위해 신경을 써야 한다는 것이다.

오랜 시간 동안 이는 아주 성공적이었는데, 독일의 언론인들에게는 한 해에 한두 번 정도만 메르켈이 여성이라는 점이 눈에 띄었기 때문이다! 가슴을 가진! 오슬로 오페라 하우스에 갈 때 깊이 파인 옷을 입거나, 바이로이트 축제에 두 번(2008년과 2012년) 같은 원피스를 입고 나타났을 때처럼 말이다. 매번 혼란이 너무 큰 나머지, 사람들은 스타일에 대한 평가뿐 아니라 그 옷이 담고 있는 정치적 의미까지 추측하곤 했다. 남성 정치인들의 경우는 간단하다. 그들은 그냥 자기 자신, 남성이면 된다.

66 Christina Holtz-Bacha/Thomas Koch: "Der Merkel-Faktor. Die Berichterstattung der Printmedien über Merkel und Schröder im Bundestagswahlkampf 2005"; Holtz-Bacha (Hg.): *Frauen, Politik und Medien*, 2008, 64쪽.

아, 그래서 우리는

월급을 다르게 받는구나.

기민당 정치인 율리아 클뢰크너(Julia Klöckner)는 이 이중잣대에 너무 화가 난 나머지 《슈피겔》과의 인터뷰에서 분명히 했다. "아이가 없고 결혼하지 않은 상태에서 반려자와 함께 사는 여성이라는 이유로 적대시된 적이 있습니까?"라는 질문에 그는 이렇게 답했다. "결혼하지 않고 아이가 없는 제 남성 동료들에게도 그렇게 물어보세요."[67]

정치에서의 성차별:
엄마가 돌본다

2013년 말, 우르줄라 폰 데어 라이엔이 독일에서의 첫 번째 여성 국방부 장관이 된 뒤로 성차별적 발언들이 나오기까지는 오래 걸리지 않았다. 《벨트(Welt)》는 "소프라노로 하는 명령"에 대해 보도했으며 다른 미디어들은 폰 데어 라이엔을 "중대의 어머니"라고 했다. 같은 일이 소셜 네트워크에서도 시작됐다. 폰 데어 라이엔은 어떤 자질을 갖췄으며 엄마가 부대를 지휘할 때 집에 있는 아이들에게는 어떤 일이 일어날까?

67 "Ich bin ein Fan von Quoten"; *Der Spiegel*, 20/2013.

다른 (남성) 내각 구성원들의 자질에 대해서 별다르게 문제 삼지 않는 것은 이상한 일이다. 물론 알렉산더 도브린트(Alexander Dobrindt)의 경우 체중을 감량하긴 했다.(그와 "디지털 기반시설"이 무슨 관계에 있더라?)(알렉산더 도브린트는 독일의 운송 및 디지털 기반시설 장관이었다—옮긴이) 그리고 헤르만 그뢰에(Hermann Gröhe)의 경우는? 이 법학자는 보건부를 이끌고 있다. 자질이 어때 보이는가? 정치인들이 일단 공직에서 자신을 증명할 기회를 갖는 것은 원래 당연한 일이다.

여성 정치인들은 남성 정치인들과는 다른 잣대로 평가받는다. "남자들은 잠재력으로 평가받고 여자들은 이루어 낸 성과로 평가받는다"는 오래된 격언이 거듭해서 증명되고 있다. 우르줄라 폰 데어 라이엔의 경우, 잠재력 대신 거의 전적으로 능력이 도마 위에 오른다. 그와 같이 야망 찬 여성 정치인은 많은 사람에게 의심을 불러일으키기 때문에 폄하를 통해서만 문제가 상쇄된다. 자질을 문제 삼거나 "엄마"로 규정함으로써 말이다. 독일의 여성 정치인들에게 진정한 권력은 그들이 탈정치화될 수 있을 때만이 가질 수 있는 것이다. 더 이상 진지하게 받아들여지지 않음으로써. 그렇지 않다면 세계에서 가장 힘있는 여성 중 하나인 앙겔라 메르켈이 어떻게 "엄마"로 통하겠는가? 엄마라는 단어를 통해서 사람들은 친절하고 편하고 가슴이 따뜻한 나이 든 여성을 떠올린다. 맛있는 음식을 만들 뿐만 아니라 세상에서

가장 책을 잘 읽어 주는. 엄마는 돌파력과 야망을 연상시키지 않는다. 결국 이를 통해 알 수 있는 것은, 정치 영역에서 여성들에게는 남성들과 다른 잣대가 적용된다는 점이다.

같은 맥락의 또 다른 예는 프랑스에서 찾을 수 있다. 2012년 여름, 프랑스 의회에서는 당시 녹색당 출신 주택부 장관이었던 세실 뒤플로(Cécile Duflot)가 무릎까지 오는 꽃무늬 치마를 입고 등장해 보수적인 남성 의원들의 호르몬을 폭주하도록 만들었다. 뒤플로가 마이크에 대고 "신사 숙녀 여러분"이라고 말하기도 전에 이미 환호성과 휘파람 소리가 들려왔다. 열정적으로 휘파람을 불었던 파트리크 발카니(Patrick Balkany)는 《르 피가로(Le Figaro)》에서 자신의 행동에 대해 무용담을 늘어놓듯이 말했다. 뒤플로의 외모에 "경탄했다"는 것이다. 누구도 그가 하는 말에 신경을 쓰지 않게 하기 위해 뒤플로가 그 치마를 입었다고도 했다. 발카니는 의회에서의 그 사건이 "특별히 영예로운 순간"은 아니었지만, "남자가 형광색의 넥타이를 메고 나와도 같은 일이 벌어졌을 것"이라고 했다.[68] 그러나 내가 짐작하기로는, 오렌지색의 넥타이가 소란을 가져오기는 하겠지만, 옷을 안전히 벗고 나왔을 때만 그럴 수 있을 것이다.

우리 독일인들도 나을 것은 없다. 미디어에서는 앙겔라 메르켈(항아리머리)과 게지네 슈반(Gesine Schwan)(새집)의 말도 안 되는 헤어스타일, 그리고 클라우디아 로트(Claudia Roth)의 둥글둥글한 몸매나 의상에 대해 수도 없이 기사가 쏟아진다. 반대로 남성 정치인들은 대머리이든 뚱뚱하든 상관이 없다. 누구도 그것에 대해 신경을 쓰지 않는다. 힐러리 클린턴은 이에 대해 이렇게 조롱한 바 있다. "신문 1면에 등장하려거든 제 헤어스타일만 바꾸면 됩니다."

---

68 "Cécile Duflot chahutée à l'Assemblée pour sa robe"; *Le Figaro,* 18.07.2012.

3. 선구자들: 자신들의 분야에서 최초의

간혹 다음과 같은 질문이 제기되기도 한다. 더 많은 여성들이 정치계에 진출한다면 무엇이 달라질까? 이는 여성 일반에게 좋은 일일까? 2013년 필자는 《더 유러피언(The European)》을 통해 힐러리 클린턴의 전 자문위원인 앤 마리 슬로터(Anne-Marie Slaughter)를 인터뷰했다. 슬로터는 가정과 직장의 통합에 관해 아주 유명한 에세이를 쓴 바 있고, 나는 여성 정치 지도자들이 동등권을 위해 활동해야 하는지 알고 싶었다. 슬로터는 아주 흥미로운 이야기를 들려줬다.

> "이런 위치에 올라간 첫 번째 여성은 그런 일을 절대 하지 않죠. 마거릿 대처(Margaret Thatcher)나 인디라 간디(Indira Ghandi), 혹은 골다 마이어(Golda Meir)도 그랬어요. 그들은 모든 것을 남성들처럼 다루어야 합니다. 메르켈은 전 세계 여성들에게 귀감이 돼요. 독일의 첫 여성 총리가 된다는 것 자체가 얼마나 어려운 일인지를 생각해 보면, 저는 그가 여성문제와 직접적으로 관련된 어떤 일을 해야 한다고 기대하진 않아요. [……] 선구자에게 그 위치의 첫 번째 여성이 됨과 동시에 여성의 권리를 위해서 싸우라고까지 요구하는 것은 공정하지 않습니다."[69]

69 "Wir dürfen nicht erwarten, dass Merkel Frauenthemen anspricht"; *The European,* 05.08.2013. 앤 마리 슬로터의 논쟁적인 글 "Why women still can't have it all"은 다음 사이트에서 볼 수 있다: www.theatlantic.com/magazine/archie/2012/07/why-women-still-cant-have-it-all/309020

슬로터에 따르면, 여성들이 이러한 지도적 위치에 점점 더 많이 올라갈수록 남성들처럼 행동하거나 그런 체할 필요가 적어진다. 힐러리 클린턴도 미국의 세 번째 여성 국무 장관이었으며, 이는 그에게 여성 문제를 위해 활동할 가능성을 줬다. 자신을 증명해야 할 필요성이 적어졌기 때문이다. 거꾸로 말하자면, 우리에게는 높은 위치에 있는 여성 정치인들이 더 많이 필요하다. 그래야 중장기적으로 볼 때 그들이 여성의 이해를 위해 활동할 기회가 더 많아지기 때문이다. 그러나 이것은 평등에 관한 문제이기도 하다. 독일인의 절반은 여성이 아닌가! 우리는 이 사실이 민주주의적 기관에서 상응하는 모습으로 나타나길 기대할 수 있다.

지도적 위치에 있는 여성들

지도적 위치에 있는 여성들은 아주 적다.
35~74세 사이에서는 30퍼센트만이 여성일 뿐이다.

기업의 크기에 따른 지도적 위치

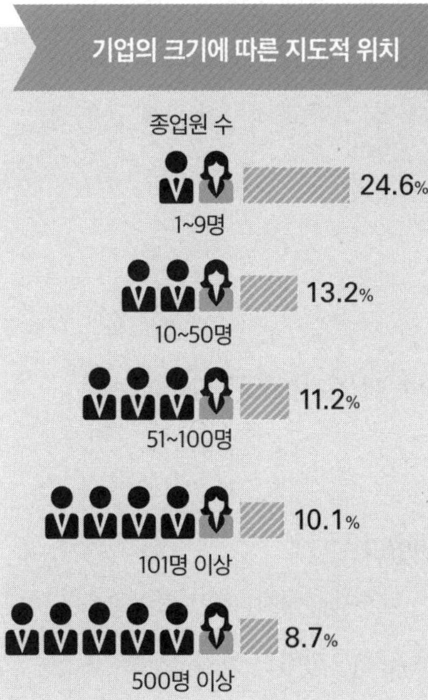

연방 관청에서의 여성 비율

18.5%

34.7%
연방 카르텔청

22.2%
연방 금융감독청

7%
교통부

독일 통계청, 2012.

페미니즘에 대한
다섯 가지 질문

율리아 슈람
Julia Schramm

1985년 출생으로 전 해적당 정치인이자 작가다. 다른 사람들과 함께 해적당 여성 포럼인 케겔클룹(Kegelklub)을 결성했다. 슈람은 인터넷에서의 여권을 위해 활동하고 자신의 블로그 〈메타현대에서의 삶(Leben in der Metamoderne)〉에 페미니즘, 디지털 사회, 그리고 정치에 관한 글을 쓴다.

페미니즘은 당신에게 어떤 의미입니까?

여성들도 인간이라는 급진적 생각이며, 이 생각이 급진적이라는 인식입니다.

당신의 결정적인 페미니즘적 순간은 어떤 것이었나요?

예전에는 완벽한 반페미니스트였어요. 모든 접근방식과 시각에 공감할 수가 없었죠. 제가 특별히 차별당했다고 느끼지도 못했고, 여성들에게 책임을 돌렸어요. 2010년부터 트위터에서 활동하기 시작했는

데, 그곳에서 스스로를 페미니스트라고 칭하는 여성들을 많이 만났습니다. 저는 그들의 정치적 입장을 아주 높이 평가했죠. 그것이 제 시각을 바꿔 놓았어요. 저는 '저렇게 똑똑한 사람들이 페미니스트라면 거기엔 뭔가 있음에 틀림없어'라고 생각했지요. 그리고 사실이 그랬어요. 결정적인 순간은 제가 공적인 초점의 대상이 되고 나서 성차별적인 욕설을 점점 더 많이 듣기 시작했을 때예요.

실제 또는 허구의 롤모델이 있나요? 누구입니까?

제 롤모델은 항상 남성들이었습니다. 비비 블록스베르그와 클라리사 달링(만화와 TV 시트콤 캐릭터들—옮긴이)을 제외하면요. 하지만 점점 여성들이 더해지게 됐어요. 예를 들면 한나 아렌트와 시몬 드 보부아르가 지적인 롤모델이었죠. 요즘에는 저에게 동기를 주는 여성들이 아주 많아요. 설사 그들의 입장에 반대하더라도, 그들의 활동은 흥미진진하다고 생각하죠. 하지만 그것이 페미니즘의 아름다움이에요. 제 자신의 여성상이 근본적으로 더 나아지고, 다른 여성들과의 관계 또한 요즘 어느 때보다 좋아요. 저는 실제의 롤모델과 여자 친구들이 많습니다. 아, 그리고 힛걸을 빼놓을 수 없어요. 그리고 좀 유치하게 들릴지 모르지만 제 어머니도요.

오늘날 페미니즘에서 가장 큰 과제는 무엇인가요?

많은 여성들이 엄청나게 좋지 않은 여성상을 갖고 있어요. 그것이 스스로에 대한 상과 성성에 영향을 미치죠. 그리고 그것을 더 강화하는 관계 속에 묻혀 있어요. 뿐만 아니라 우리는 심의기관에 남성들과 동등하게 자리를 차지해서 항상 여성이 대상물로 보이는 현실과 끈질기게 싸워야 해요. 제 생각에, 페미니즘은 근본적으로 가부장제와 자본주의 간의 관련성을 다루고 기존의 상황을 비판하는 것입니다. 그게 아니면 우리는 기민당식 페미니즘을 얻게 되죠. 동등한 지위를 중요시하고 여성들이 지도적 위치에 서게 되지만, 모두에게 좋은 삶이 주어지는 공정한 세상은 등한시하는 것 말이에요.

젊은 페미니스트들에게 하고 싶은 말이 있다면?

조직을 만드세요. 정치적이고 경제적인. 서로를 연결하고 재정적으로 독립하세요. 남자들은 나이가 들어갈수록 전승되는 역할의 틀과 서로 간의 네트워크를 더 강하게 붙잡습니다. 아, 그리고 페미니스트가 아닌 사람들이나 페미니즘을 거부하는 사람들과는 섹스를 하지 마세요. 재미없는 일이니까요.

키라 나이틀리

Keira Knightley

영국 배우

(1985~)

"인터뷰에서 사람들이 농담처럼 물었던 적이 있어요. '그러니까 당신은 스스로를 페미니스트라고 말하고 싶다는 거예요?' 마치 페미니즘을 웃음거리로 만들지 않으면 이야기할 수 없다는 것처럼 말이죠."

페미니즘에 기여한 점

여러 해 전부터 마르고 예쁜 여성보다는 좋은 배우로 인식되기 위해 싸우고 있다. 영화 포스터에서 그의 가슴이 포토샵으로 크게 만들어진 것에 대해 공개적으로 비판하며, 여성 원조(Women's Aid)를 위해 가정 폭력에 대한 감동적인 동영상을 만들고, 할리우드에서는 여전히 여성 주인공이 너무 적다고 생각한다. 그를 너무 "말랐다"고 생각하는 사람들에게 솔직하게 말한다. 자신이 마치 가족 내에 거식증 환자가 있는 것처럼 보이는 것은 맞으며, 그 사실을 진지하게 받아들인다고. 그리고 여성의 외모에 대한 할리우드의 집착이 정말로 병적이라고.

07

대중문화:
반항하는 여성들

1. 문학:
원더우먼과 캣니스 에버딘

되바라지고, 더 되바라진 여성소설

오늘날 문학은, 우리 문화 속에서 신선하게도 동등권이 살아 있는 영역이다. 남성 작가들만큼이나 많은 여성 작가들이 있고, 가장 수입을 많이 올리는 쪽은 여성들이다. 해리 포터 시리즈의 조앤 K. 롤링(Joanne K. Rowling)이 그렇다. 그러나 서점에 가 보면 이 분야에 대해 심각하게 의구심이 들 때가 간혹 있다. 범죄, 요리, 유아책과 소설이 있는 책장 사이는 분홍색, 옥색, 장밋빛, 그리고 파스텔 색의 책들로 채워져 있다. '되바라진 여성들' 코너다. 몇 년 전 잡지 《브리기테(Brigitte)》의 율리아 카르니크(Julia Karnick)의 칼럼 모음집이 출간됐을 때, 카르니크에게는 걱정이 하나 있었다. 그의 책이 서점의 '되바라진 여성들' 코너에 비치될지도 모른다는.

> "'되바라진'이란, 존경받는 사람 앞에서 예의 없게 행동하는 아이들을 표현하는 형용사예요. 여성들을 되바라졌다고 부르는 사람들은, 그들을 성인으로 취급하지 않는 것입니다. [……] 나는 모든 종류의 여성들을 알고 있어요. 자존감 있는, 바보 같은, 도발적인, 자립적인, 자립적이지 않은, 재미있는, 혹은 부끄러

> 운 여성소설을 만들어 내는 여성들 말이에요. 그러나 '되바라진 여성들'은 알지 못합니다. 남성들의 머릿속에서나 존재하는 인물들이죠."[70]

카르니크는 서점에 '되바라진 여성들'이라는 코너가 있는 한, '벗은 남자들'이라는 코너도 만들도록 요구하겠다고 한다. 이 작가를 이렇게 화나게 한 것은, 남성들을 위한 특별한 카테고리는 없다는 점이었다. 남성소설이라는 것에 대해 들어 본 적이 있는가? 나 또한 없다. 여성소설은 그와 달리 항상 화제가 된다. 그리고 이는 언제나 피상적인 연애소설(내가 이에 대해 나쁜 감정을 갖고 있는 것은 아니다)을 가리킨다. 마치 여성들이 다른 것은 읽지도 쓰지도 못하는 것처럼 말이다.

성공을 위한 잠입

영국의 브론테(Brontë) 자매 샬럿(Charlotte), 에밀리(Emily), 그리고 안네(Anne)는 19세기에 남자 이름으로 그들의 소설을 발간했다. 여성 작가로서는 진지하게 받아들여지지 못할 것이라고 생각했기 때문이다.

---

70 "Ungezogene Buchhändler"; *Brigitte,* 17/2006.

역설적이게도 백만장자인 롤링은 2013년 소설《쿠쿠스 콜링(The Cuckoo's Calling)》을 '로버트 갤브레이스'라는 남자 이름으로 출간한 바 있다. 해리 포터는 논란의 여지없는 스타이며 선택된 자이긴 하지만, 롤링은 헤르미온느 그레인저라는 멋진 여성 캐릭터도 만들어 냈다. 친구들보다 더 똑똑하고 해리와 론의 마법을 대부분 능가한다.

이는 오래전 일이지만, 오늘날에도 어떤 사람들에게는 시의적절한 방식이다. 조앤 K. 롤링은 해리 포터 시리즈가 발간되기 전 출판사에 자신의 이니셜만 사용하도록 부탁했다. 그 책이 주로 남자아이들을 대상으로 한 것이었기 때문에 여성 작가가 썼다고 하면 읽을 마음이 생기지 않을 수도 있었기 때문이다. 실제로 남성들은 여성 작가보다 남성 작가의 작품을 더 선호한다고 추측하는 사람들이 많다.[71]

이러한 경향에 발맞추는 출판사들이 아직도 간혹 있다. 펭귄 출판사의 앤 소워즈(Anne Sowards)는 이렇게 인정한다. "남성 독자들의 마음에 들 것이라고 생각되는 책이 있다면, 책 표지와 디자인 등 모든 것에서 작가의 이름을 알릴 수 있게 한다."[72] 우리 모두는 이제 롤링이 여성이라는 사실과 그것이 그가 성공하는 데 걸림돌이 되지 않았음을 안다. 출판사는 독자들의 뒤를 따라갔을 뿐인지도 모른다. 남성이 여성 작가보다 남성 작가의 책을 읽고 싶어 할 거라는 추측은 추측일 뿐, 증명된 것이 아니다. 그러나 남성 문학과 여성 문학의 이분법과 그에 상응하는 책의 외양을 통해 자기 충족적인 예언이 되기는 한다.

---

71 "Literature's gender gap"; salon.com, 09.02.2011.

72 "Why Women Writers Still Take Men's Names"; *The Wall Street Journal,* 06.12.2012.

조스 휘던

Joss Whedon

미국 시나리오 작가,
제작자, 영화감독
(1964~)

"동등권은 중력과도 같다. 우리는 지구에서 남성과 여성을 모두 필요로 한다. [……] 우리는 동등권을 필요로 한다. 대략 지금."

페미니즘에 기여한 점

《미녀와 벰파이어(Buffy the vampire slayer)》를 통해, 금발의 미녀 고등학생이 일상적인 문제와도 싸워야 하지만, 좀비와 다른 괴물들 역시 물리칠 수 있다는 것을 증명했다. 흥미진진한 여성 캐릭터를 좋아한다. 하드코어 페미니스트가 그를 길렀다고 한다.

여성소설 = 통속문학

범죄, 판타지, 애정소설 등의 장르문학에서 여성 작가들의 성적이 좋은 데 반해 고급문학에서는 상황이 다르다. 우리가 시금 다루는 것이 대중문화이긴 하지만, 문화적인 경계를 넘어 신문의 문예란과 문학상을 들여다볼 가치는 있다. 하나의 예를 들자면, 여성들은 남성들에 비해 명망 있는 문학상을 받는 경우가 아주 적다. 노벨문학상이나 맨부커상 같은 것들 말이다. 얼만 전 캐나다의 앨리스 먼로(Alice Munro)가 노벨문학상을 받았다고 반박할 사람이 있을 것이다. 그러나 상황이 가장 좋은 오늘날에도 여성 작가들은 10년에 세 번 정도만 세계의 주요 문학상을 받을 뿐이다. 지역적인 수준에서는 상황이 좀 더 괜찮다. 2005년부터 시작된 독일 문학상의 경우, 모두 여섯 명의 여성 작가들이 수상했다. 그러나 문학적으로 의미가 있는 뷔히너상은 1951년 시작된 이후로 단 여덟 명(!)의 여성 작가들만 수상했을 뿐이다. 그리고 그중 네 번은 2000년 이후로 주어졌다. 그러니까 느리더라도 나아지고는 있는 것이다. 그럼에도 여성들은 문학 분야에서 자리를 잡기 위해 여전히 엄청난 노력을 기울여야만 한다. 《슈피겔》에 글을 쓰는 폴커 하게(Volker Hage)는 1999년 젊은 독일 여성 작가 세대에 "젊은 여성의 기적"이라는 이름을 지어 줬다. 너무 좋고 신선했기 때문에 이제 모든 곳에서 이에 대해 듣고 읽을 수가 있다. 율리아 프랑크(Julia Franck), 율리 체(Juli Zeh), 또는 유디트 헤르만(Judith Hermann)과 같이 인정받고 존경받는 여성 작가들은 당시 그들의 첫 번째 작품을 출간했고, 극찬을 받았으며, 예를 들어 귄터 그라스(Günter Grass)보다 젊고 아름답다는 사실 역시 해가 되지는 않았다. 그러나 "젊은 여성의 기적"이라는 말이 호감으로 다가오는 만큼 문제점도 있다. 다양한 여성 작가들을 그들이 여성이고 비슷한 나이대에 있다고 해서 한 가지 틀에 집어넣는 것은 별 의미가 없다(남성 작가들 역시 마찬가지다). 그들을 "기적"이라 칭하는 것도 아주 예의 없는 일이다. "젊은 여성의 기적"에 대한 남성적 대응물은 무엇일까? "젊은 남성의 기적"? 절대 아니다. 게다가 한 여성 작가에게 "기적"이라는 칭호가 한 번 붙으면, 그는 문학적으로 정말 뛰어남을 보여 주기 위해 더욱더 전력을 다해야 한다. 그리고 그들이 소위 신세대 여성 작가에 속한다는 사실로 인해 명성이 깎이는 것은 우연만이 아니다.

이 불평등한 대우에서 한 가지 문제가 떠오른다. 여성들은 남성들과 글을 달리 쓰는가? 책 《글을 쓰는 여성들은 위험한 삶을 산다(Frauen, die Schreiben, Leben Gefährlich)》에서 슈테판 볼만(Stefan Bollmann)은 다음과 같은 결론에 이르렀다. "여성들은 글을 다르게 쓰는가? 물론 예전에는 남성들과 전혀 다른 조건에서 글을 썼다."[73] 첫째로 여성들은 더 빈번

73 Stefan Bolmann (2006): *Frauen, die schreiben, leben gefährlich*, 16쪽.

하고 더 오랫동안 반문맹이었다. 그들은 읽을 수 있었지만 쓸 수 없었다. 둘째로, 글을 쓰는 여성들은 남성들만큼 인정을 받지 못했다. 여성들이 글을 쓴다는 것은 아내와 엄마의 의무 이외에 "취미"로 취급받았기 때문이다. 실제로 제인 오스틴(Jane Austen, 1775~1817)은 19세기 초반 그의 소설을 그고 시끄럽고 사람들이 북적대는 거실에서 썼나. 그는 방해를 받거나 손님을 왔을 때 빨리 감출 수 있도록 쪽지에 글을 적었다. 버지니아 울프(Virginia Woolf, 1882~1941)도 그래서 글을 쓰는 여성들이 "자신만의 방"을 가질 수 있기를 요구했다. 오늘날에도 대부분의 여성 작가들이 이런 방을 갖기 위해 노력하고 있을 것이다. 더 큰 문제는 그들이 너무 자주 사람들이 꺼내 주려 하지 않는 전형성 속에 갇혀 있다는 점이다.

슈테판 볼만은 이러한 요구를 "자신만을 위한, 스스로의 감독하에 영위하는 삶"에 대한 은유라고 봤다. "이러한 삶은 '선택하는' 것이 아니며, 싸움을 뜻한다."(《글을 쓰는 여성들은 위험한 삶을 산다》, 16쪽)

다른 세상

페미니즘의 심장을 가진 소설들

《여름의 자매들》

(Sommer schwestern)

유디트 블루메
(Judith Blume)

고전이다. 더 이상 다를 수 없는, 12세 때부터 친구관계인 빅토리아와 케이틀린의 이야기가 펼쳐진다. 모두가 자신만의 길을 찾으려 노력한다.

《헝거 게임》

(The Hunger Games)

수잰 콜린스
(Suzanne Collins)

디스토피아적인 《헝거 게임》' 3부작의 주인공 캣니스 에버딘은 리즈벳 살란데르와 같은 전사다. 타락한 지도층이 재미를 위해 벌이는 살인적 게임에서 여동생을 구하기 위해 자발적으로 참여한다.

《밀레니엄 3부작》

(Die MillenniumTrilogie)

스티그 라르손
(Stieg Larsson)

해커 리스벳 살란데르는 언론인 미카엘 블롬크비스트와 함께 여성 적대적인 범죄에 맞서 싸운다. 그 안에는 자신의 아버지도 포함돼 있다.

《호랑이 젖》

(Tigermilch)

스테파니 드 벨라스코
(Stefanie de Velasco)

니니와 자밀라의 우정, 성적 자기결정, 그리고 성장에 대한 책.

《얼음과 불의 노래》

(A Song of Ice and Fire)

조지 R. R. 마틴
(George R. R. Martin)

《왕좌의 게임(Game Of Thrones)》의 바탕이 된 소설. 어떤 판타지 작가도 마틴만큼 다양한 여성 캐릭터를 창조하지는 못했다. 반항적인 아리아 스타크, 기사 브리엔 폰 타스, 그리고 음모로 가득 찬 미녀 서세이 라니스터에서 강력한 힘을 가진 드네리스 타게리언까지.

만화: 남성들의 영역이기도 하고 아니기도 한

미국 시트콤 〈빅뱅 이론(The Big Bang Theory)〉에서 금발 미녀 페니는 친구들과 함께 남자 주인공이 쉬는 시간의 대부분을 보내는 만화가게로 간다. 페니, 에이미, 그리고 버니뎃은 그들의 얼간이 같은 남자 친구들이 왜 그렇게 만화에 몰두하는지를 알아내고자 한다. 가게 주인 스튜어트는 좋은 조언을 해 주고 슈퍼히어로들 사이에 어떤 차이가 있는지 설명해 준다. 그는 그림과 내용 모두 특별히 멋지게 구성돼 있으며 여성들을 고정관념에 입각해 표현하지 않는 〈페이블즈(Fables)〉도 소개시켜 준다. 그러나 모든 것이 헛수고였다. 결국 페니에게는 단 한 가지만이 중요하기 때문이다. 잠깐 보았던 천둥의 신 토르가 성적으로 매력이 있는지의 여부 말이다.

만화 시리즈 〈페이블즈〉(2002년부터)에는 동화와 설화로부터 빌려 온 다양한 캐릭터들이 출현한다. 그들은 "적"들에 의해 고향에서 추방당했고 이제 뉴욕에 비밀스러운 공동체를 만든다.

〈빅뱅 이론〉에서는 외부에서 만화계를 어떻게 보는지에 대해 묘사하고 있다. 남성들의 영역이며, 여성들은 아무것도 모르는 방문객으로 가게 되는 곳 말이다. 그러나 만화와 그래픽노블은 전형적인 "남성의 읽을거리"가 아닌 지 오래다. 출판사들은 만화를 보는 사람들이 괴짜에 여드름이 가득한 남자아이들만이 아니라는 사실을 알게 됐다. 그리고 여자아이들과 성인 여성들도 새로운 소비 집단의 목록에 올랐다. 여성들도 만화를 본다는 인식은 멋지다. 그러나 그로부터 도출된 결론은 별로 그렇지 못하다. 칼슨 출판사는 '여성들만을 위한 그래픽노블'이라는 바보 같은 제목의 시리즈물을 출간했다. 이 출판사는 보도자료에서 "여성은 슈퍼히어로나 교양 없는 그림을 좋아하지 않는다"고 적었다.[74] 이 출판사가 이러한 인식에 대해 학문적인 증거를 갖고 있지 않음은 분명했지만, 슈퍼히어로 만화가 바보 같고 그림의 질이 낮아서 여성들이 별로 관심을 주지 않는다는 것이야 누구나 알고 있는 사실 아니겠는가. 그러나 문제는 여기서 한 걸음 더 나간다. 그림들은 "너무 재미있고 멋져서 각 장 모두를 액자에 넣어 벽에 걸어 놓고 싶어진다"는 것이다. 그리고 물론 책들은 모두 핸드백에 잘 들어가는 크기로 나온다.

섹시한 조수들

오늘날 여성들이 소비 집단으로 받아들여진다 하더라도 만화 작가들과 주인공들의 대다수는 남성들이다. 그러니까 두 가지의 서로 다른 영역이 있는 셈이다. 만화를 그리는 여성들과 만화 내의 여성들. 만화를 그리는 여성들은 여전히 소수지만 그럼에도 오랜 전

74 "Wir sind zwei perfekte Kleiderständer"; Zeit Online, 15.05.2013.

통을 가지고 있다. 예를 들어 프랑스의 클레어 브레테셰(Claire Bretécher)나 독일의 마리 막스(Marie Marcks)와 프란치스카 베커(Franziska Becker) 등은 1960년대와 1970년대 이후로 특히 정치적인 캐리커처로 주목을 끌었다. 막스는 《슈피겔》과의 인터뷰에서 왜 (그의) 여성 캐릭터들이 항상 지쳐 보이는가에 관한 질문에 다음과 같이 답했다.

> "당시에는 남자들이 일요일에만 아버지 역할을 했어요. 제 남편이 조용히 일하려고 방문을 걸어 잠갔을 때, 제가 얼마나 화가 났는지 아직도 기억나요. [……] 요즘에도 직업을 가진 엄마들은 양심에 가책을 느끼고 있죠. 남자들은 그렇지 않아요. 하지만 저는 오늘날 여성들의 상황이 조금이라도 나아지는 데 제가 기여했다고 생각해요."[75]

요즘에 잘 알려진 독일 만화작가들로는 앙케 포이히텐베르거(Anke Feuchtenberger), 울리 루스트(Ulli Lust), 그리고 율레 K.(Jule K.) 등이 있다. 《스프링(Spring)》에서는 정기적으로 여성 작가가 그리고 제작한, 독일어로 된 만화집이 발간된다. 젊은 작가들에게 플랫폼 역할을 하고자 하는 것이다.[76] 만화 속에서도 이제 여성들을 빼고 생각할 수가 없다. 물론

75 "Legendäre Zeichnerin Marie Marcks: 'An jeder Ecke waren Altnazis'"; Spiegel Online, 09.08.2012.

76 이 잡지는 온라인으로 spingmagazin.de에서 볼 수 있다

읽어 볼 만한

여성들의 만화
(여성들만을 위한 것은 아님)

〈타마라 드류〉

(Tamara Drewe)

포시 시몬즈
(Posy Simmonds)

예전에는 못생긴 오리였던 런던의 컬럼니스트 타마라 드류는 어머니의 집을 상속받아 고향으로 돌아오게 된다. 그 뒤로 갈등과 음모, 그리고 죽음이 이어진다.

〈페르세폴리스〉

(Persepolis)

마리안느 사트라피
(Marjane Satrapi)

파리에서 유배생활을 하는 사트라피는 이란에서 보낸 그의 어린 시절을 이야기한다. 이 좌파 지식인의 딸은 이슬람 혁명을 경험하고 계속해서 물라 정권과 부딪치게 된다.

〈아그리피나〉

(Agrippina)

클레어 브레테처
(Claire Bretécher)

아그리피나는 종종 기분이 나빠지고 지루함을 느끼고 가족에게 짜증이 난다. 그럼에도 스스로 문제없다고 느낀다. 그의 삶에서 나온 에피소드들(친구, 가족과의 갈등, 애정 문제, 그리고 사이비 철학적인 질문들)이 짧은 만화로 그려진다.

〈페르난다의 멋진 인생〉

(Fernanda's Fabulous Life)

율레 K.
(Jule K.)

페르난다의 인생은 원래 그다지 환상적이지 않다. 이 예술가는 장학금을 받고 수도에 가서 다양한 난관들에 부딪혀 싸우게 된다.

〈산책을 하는 여인〉

(Die Spaziergängerin)

앙케 포이히텐베르거
(Anke Feuchtenberger)

다양한 시기에 만들어진 포이히텐베르거의 수많은 작품들을 모아 놓은 것이다. 스케치에서 일러스트, 그리고 만화까지.

〈오늘은 내 남은 삶의 마지막 날이다〉

(Heute ist der letzte Tag vom Rest deines Lebens)

울리 루스트
(Ulli Lust)

열일곱 살짜리 펑크 소녀들 두 명이 1980년대에 시칠리아로 도망을 간다. 그리고 거기서 배울 것이 아주 많다는 것을 알게 된다.

근육질에 딱 붙는 정장을 입은 슈퍼히어로 역시 평범한 남자는 아니다. 당연하다. 만화에서는 과장이 가장 중요하기 때문이다. 그렇지만 빈정댈 수는 있다. 티맛(Theamat)이라는 이름으로 활동하는 만화가 신시아 수사(Cynthia Sousa)는 원더우먼의 입을 빌려 이렇게 말한다. "내가 바지를 입지 않는다면 누구도 바지를 입지 않아요." 그 뒤로 모든 슈퍼히어로들이 갑자기 원더우먼과 같이 짧은 옷을 입고 나온다.

그들의 역할은 예전이나 지금이나 히어로들의 예쁘고 섹시한 조수로 격하돼 있다. 예외가 있다면, 동등권을 위해 싸우는 아마조나스 공주이자 전사인 원더우먼이다. 물론 이 캐릭터 역시 팽팽한 곡선에 딱 붙는 옷이 필수다. 파니니 출판사의 편집인이자 대변인인 슈테펜 폴크머(Steffen Volkmer)에게 이는 자연스러운 일이다. "특정한 외양은 사회적인 표준에 따라 주어지는 것이죠."[77] 만화 출판사로서 위험부담을 갖지 않으려는 것은 당연하다. 그렇지 않은가? 마블 코믹스는 2014년 카말라 칸을 히로인으로 한 새 시리즈를 발간했다. 여기서 특별한 것은 '미스 마블'이라 불리는 칸이 젊은 미국인이고 무슬림이며 딱 붙거나 재료에 구애받지 않는 옷 대신에 일상복을 입는다는 점이다. 그래도 문제는 남는다. 히어로가 등장하는 만화가, 히로인이 주인공인 경우보다 인기가 많다는 점이다. 이는 왜 할리우드가 아직까지 슈퍼히로인 영화를 만들지 않았는지에 대한 아주 그럴싸한 이유이기도 하다.

어쨌든, 2015년에는 슈퍼맨이 배트맨을 만나는 영화가 나왔고 원더우먼 역시 그중 일부다. 그가 매력적인 조연 이상의 역할을 할 것인지는 기다려 봐야 한다.

77 "Mit den Waffen der Frau"; *Der Tagesspiegel*, 03.11.2012.

내가 케이크를 만들 수 있다면

폭탄도 만들 수 있는 거지.

2. TV: 암컷들은 일을 끝냈다

하이디와 채찍

나의 TV 소비 성향을 생각할 때면 항상 죄책감이 든다. 나는 너무 자주 TV를 켠다. 백그라운드 노이즈가 필요할 때나, 단지 긴장을 풀기 위해서 말이다. 내 동료 중 한 명의 집에는 TV가 없다. 나는 그것이 너무 놀랍고 경탄스럽다. 어쨌든 난 TV를 좋아하며 잘 쓰고 있다. AFG/GfK(독일의 TV 연구 기관들—옮긴이)에 따르면, 독일인들은 하루 평균 221분 동안 TV를 시청한다고 한다.[78] 적다고는 할 수 없다……. 나는 TV를 좀 더 오래 꺼 놓아야 할지도 모르겠다.(TV를 켜 놓고 항상 무엇을 읽고 있다고 강조하고는 싶다!) 특히 그곳에서 방송되는 프로그램들 때문에라도. 왜냐하면 어찌 됐든 아주 피상적인 내용들이기 때문이다.

피상성에 대해서라면 하이디 클룸은 인정사정이 없다. "독일의 미래 탑모델"에서 모델이 되고 싶은 자클린(Jacqueline)이 겨드랑이 면도를 깜빡했을 때, 모델 엄마 하이디는 짜증이 났다. 그리고 자클린은 일기장에 매일 면도를 해야겠다고 적었다. 까칠까칠한 겨드랑이 같은 것

---

78 www.agf.de/daten/marktdaten/sehdauer

은 이 프로그램에서 있을 수 없는 일이다. 여덟 번째 방송에서 스타일을 크게 바꾸는 미션이 있었을 때, 클룸은 특별한 요구로 그의 "소녀들"을 기대하게 만들었다. 헤어스타일뿐만이 아니었다. 매니큐어와 패디큐어에다 치아 미백, 그리고 태닝까지! 변신 뒤에 참가자들은 검게 그을린 다리와 하얀 치아, 그리고 금발로 염색한 머리를 한 자신들을 보게 됐다. 누군가의 입에서 순간적으로 다음과 같은 말이 튀어나왔다. "우리 모두 뭔가 비슷하게 보이네요". 하이디 클룸은 클룸스러운 웃음을 웃었고, 이러한 모양새가 모델 비즈니스에서 성공하기 위해 얼마나 중요한지를 강조했다. 물론 그는 자신의 프로그램만을 의미했던 것이겠지만.

왜냐하면 "소녀들"이 머리를 자르거나 염색을 하고, 카메라 앞에서 특이한 포즈를 취하며, "진정한 직업"을 뒤따라갈수록 그들은 원칙적으로 처음부터 패배한 것이기 때문이다. 하이티 클룸 옆에는 다른 사람이 있을 수 없다. 브리트니 스피어스의 노래 〈서커스(Circus)〉에는 다음과 같은 가사가 있다. "내가 이 채찍을 휘두르면 모두가 즐거울 거야 서커스처럼/거기 서서 나를 바라보지만 말고 따라와서 당신이 무엇을 할 수 있는지 보여 줘." 하이디 클룸은 채찍을 휘두르며 참가자들을 뛰어오르게 한다. 그들은 예뻐야 한다. 물론. 하지만 캐릭터도 있어야 한다. 적어도 이론적으로는. 이 프로그램의 관습 속으로 구겨 넣

어맨다 (젠장할) 파머

Amande (Fucking) Palmer

미국 음악가, 퍼포머
(1976~)

"잘못된 것을 말하고/입고/잘못된 사람과 결혼하고/아이를 낳기로 결정하고/또는 다른 형태로 '페미니즘의 코드'를 위반했기 때문에 당신 스스로가 '나쁜 페미니스트'는 생각이 들 때, 그렇게 믿지 마세요. 그런 사람은 없어요. 당신은 당신이 원하는 모든 것을 할 수 있어요. 모든 것을. 그게 중요해요."

페미니즘에 기여한 점

음악 산업에서 성과 없는 전통적 규범과 생각을 문제 삼는다. 성에 대해 자주 즐겨 노래하며 자신의 성에 만족함을 보여 준다. 공개적인 양성애자이며 페미니즘적인 생각을 말하기 위해 펜이나 마이크를 잡는 일을 서슴지 않는다. 예를 들면 노래 〈맵 오브 태즈메이니아(Map of Tasmania)〉에서 체모에 대해 노래한다. 제모하지 않은 자신의 몸에 대해 아무 상관이 없다고 이야기한다.

어지지 않고 너무 고집 센 사람들에게는 고통이 따르기 때문이다. 이런 경우 클룸은 걱정하거나 모델 비즈니스는 이렇게 돌아가는 법이라고 엄격하게 설명한다. 여기선 누군가가 누구에게 요구하는 것에 반발하는 일이 없다.

〈독일의 미래 탑모델(Germany's Next Topmodel)〉 첫 번째 시즌은 2006년 프로지벤에서 시작됐다. 나는 당시 12학년이었고 아비투어가 얼마 남지 않은 상황이었다. 시즌 2가 방영되고 있을 때, 나는 이 볼거리를 함께 즐기기 위해 몇몇 친구들과 주기적으로 만났다. 물론 우리는 그 프로그램을 말도 못하게 바보스럽고 우습다고 생각했지만 그럼에도 불구하고 지켜봤다. 그리고 그 뒤로도 전체적으로 어떻게 흘러가는지를 놓치지 않기 위해 때때로 시청했다. 2013년 시즌 8이 시작됐을 때에서야, 나는 불쾌해졌다. 열여섯 살짜리 학생 자클린(맞다, 겨드랑이를 면도하지 않았던)이 부모님의 창고에서 즉흥적으로 워킹을 하고 있었다. 자클린은 수년 전부터 이 프로그램에 참가하기를 바랐다. 그는 전 시즌을 지켜봤으며 모델 비즈니스에 관한 모든 조언을 다 새겨들었다. 독일에서 수천 수백만의 소녀들이 하이디 클룸, 그리고 그의 모델 서커스와 함께 거울 앞에서 포즈를 취하고 워킹을 하며 자란다. 이 프로그램을 처음 봤을 때 나는 열여덟 살이었고, 자클린은 아홉 살이었다. 그와 같은 소녀에게 이 프로그램은 오락이 아니라 인생의 꿈이었다.

정말로 프로그램의 참가자가 됐을 때, 그는 곤충들이 몸 위를 기어 다니는 가운데 화보를 찍을 수 있었다. 그가 할 수 없었던 것은 그 자신이 되는 것이었다. 그것은 서커스 조련사인 하이디 클룸만이 할 수 있는 일이었다. 캐릭터가 강한 참가자는 시청률을 높여 주긴 하지만 승리자가 되지는 못하기 때문이다. 정말로, 나는 한 참가자가 대학병원에서 교육을 받기 위해 자발적으로 프로그램을 떠났을 때처럼 기쁜 적이 없었다!

모델이 되지 못한 사람들의 경우에는 "누구의 여자 친구"나 "누구의 아내"가 될 수 있다. 이에 대해 가장 좋은 기회를 RTL 방송국의 〈미혼남(Bachelor)〉이라는 프로그램이 제공했다. 원칙은 아주 간단하다. (잘생기고, 부유하면 더 좋은) 한 남자, 그리고 그와 짝이 되고 싶은 여성들이 서로 어울리는 것이다. 마지막에는 이 남자가 누구에게 장미를, 즉 사랑의 상징을 선사하고 싶은지 결정한다. 중간에 술을 마시는 경우도 많고 로맨틱한 두 사람만의 데이트 시간이 주어지기도 한다. 여성이 외향적일 경우는 장점이 된다(다른 여성들과 연애를 하며 섹시한 레즈비언들의 에로틱한 분위기를 만들 경우는 특별한 보너스가 된다). 발정기와 같은 분위기가 지속되는 동안, 모든 참가자들은 위대한 사랑을 찾고 있음을 수시로 강조해야 한다.

〈미혼남〉(2003, 2011, 2012)의 독일 시청률은 상당하다.[79] 미국에서는 이

79 www.quotenmeter.de/cms/?pl=n&p2=55140&3=

프로그램이 18시즌까지 나왔다.

성별 고정관념에 대한 향수가 이토록 큰 것일까? 한편에서는 잘생기고 성공적이며 부유한 남자가 있다. 다른 한편에서는 젊고 예쁘며 멋진 파티를 위해서라면 모든 것을 할 준비가 된 여자가 있다. 경쟁자인 여자들끼리의 신경전은 덤이다. 내 생각에 우리는 너무 멀리 나간 것 같다.

모범적인 남자와 모범적인 여자

배우들이 (그리고 위에서 말한 두 프로그램의 출연자들도) 예뻐야 한다는 것은 당연한 일이다. 그러나 그들은 매력적이기만 해서는 안 되며 모두가 거의 같아야 한다. 즉, 백인이며 이성애자여야 한다. 예외도 물론 있다. 하지만 엄격한 규칙하에 있어야 한다.

레즈비언 여성들의 경우 특히 외모가 좋아야 한다. (1995년부터 방영된) 일일드라마 〈금지된 사랑〉에서도 모든 사람들이 그러하고, 레즈비언 커플인 마를레네와 레베카는 더욱 그러하다. 이에 대해 《빌트(Bild)》는 열렬한 반응을 보였다. "아름다운 여성들의 금지된 사랑"이라는 제목으로 된 기사 전체를 "레즈비언의 사랑"을 담은 사진들로 도배했다. 마를레네 역을 맡은 멜라니 코글러(Melanie Kogler)는 여성과 키스하는 것이 어떠한지에 대해 알려 줬다. "키스하기 전 레베카를 쓰다듬을 때, 저는 몸이 얼마나 부드러운지에 대해 놀랐어요. 남자처럼 어깨가 넓지도 않죠. [……] 여자의 입술은 단언컨대 남자의 입술보다 부드럽고 탱탱해요."[80]

이 커플은 그들의 단점—성적 지향성—이 시청자에게 받아들여질 수 있을 정도로 섹시해야 한다.

그러나 다행스럽게도 우리는 점차 독일 출신이 아닌 여성과 남성들도 볼 수 있게 됐다. 예전에는 독일 출신이 아닌 사람들의 경우 모두 TV에서 고정관념에 입각한 역할을 맡았다. 폴란드 출신 청소부와 터키 출신 아르바이트생 등. 터키 출신의 시벨 케킬리(Sibel Kekili)는 예외적으로 TV 드라마 〈현장(Tatort)〉에서 독일 여성 사라 브란트 역을 맡고 있다. 〈GZSZ〉(1992년부터 방영)와 〈중요한 모든 것(Alles was zählt)〉(2006년부터 방영), 그리고 2006년부터 2008년까지 방영됐던 〈초보자를 위한 터키어(Türkisch für Anfänger)〉에도 터키 출신의 캐릭터들이 아르바이트가 아닌 직업을 갖고 등장했다.

80 "Verboten schöne Frauen-Liebe"; bild.de, 12.07.2012.

케이트 내시

Kate Nash

영국 음악가

(1987~)

"예, 저는 페미니스트예요. 저는 모두가 그래야 한다고 생각해요. 왜냐하면 페미니즘은 성별 간의 동등권에 관한 것이며, 우리는 그것을 믿으니까요. 아닌가요?"

페미니즘에 기여한 점

달콤한 팝 싱어송라이터이기를 그만두고, 더 이상 알록달록한 색의 원피스를 입지 않으며, 모두 여성으로 구성된 자신의 밴드에서 베이스를 담당하고 있다. 노래에서 "펑키"한 요소를 없애라는 요구를 너무 많이 받은 뒤로 직접 음반회사를 차렸다. 엄청난 작곡 실력에 이제는 여성파워까지 더해졌다.

엄청나게 웃긴

영화 〈자비 없는(Kein Pardon)〉에서는 "익살은 한도 끝도 없어요, 익살은 지비도 없죠"라고 노래한다. 안타깝게도 이 말은 너무 사주 들어맞는다. 마리오 바르트(Mario Barth)는 TV에서 여성과 남성에 대해 유치한 농담을 늘어놓는다. 우리가 할 일은 없다. 빨리 TV를 끄는 수밖에. 익살맞은 여성들을 찾다 보면 이들이 코미디계에서 너무 소수라는 사실을 알게 된다. 그러나 여성들은 그곳에서 바르트 식의 케케묵은 네안데르탈인 클리셰를 웃으면서 무력화시킬 수 있다. 앙케 엥엘케(Anke Engelke, 1965~)는 독일 TV의 〈숙녀 폭죽(Ladykracher)〉과 같은 프로그램에서 성공을 거뒀으며 여전히 인기 있다. 어떤 인터뷰에서 자신이 롤모델이라고 생각하냐는 질문을 받고, 그는 다음과 같이 답했다.

> "그래야 한다면요. 하지만 가정과 직장을 잘 조화시키고, 성공과 실패 모두를 경험하고, 평범한 외모에, 팝스타나 모델들과 같은 병든 야망이 없는 저로서 말이죠."[81]

81 "Die Mädchen beunruhigen mich"; ZEIT Online, 2006.08.23.

잡년들이 해냈다

모델이 되기엔 너무 시끄러운 카롤린 케베쿠스(Carolin Kebekus, 1980~)도 있다. 그는 거친 패러디를 통해 탐폰 광고의 파스텔 세상을 피바다로 만들어 버린다. 이렇게 직설적인 스타일은 지구의 반대편에도 있다. 마거릿 조(Margaret Cho, 1968~)는 특히 성적인 재담을 좋아하며 스스로의 몸무게를 조롱하고 자신의 프로그램 안에서나 밖에서나 동성애자들의 권리를 위해 활동한다.

그리고 이왕 미국으로 간 김에 멋진 듀오 티나 페이(Tina Fey, 1970~)와 에이미 폴러(Amy Poehler, 1971~)를 빼놓을 수 없다. 이들은 페이가 첫 번째 여성 주 작가를 맡게 된 〈토요일 밤의 라이브(Saturday Night Live)〉를 통해 유명해졌다. 힐러리 클린턴이 우파 미디어에서 거듭 "잡년"으로 모욕당할 때, 페이와 폴러는 그들 스스로를 "잡년"으로 규정하고 "잡년들이 해냈다!"는 유명한 말로 반격했다.

〈에미이 폴러의 영리한 여자들〉(www.amysmartgirls.com) 프로젝트는 볼 만한 가치가 있다. 매번 왼쪽에는 다음과 같은 모토가 적혀 있다. "나는 내 자신이 됨으로써 세상을 바꾼다."

작은 드라마 가이드: 소년들 중 하나

TV을 다양하게 즐기기 위해서 다시 미국으로 눈을 돌려 보자. 그곳에서는 몇 년 전부터 전통적인 TV 드라마가 다시 돌아왔다. 캐릭터와 이야기를 좀 더 긴 시간 동안 이끌어 가기에는 드라마가 더 좋은 방식이라는 것을 알았기 때문이다. 독일 TV에서도 이제 미국 드라마가 많이 방영되며 성공을 거두고 있다. RTL II에서는 2012년 〈왕좌의 게임〉(2011년부터 방영)의 첫 번째 시즌이 방영돼 평균 이상의 시청률을 기록했다.

요즘은 여성운동의 영향으로 대개의 드라마가 성 역할을 다루고 있다. 남성과 여성 캐릭터를 평면적으로 다루는 드라마는 소수다. 찰리 삼촌 역의 찰리 쉰이 누구를 때려눕히는가, 혹은 그의 동생 앨런이 누구를 때려눕히지 못하는가에 관한 이야기인 〈두 남자와 1/2(Two and a half men)〉(2003년부터 방영)의 경우가 그렇다. 이 드라마가 프로지벤에서 거듭 재방영되지 않고 카벨-1에서 숨어 있다시피 했던 것은 지금 생각해 봐도 참 애처롭다.

〈매드 맨(Mad Men)〉(2007년부터 방영)은 여성들이 거의 집에서 아이를 돌보던 1950년대와 1960년대를 배경으로 하지만, 주인공 페기 올슨[엘리자베스 모스(Elisabeth Moss)]은 비서에서 성공적인 카피라이터로 승진한다. 그는 팀의 유일한 여성으로 어려움을 겪게 되는데, 사장인 돈 드레이퍼가 광고주들이 여성 카피라이터를 꺼려 한다는 이유로 중요한 광고 제작에는 그를 참여시키지 않기 때문이다. 적어도 돈의 설명으로는 그렇다. 페기는 다른 광고회사로 이직을 하고 나서 더 나은 직책을 얻었을 뿐만 아니라 수입도 늘게 된다. 엘리자베스 모스는 페기에 대해 이렇게 말했다.

> "페미니즘이 정말로 무엇에 관한 것이지를, 그가 표현한다고 봐요. 기회의 균등, 존중받고 귀 기울여질 권리죠. 페기에게는 '유리 천장'이 존재하지 않아요. 그는 페미니즘을 잘 알지는 못했지만 무언가를 증명하려고 애쓰지 않았죠. 그는 단지 다른 사람들과 똑같이 대접받기를 원했을 뿐이에요. 좋은 아이디어를 갖고 있었으니까요."[82]

TV 드라마 〈애크워드(Awkward)〉(2011년부터 방영)에서는 소심한 제나[애실리 리카르즈(Ashley Rickards)]가 청소년이 일반적으로 부딪힐 수 있는 문제들과 싸운다. 첫사랑, 섹스, 짜증 나는 부모, 그리고 학교에서의 스트

---

82 "Elisabeth Moss in Interview"; stylist.co.uk.

레스. 게다가 이 열여섯 살짜리 소녀는 사고를 당하게 되는데, 주변에서는 이를 자살시도라고 보게 된다. 아무도 아닌 사람에서 갑자기 "자살시도를 한 소녀"가 된 제나는 이 일에 대해 블로그에 자기비판적인 글을 쓴다. 그리고 어떤 사람이 되고 싶은지를 알게 되며 다른 사람을 위해 자신을 바꾸어서는 안 된다는 사실도 깨닫게 된다. 페기도 제나도 "페미니스트는 이렇게 생겼다" 티셔츠를 입은 적은 없다. 하지만 상관없다. 그들의 행동이 그렇게 말하고 있으니까. 페기는 전형적인 남성 직업 세계에 진출했고, 야망과 능력 때문에 사람들이 자신에게 매력을 못 느낄 수 있다는 위험부담을 기꺼이 끌어안았다. 삶에서 가장 좋은 길은 항상, 그리고 여전히 스스로가 되는 것이라는 사실을 제나는 깨달았다. 페기나 제나 모두에게, 다른 사람이 그들에 대해 어떻게 생각하는지는 상관없었다. 그들은 그럴 만큼 자존감이 강했다. 이 캐릭터들은 흥미롭고 모순적이며 열정적이며 사랑스럽다. 한마디로 깊이가 있다! 이는 여성 캐릭터들이 갖고 있기 힘든 면이다. 미국 블로그와 잡지에서는 정치 드라마 〈하우스 오브 카드(House of Cards)〉에서 로빈 라이트(Robin Wright)가 연기하는 클레어 언더우드를 두고 페미니즘 토론이 벌어지기도 했다. 클레어는 "페미니즘적"인 전사인가? 아니면 그의 이해와 야심 찬 정치인 남편 프랭크[케빈 스페이시(Kevin Spacey)]를 위해 모든 것을 할 수 있는 냉철하고 계산적인 맥베스 부인인가? 클레어의 생각이 어떻게 돌아가는지 사람들이 알았다고 생각할 때마

볼만한 드라마들

〈오렌지 이즈 더 뉴 블랙〉

(Orange is the new Black)

2013~

사랑하는 약혼자가 있는 파이퍼 채프먼은 감옥에 가야 한다. 전 여자 친구가 마약거래를 할 때 도와준 일 때문에 15개월을 복역해야 하는 것이다. 그곳에서 파이퍼는 모든 사회 계층, 인종, 그리고 성적 지향성을 접하게 된다. 그리고 전 여자 친구를 다시 만나게 된다.

〈왕좌의 게임〉

(Game of Thrones)

2011~

웨스테로스에서는 가문들이 철왕좌를 두고 싸운다. 그 가운데 멋진 여성 캐릭터들이 많이 등장한다. 살해된 아버지의 복수를 꿈꾸는 아홉 살 소녀에서 자녀를 위해서는 못하는 일이 없는 음모로 가득 찬 여왕까지. 웨스테로스는 중세풍이지만 여성 캐릭터들은 그렇지 않다.

〈30 락〉

(30 Rock)

2006~2013

티나 페이(Tina Fey)의 이 드라마는 코미디 드라마의 주 작가인 리즈 레먼(티나 페이)을 중심으로 돌아간다. 레먼은 페미니스트이며 남성들에게 불만을 품고 있고 정크푸드를 즐기며 편한 옷을 입는다. 상사인 잭[알렉 볼드윈(Alec Baldwin)]은 이를 항상 지적한다.

〈마스터스 오브 섹스〉

(Masters of Sex)

2013~

1950년대 미국의 세인트루이스에서는 윌리엄 마스터스 박사가 비서인 버지니아 존슨과 함께 인간의 성적 행동을 연구하기 시작한다. 특히 여성의 성에 관한 한 존슨—이혼했으며 두 자녀의 어머니인—은 다소 경직된 마스터스보다 공감 능력이 있고 개방적이다.

〈엘 워드〉 & 〈립 서비스〉

(The L Word & Lip Service)

2004~2009 / 2009~2011

두 드라마는 레즈비언에 관한 이야기로 각각 로스앤젤레스와 글래스고에서 아이, 직장, 사랑을 주제로 하여 진행된다. 레즈비언의 삶이 마침내 아름답게 묘사됐다.

〈보르겐—위험한 등반자들〉

(Borgen–Gefährliche Seilschaften)

2010~2013

덴마크의 총리 비르기테 니보르그(Birgitte Nyborg)는 정치적 음모와 언론의 감시 사이에서 사적이고 가정적인 삶을 놓치는 경우가 많다. 젊은 언론인 카트린 푄스마크(Katrine Fønsmark)처럼.

〈베로니카 마스〉

(Veronica Mars)

2004~2007

젊은 탐정이며 학교에서 아웃사이더인 베로니카 마스는 남캘리포니아의 넵튠이라는 가상의 도시에서 절친의 피살을 규명하려 한다. 그리고 누가 그 자신을 강간했는지 알아낸다. 베로니카는 말과 의심이 많은 스타일로 종종 문제를 일으키지만, 작고 큰 비밀들을 많이 밝혀낸다.

다 그는 새로운 일로 혼란을 준다. 내부 정보를 빼내기 위해 프랭크와 자는 야심 찬 젊은 기자 조이 바네스[케이트 마라(Kate Mara)]에게도 똑같은 면이 있다. 시청자들은 짜증("섹스는 가장 좋은 해결방식이 아니야!")과 조이의 순진함("프랭크가 그를 이용하고 있을 뿐이라는 것을 모르나?"), 그리고 감탄("정말 강인하군!") 사이에서 흔들린다. 분명한 것은 새로운 여성 드라마 캐릭터들의 경우 전형성에 갇히기 어렵다는 점이다.

아름다움에 대한 광기: 평범해서는 안 된다

진일보한 드라마들에서조차 여성 배우들은 아름다워야 한다는 요구에서 자유롭지 못하다. 이 법칙을 어긴다는 것은 있을 수 없는 일이다. 미국의 리나 던햄도 이를 직접 체험한 바 있다. 그는 20대 중반 여성들의 일상을 주제로 하는 드마라 〈걸스〉(2012년부터 방영)를 만들었고 그 속에서 이기적인 작가 지망생 해나 호르바스를 연기한다. 〈걸스〉에서 특히 눈에 띄는 점은 해나가 나체를 보여 주는 게 당연시된다는 점이다. 그리고 그의 몸은 아름다움에 대한 일반적 규범에 맞지 않다. 너무 하얗고, 물렁거리고, 이상한 문신까지 있다. 이는 물론 우리가 어디에서나 항상 옷을 적게 입은 여성들과 맞닥뜨린다는 사실로 미뤄 봤을 때, 그다지 특별한 점이 아니다. 그러나 규범에서 벗어나는 자는 처벌을 받게 마련이다. 어느 에피소드에서 해나는 이혼 과정에 있는 잘생긴 의사(섹시한 패트릭 윌슨)를 우연히 만나 며칠 동안을 함께 보내게 된다. 이 두 사람은 반쯤 벗은 채 탁구대 위에 누워 섹스를 한다. 소셜 미디어에서의 반응은 엄청났다. 현실 속에서는 절대 패트릭 윌슨과 같은 남자가 해나와 같은 여자와 섹스를 하지 않을 것이었다. 그는 섹스 신이고 그녀는 푸딩처럼 물렁거렸다. 온라인 잡지 《슬레이트(Slate)》에서는 다음과 같이 빈정거렸다. "어떻게 저런 여자가 저런 남자를 얻을 수 있다는 말인가?" 그리고 특히 현실에서 윌슨의 배우자가 어떻게 생겼는지를 생각한다면 판타지가 너무 많이 가미된 것이라고 비꼬았다.[83] 영화와 TV에서는 매력적이지 않고 뚱뚱하고 늙은 남자들이 젊고 예쁜 여자들과 자는 경우가 많다. 거꾸로 놓고 봐도 이게 흥분할 일인가? 당연하다. 패트릭 윌슨의 배우자인 배우 다그마라 도민치크(Dagmara Dominczyk, 1976~) 역시 이 현상을 아주 이상하다고 생각했다. 도민치크는 트위터의 글들("패트릭 윌슨은 너무 섹시해서 리나 던햄과 같은 여자와는 절대 섹스를 하지 않을 것이다")에 대해 다음과 같은 트윗으로 대답했다. "웃긴 일이다. 그의 부인은 M사이즈를 입고 뱃살이 있는데도 그와 섹스를 아주 잘한다. 적어도 나는 그렇게 들었다. 첫 번째 원칙. 절대 그렇지 않은 것은 없다." 이 문제에 대해서는 이로써 모든 것이 설명됐다.

83 "Guys on Girls. Was that the worst episode ever?"; slate.com, 20.02.2013.

3. 할리우드: 내 눈을 봐요, 베이비

영화에서의 관점: 남성적 시선

2012년 700만 명의 독일인들은 적어도 한 달에 한 번 영화를 보러 갔다. 1억 3,600만 이상의 관객이 10억 유로 이상의 수입을 올려 줬다.[84] (나 역시 주말에 부지런히 재정적인 도움을 주러 다녔다.) 영화는 거대한 사업이다. 특히 남성들에게는. 여성들은 카메라 앞에서든 뒤에서든 거의 발언권이 없기 때문이다.

2012년의 영화들에서는 대사가 있는 4,475개의 역할 중 28.4퍼센트만이 여성이었다. 거의 3분의 1의 여성 배우들이 스크린에서 자유분방한 옷을 입거나 반쯤 벗은 채로 등장했다.[85] 2014년 MTV 무비 어워드의 '최고의 주연상'에는 단 한 명의 여성 주인공도 후보로 오르지

84 www.de.statista.com/themen/48/kino/

85 Smith et al.: "Gender Inequality in 500 Popular Films: Examining On-Screen Portryals and Behind-the-Scenes Employment Patterns in Motion Pictures Released between 2007~2012", University of Southern California, 2013.

게릴라 걸스(guerrillagirls.com)에 대해 들어 본 적이 있는가? 익명으로 활동하는 이 여성 예술가 집단은 다양한 방식으로 예술에서 여성이 배제되는 문제에 대해 알린다. 가장 유명한 플래카드는 이와 같다. "여성들이 메트로폴리탄 박물관에 벗은 채로 들어가야 합니까? 모던 아트의 예술가 중 여성은 5퍼센트도 안 되지만 누드화의 85퍼센트가 여성입니다." 영화건 미술이건 간에 남성적 시선이 지배하는 것이다!

못했다.[86] 배우 엘런 페이지는 할리우드에 항상 존재하는 성차별에 대해 다음과 같이 밝혔다.

> "그건 당신이 대접받는 방식이고, 사람들이 당신을 보는 방식이며, 사진을 찍을 때 어떻게 보여야 한다는 방식이고, 입을 다물고 의견을 갖지 않도록 요구받는 것이죠."[87]

말하자면 입을 다물고 예쁘게 보이라는 것이다. 할리우드의 고전 영화에서는 남성이 시선을 지배하며 능동적이다. 여성은 그와 반대로 보이는 역할이며 수동적이다.
그렇기 때문에 지적인 여성은 안경을 쓰고 등장하는 경우가 많다. 냉정한 변호사나 똑똑한 여대생은 안경을 쓴다. 그들은 볼 수 있기 때문이다. 관객은 스크린에서 일어나는 모든 일을 남성적 시선을 통해서

86 "Sexist MTV Movie Awards excludes females from hero cateroty"; reelgirl.com, 11.03.2014.
87 "Ellen Page: 'Why are people so reluctant to say they're feminists?'"; theguardian.de, 03.07.2013.
※ 엘런 페이지에 대해서는 따로 설명해 둘 필요가 있다. 343쪽 참조.

보고 남성적 시각으로 받아들인다. 여성 캐릭터들이 그렇게 빨리 성화되는 것은 당연하다. 남성은 여성에게서 마음에 드는 면을 찾아내야 하는 것이다.

짧고 간결하게
남성적 시선

남성적 시선(male gaze)은 페미니즘 영화이론에서 나온 개념이다. 시선은 사회적 행위의 한 차원이며, 그렇기 때문에 중립적이지 않다. 시선을 가진 사람은 볼 수 있다. 지식과 권력이 부여된다는 말이다. 관객—남성이든 여성이든 상관없이—은 (이성애자) 남성의 시각을 수용한다. 그로 인해 영화, 그리고 TV와 여러 광고에서의 여성은 성화되는 것이다.

여성 영화인: 셀룰로이드 천장에서 좌절하다

카메라 뒤는 좀 나아 보인다. 2012년의 가장 성공적인 100편의 영화와 관련해 감독, 시나리오 작가, 그리고 제작자의16.7퍼센트만이 여성이었다. 그리고 캐스린 비글로(Kathryn Bigelow)는 지금까지 오스카를 수상한 유일한 여성 감독이다.(오스카를 시상하는 아카데미는 80퍼센트가 남성으로 구성돼 있다.) 프랑스의 배우이자 감독인 줄리 델피(Julie Delpy)는 이 "셀룰로이드 천장"에 화가 났다.

제니퍼 지벨 뉴섬(Jennifer Siebel Newsom)은 다큐멘터리 〈미스 대표자(Miss Representation)〉(2011)에서 미국의 대중매체가 어떻게 여성상에 영향을 미치며 권력적 위치로 가기 위한 노력을 차단하는지에 대해 다루고 있다.

> "영화감독은 결정을 내리는 위치이며 잘 조직화돼 있어야 합니다. 그런데 여성들은 천성적으로 그렇지 못하다고 생각하는 사람들이 여전히 많아요. 특히 할리우드에서요. 많은 여성들 또한 그렇게 믿죠. 여성들이 그런 것들을 할 수 없다고 주입받았기 때문이에요."[88]

88 "Mich bricht niemand"; *Kultur Spiegel*, 7/2012.

그러나 소피아 코폴라(Sofia Coppola)나 줄리 델피 같은 여성 감독들은 여성 또한 멋진 영화를 만들 수 있다는 사실을 거듭 증명하고 있다. 전 세계적으로 10억 달러 이상의 매출을 기록한 디즈니 애니메이션 〈겨울 왕국(Frozen)〉(2013)은 여성 감독[제니퍼 리(Jennifer lee)]의 영화다.[89]
뿐만 아니라 연구 결과들은 카메라 뒤에 여성들이 많아질수록 스크린에도 여자 배우들이 점점 더 많이 등장한다는 것을 보여 준다. 더 많은 여성들이 성화되지 않고 다채로운 역할로 영화에 나오기 위해서는, 더 많은 여성들이 제작 과정에 참여하는 게 가장 확실한 방법이다. 즉, 감독, 시나리오 작가, 그리고 촬영감독 등으로 말이다. 어쨌든 할리우드는 오래전부터 생각을 바꾸기 시작했다. 적어도 SF와 액션 장르에서는.

도르트문트, 쾰른 국제 여성영화제에서는 매년 여성이 만든, 또는 여성들에 관한 영화가 많이 상영된다.

89 "This movie just became the first film directed by a woman to make $1 Billion"; policymic.com, 07.03.2014.

엘런 페이지

Ellen Page

캐나다 배우

(1987~)

"많은 영화들에서 남성들은 자신의 운명을 좌우하는 역할을 맡는 데 반해 여성들은 그를 위한 도구 또는 지원자로서 등장하죠."

페미니즘에 기여한 점

자신의 의견을 감추지 않는다. 페미니스트이자 낙태 찬성론자다. 그가 애정 상대로만 나오는 영화에는 관심이 없다. 그 대신 슈퍼히로인이나(엑스맨) 임신한 청소년(주노) 같은 역할을 더 즐겨 한다. 배우 산업과 할리우드를 까다롭게 대하지 않으며, 그곳에서 여성들이 항상 같은 역할만 제안받는 것에 대해 엄청나게 화가 나 있다.

영화산업에서의 여성

여성들은 옷을 적게 입고 등장할 때가 많고, 수입이 적으며,
카메라 뒤에 서는 여성은 기본적으로 드물다.

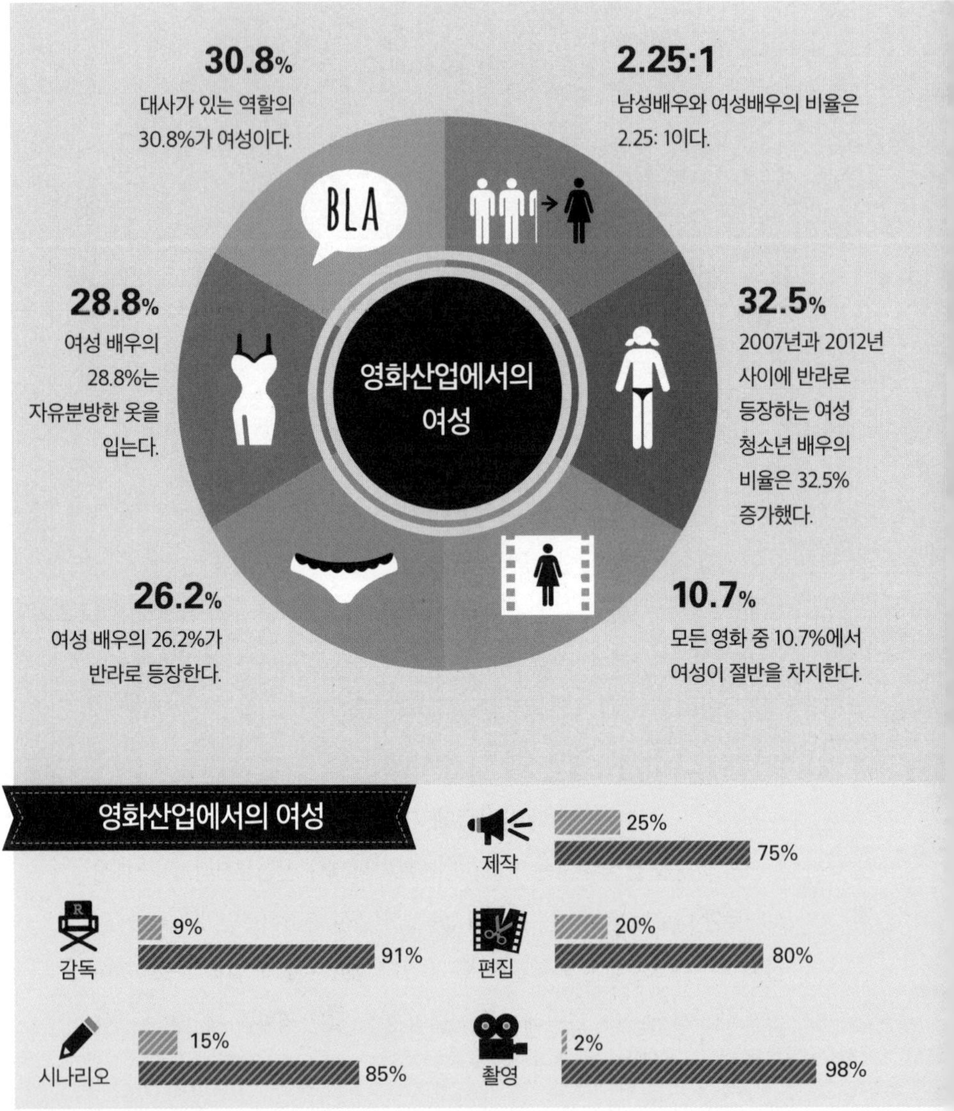

30.8%
대사가 있는 역할의
30.8%가 여성이다.
BLA
2.25:1
남성배우와 여성배우의 비율은
2.25: 1이다.
28.8%
여성 배우의
28.8%는
자유분방한 옷을
입는다.
영화산업에서의
여성
32.5%
2007년과 2012년
사이에 반라로
등장하는 여성
청소년 배우의
비율은 32.5%
증가했다.
26.2%
여성 배우의 26.2%가
반라로 등장한다.
10.7%
모든 영화 중 10.7%에서
여성이 절반을 차지한다.
영화산업에서의 여성
제작
25%
75%
감독
9%
91%
편집
20%
80%
시나리오
15%
85%
촬영
2%
98%

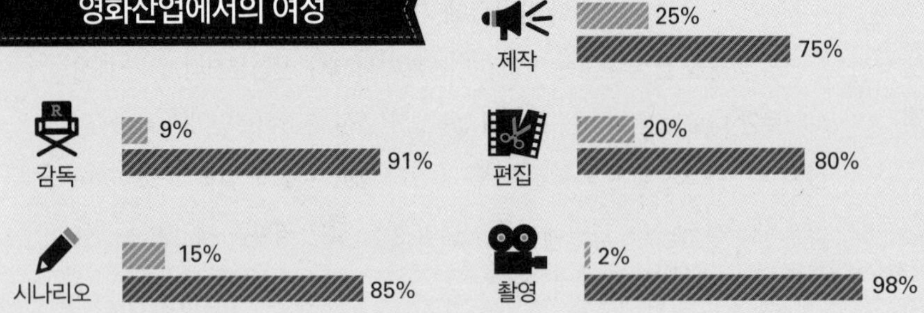

인디와이어, 2013.

여성 감독과 오스카

77% 남성

23% 여성

누가 수상자를 선정하는가?

아카데미 상의 역사에서 이제까지 단 네 명의 여성만이 감독상 후보에 올랐으며 그중 한 명만이 수상을 했다.

이름	연도
리나 베르트뮐러	1976
제인 캠피언	1994
소피아 코폴라	2004
캐스린 비글우	2010

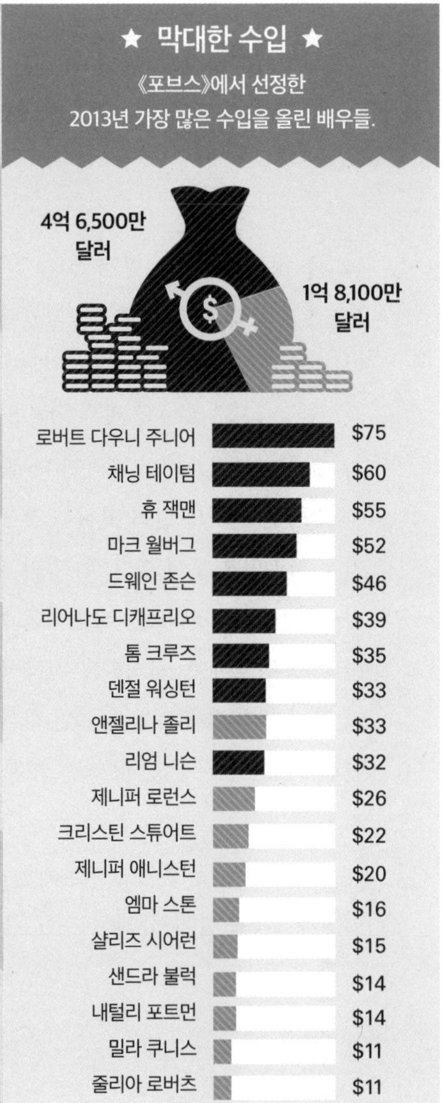

★ 막대한 수입 ★

《포브스》에서 선정한 2013년 가장 많은 수입을 올린 배우들.

4억 6,500만 달러

1억 8,100만 달러

배우	수입
로버트 다우니 주니어	$75
채닝 테이텀	$60
휴 잭맨	$55
마크 월버그	$52
드웨인 존슨	$46
리어나도 디캐프리오	$39
톰 크루즈	$35
덴절 워싱턴	$33
앤젤리나 졸리	$33
리엄 니슨	$32
제니퍼 로런스	$26
크리스틴 스튜어트	$22
제니퍼 애니스턴	$20
엠마 스톤	$16
샬리즈 시어런	$15
샌드라 불럭	$14
내털리 포트먼	$14
밀라 쿠니스	$11
줄리아 로버츠	$11

영화 히로인들: 한마디로 굉장한

가장 좋은 예는 〈헝거 게임〉 3부작의 두 번째 편인 〈캐칭 파이어(The Hunger Games. Catching Fire)〉다. 이는 미국 추수감사절 주말에 1억 1,000만 달러를 벌어들여 〈해피포터와 마법사의 돌(Harry Potter and the Sorcerer's Stone)〉(2001)이 세운 기록을 뛰어넘었다.[90] 켓니스 에버딘 역의 제니퍼 로런스는 소극적인 자세로 어려움에 처하는 〈트와일라잇(Twilight)〉의 벨라와 달리 확실한 각오로 싸움의 현장으로 뛰어드는 정치적 히로인을 보여 줬다. 두 명의 매력적인 젊은 남자들이 캣니스를 따라다니지만, 캣니스는 로맨틱한 만남보다 더 나은 할 일이 있다. 물론 키스 정도야 좀 하더라도 전략적인 목적에서다. 캣니스는 살아남기 위해 빵집 아들 피타와 연인 사이를 연기하며 친구인 광부 게일을 달랜다. "나를 사랑하니?"라는 게일의 물음에 대해 켓니스는 대답하지 않는다.

이렇게 〈캐칭 파이어〉에서는 성 역할이 새롭게 해석된다. 말하자면

90 "Box Office: Die 'Tribute von Panem' auf Erfolgskurs"; Spiegel Online, 02.12.2013.

양자가 서로 바뀌었다고 볼 수 있다. 피타는 동점심이 있고 다정하고 사욕이 없는 이웃 청년이며, 폐쇄적이고 감정적으로 다가가기 힘든 캣니스의 마음을 연다. 캣니스가 활로 호랑이(또는 사람)를 힘들지 않게 잡는 반면, 그는 손에 무기를 쥐어 본 적이 없다. 그리고 그는 캣니스에 의해 거듭 구출된다. 피타와 캣니스 모두 자신의 방식으로 이야기를 끌고 가는 복합적이며 흥미로운 캐릭터다. 그러나 사건의 중심에는 분명히 캣니스가 있으며, 할리우드 영화에서는 특이하게도 그의 남성 파트너를 능가한다. 린다 홈스(Linda Holmes)는 캣니스의 이러한 독특함에 대해 npr.org에 글을 썼다. 캣니스가 히로인의 전형적인 성 역할을 어떻게 부정했는지보다, 피타가 어떻게 히로인의 남자 친구에 대한 전형적인 할리우드식 성 역할을 뒤집어 놓았는가에 관한 글이다.[91] 영화에서 여자 친구는 보통 다음과 같은 사람이다. 내조를 하고, 사랑을 위해서라면 자신의 이해를 모두 버릴 준비가 돼 있는.

결국 주류 영화, 블록버스터에도 다음과 같이 인식이 찾아왔다. 관객은—남성이든 여성이든—히어로의 조수 역할을 하는 여성 캐릭터나, 끊임없이 위대한 사랑(기왕이면 매력적이고 잘생긴 남성)을 찾는 여성 주인공

---

91 "What really makes Katniss stand out? Peeta, her movie boyfriend"; npr.org, 25.11.2013.

을 보고 싶어 하지 않는다. 그들은 어떤 능력을 갖고 있단 말이다! 〈맨 오브 스틸(Man of Steel)〉(2013)의 기자 루이스 레인(Lois Lane)은 이렇게 소리친다. "나는 퓰리처 상을 받았다구요!"

**나는 강하다. 나는 야심 차다.
그리고 나는 내가 무엇을 원하는지 정확히 안다.
만약 그것이 나를 잡년으로 만든다면,
그러시든지.**

– 마돈나(*Madonna*) –

짧고 간결하게

벡델 테스트

벡델 테스트는 영화와 TV에서 여성 캐릭터가 얼마나 적극적으로 참여하는지 조사하는 도구다. 다양한 여성 캐릭터를 등장시키려 하는 영화나 TV 드라마는 다음의 질문에 명확하게 "그렇다"라고 대답할 수 있어야 한다.

1. 적어도 두 명의 여성이 역할을 맡는가?
2. 이 여성들이 서로 이야기를 나누는가?
3. 그들은 남자 이외의 주제에 대해 이야기를 나누는가?

물론 금세 알아차릴 수 있는 것처럼, 이 테스트에는 한계가 있다. 3번의 '이야기'에 정말로 내용이 있는지는 언급하지 않고 있기 때문이다.

이 아이디어는 1985년에 만화《경계해야 할 레즈비언(Dykes to watch for)》를 펴낸 미국의 만화가 앨리슨 벡델(Alison Bechdel)이 고안했다. 이 만화 속에서 한 여성 캐릭터가 이 테스트에 대해 이야기한다. 원래는 벡델의 여자 친구 리즈 월리스(Liz Wallace)가 생각한 아이디어라고 한다.

안나 그로스

Anna Groß

스케이트 선수

(1979~)

"소녀들은 큰 소리를 내지 말고 주제넘게 나서지 말며 스스로를 깨끗이 하게끔 교육받으며 자랍니다. 하지만 이런 것들은 스케이트를 탈 때 일어나는 일이에요. 스케이트는 위험한 스포츠라서 멍이 들기도 하고 아프기도 하죠."

페미니즘에 기여한 점

"여자로서는 나쁘지 않군" 또는 "스케이트 탈 때 탐폰이나 생리대를 착용하나요?"와 같은 말들을 참을 수 없어 한다. 스케이트계에서 여성들이 부차적 장식물로 취급되는 것 역시. 그런 이유로 베를린에서 여성들의 스케이트 콘테스트인 '내 트럭을 먹어(suck my trucks)'를 만들었다. 웹사이트 suckmytrucks.de에 어떤 성차별들이 스케이트계에서 빈발하는지를 기록해 놓았다.

제임스 본드: 흔들거나 휘젓거나? 상관없다!

본드 영화에서의 여성상 역시 변화했다. 본래 제임스 본드는 신사 캐릭터를 통한 성차별의 가장 좋은 예였다. 그는 여성들이 아름답고, 무력하고, 연약한 성별이기 때문에 그들을 아주 정중하게 대한다. 오랫동안 본드걸들은 푸시 갤로어, 허니 라이더, 스트로베리 필스와 같이 재미있는 이름을 가진 조수 이상이 아니었다. 그들은 나타났다 사라지는데, 다음번에 구출해야 할 새로운 본드걸이 있는 한 아무런 상관이 없었다.

그러다가 엘렉트라 킹[소피 마르소(Sophie Marceau)]이 등장해 역습을 하고 007[피어스 브로스넌(Pierce Brosnan)]을 유혹해 사랑에 빠지게 만든 첫 번째 본드걸이 됐다. 그리고 본드는 침대 속의 연인이 악당이라는 사실과, 특정한 목적을 위해 사랑에 빠진 스파이를 끌어들였음을 뒤늦게 알아차릴 수밖에 없었다. 이런 행동은 그러니까…… 아, 본드만이 하는 종류의 것이었다. 징스 존슨[할리 베리(Halle Berry)]은 안타깝게도 1990년대 후반과 2000년대 초반의 이 긍정적인 트렌드를 다시 한 번 무너뜨렸다. 짧은 비키니를 입고 조류 속에서 벗어나는 일이 그렇게 간단하다면, 스토리상에 결정적인 대목이라는 것이 뭐하러 필요하겠는가?

성차별적 남성 & 여성

전 세계적으로 자신의 성별 중 가장 매력적인 사람으로
선정됐을 때 그들의 나이는 어떠했을까?

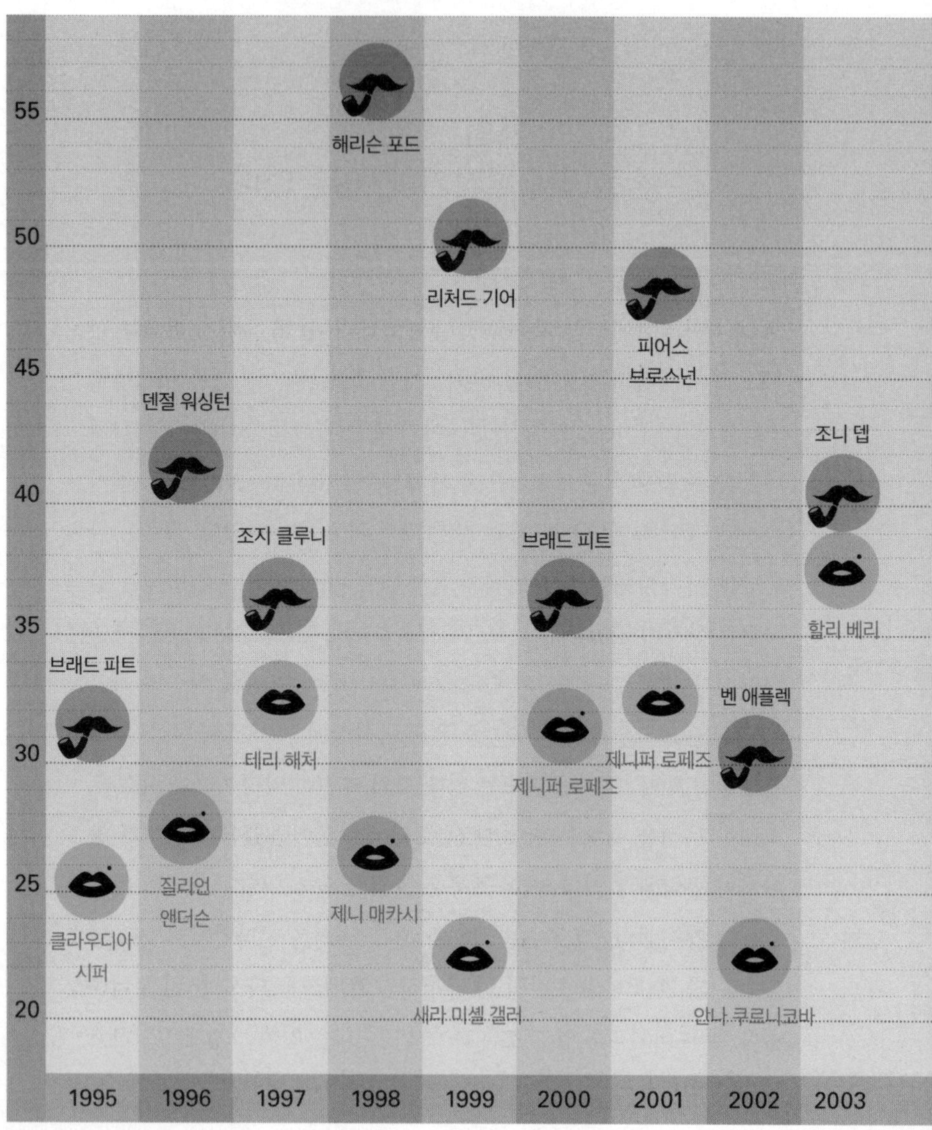

피플 매거진 & FHM.

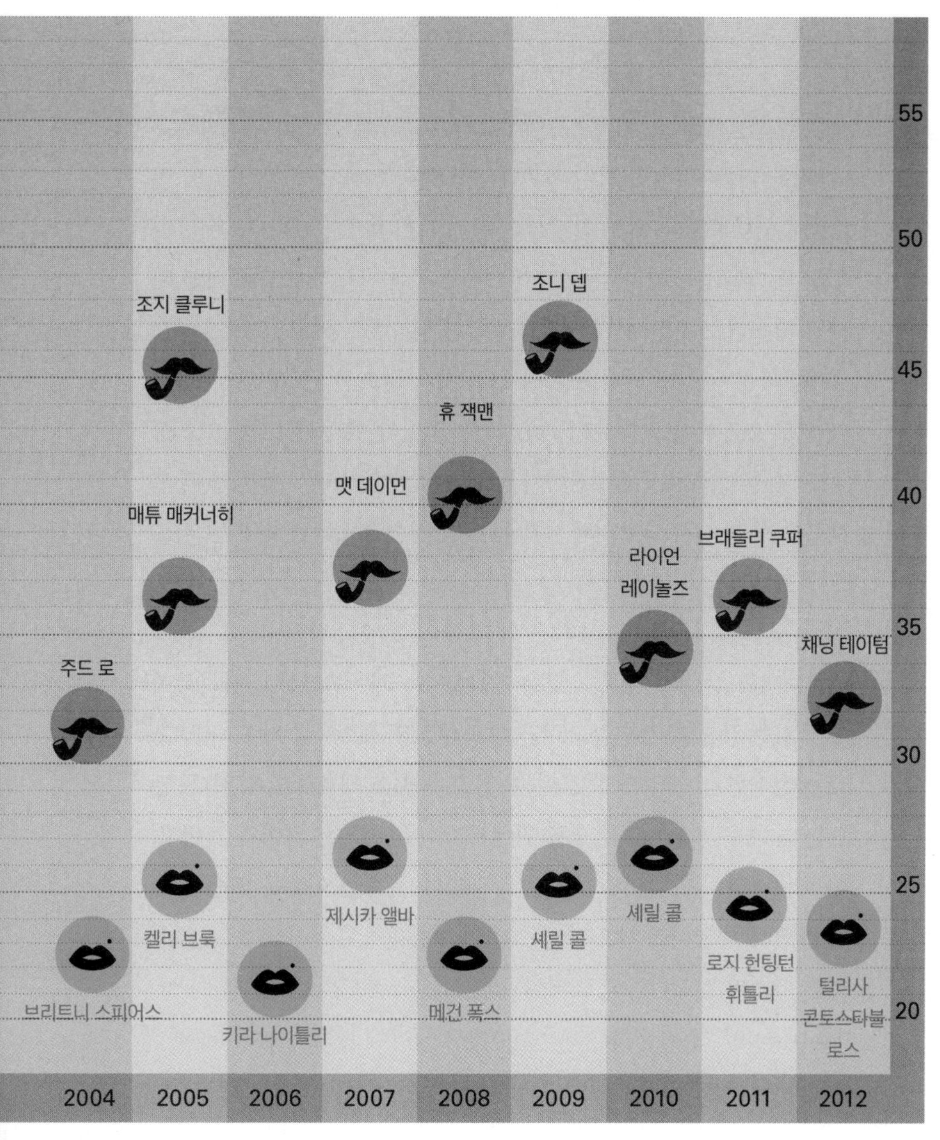
55
50
45
40
35
30
25
20
조지 클루니
조니 뎁
휴 잭맨
맷 데이먼
매튜 매커너히
라이언
레이놀즈
브래들리 쿠퍼
채닝 테이텀
주드 로
제시카 앨바
세릴 콜
켈리 브룩
셰릴 콜
로지 헌팅턴
휘틀리
털리사
콘토스타블
로스
브리트니 스피어스
메건 폭스
키라 나이틀리
2004
2005
2006
2007
2008
2009
2010
2011
2012

새로운 제임스 본드 대니얼 크레이그(Daniel Craig)에 이르러서야 카리스마 있고 자립적인 본드걸이 마침내 자리를 잡는다. 본드는 베스퍼 린드[에바 그린(Eva Green)]에게 진정한 사랑을 느끼기까지 한다. 둘은 말싸움을 할 만큼 눈높이가 같았고, 본드가 심각한 마초적 태도를 버릴 때까지 베스퍼는 옷을 벗지 않았다. 이 연인이 본드가 좇고 있던 이중 스파이라는 사실은 안타까운 일이다. 그가 본드를 진정으로 사랑한다 해도 소용이 없었다. 결국 베스퍼는 죽어야 했다. 본드는 그를 구할 수 있었지만 베스퍼가 원하지 않았다. 죄책감이 너무 컸던 탓이다. 사랑을 찾고 다시 잃어버린 이 비극적인 경험을 통해서 본드는 비로소 본드가 됐다.

베스퍼 린드는 본드걸의 새로운 형태였다. 그는 현명하고 영리하며 고집 있는 태도로 오만한 007과 대적하였고 스스로 결정을 내렸다. 그는 상처받기 쉬운 면도 보여 줘 본드가 총을 내려놓도록 했다. 본드는 쿨한 슈퍼히어로의 구름 위에서 더러운 거리로 떨어진 것이다. 이제는 마티니를 휘젓든 흔들든 상관없다. 본드는 어쨌든 맥주를 즐겨 마신다. 아름다운 본드걸들은 더 이상 마음을 흔들지 못한다. 그러려면 베스퍼 린드만큼의 스케일이 필요하다. 본드의 상사 M[주디 덴치(Judi Dench)]이 〈스카이폴(Skyfall)〉(2012)에서 죽어야 했으며 남자[랠프 파인스(Ralph Fiennes)]로 교체된 것은 안타깝다.

〈천둥의 신 토르(Thor)〉(2011)에서 포트먼이 연기한 제인이 만화에서는 간호사였다. 이 만화는 10여 년 전에 발간됐으나 오늘날에는 여성들이 아주 다른 기회들을 갖고 있기 때문에 영화에서 제인은 학자가 될 수 있었다.

할리우드라 불리는 고전 주류 영화의 몇몇 분야에서는 긍정적인 발전이 이루어졌다. 물론 완벽하게 실패한 분야가 없는 것은 아니다. 예를 들어 거의 모든 '로맨틱 코미디'에서처럼 말이다. 그리고 남성적 시선이 더는 아무런 역할을 하지 않는 것도 아니다. 그러나 그것은 서서히 여성적 시선으로 교체되고 있다. 물론 내털리 포트먼(natalie Portman, 1981~)은 소위 "강한" 여성 캐릭터들이 "남성 작가의 판타지" 이상의 것이 아니라고 비판한다. 영화에서 점점 더 많은 여성들이 격투기와 같은 기술을 익히고 건강하며 남자처럼 행동할 수 있다고 해서, 그들이 자동적으로 다채로운 캐릭터가 되는 것은 아니다. 포트먼에게 다양한 종류의 여성 캐릭터를 갖는다는 것은—강하든 약하든 간에 인간적이고 현실적인—쿵후를 잘 하는 여성 캐릭터보다 더 페미니즘적이다.[92] 그는 다음과 같은 것을 바란다.

> "여성과 남성 모두 어떤 형태로든 존재할 수 있었으면 좋겠어요. 저는 여성이든 남성이든 부모로서의 역할에만 충실하거나, 직장에서만 하루를 보내거나, 혹은 둘을 조화시킬 수 있다고 생

---

92 "Natalie Portman: Hollywood doesn't understand what 'feminism' menas"; bust.com, 25.10.2013.

> 각해요. 저는 여성과 남성이 욕먹지 않고 성적으로 하고 싶은 모든 일을 할 수 있기를 원해요."[93]

그리고 이러한 관점에서 할리우드는 정말로 노력해야 할 일들이 많다.

나는 페미니스트가 되는 게 왜 여전히 금기시되는지 이해할 수가 없다.

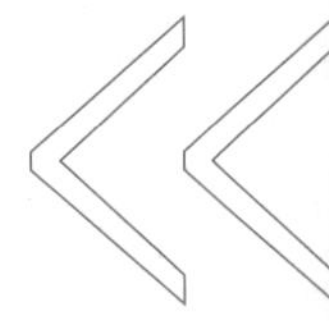

– 젬마 아터튼(Gemma Arterton) –

93 "Natalie Portman"; *ELLE* (UK), Oktober 2013.

페미니즘을 위한 영화

1970년대부터 오늘날까지

〈에일리언〉

(Alien)

1979
감독: 리들리 스코트
(Ridley Scott)

이 SF의 고전에서 스코트는 주인공 리플리를 남자로 하자는 제작자의 반대를 무릅쓰고 시고니 위버를 캐스팅했다. 이어지는 세 편의 후속작에서도 위버는 살인적인 에일리언과 싸우는 리플리를 연기한다.

〈델마와 루이스〉

(Thelma & Louise)

1991
감독: 리들리 스코트
(Ridley Scott)

주부 델마와 서빙을 하는 루이스가 여행을 떠나는데, 그 과정에서 계속 원치 않은 길로 가게 된다. 이 시나리오로 칼리 쿠리는 오스카 상을 수상했다.

〈피아노〉

(The Piano)

1993
감독: 제인 캠피언
(Jane Campion)

홀리 헌터는 19세기 뉴질랜드에서 처음으로 사랑을 하고 자신의 목소리를 찾아가는 아다 역으로 오스카를 받았다. 제인 캠피언은 시나리오 상을, 애나 파퀸은 여우조연상을 수상했다.

〈소년은 울지 않는다〉

(Boys Don't Cry)

1999
감독: 킴벌리 피어스
(Kimberly Peirce)

힐러리 스웽크는 성전환자 브랜든 티나 역으로 오스카와 골든 글로브 상을 수상했다. 실화를 바탕으로, 여성으로 태어났으나 제2의 고향에서 남자로서 살고자 하는 브랜든 티나의 삶을 그렸다. 브랜든은 생물학적 성별이 알려지자 모욕당하고 강간당하며 결국 살해된다.

〈킬빌 I & II〉

(Kill Bill I & II)

2003 & 2004
감독: 쿠엔틴 타란티노
(Quentin Tarantino)

브라이드(우마 서먼)는 "살인적인 바이퍼"라는 명령하에 그를 죽이고 배 속의 아이를 뺏으려 했던 예전의 동료들에게 무자비한 복수극을 펼친다. 이보다 더 피비린내 나는 여성 파워는 없다.

〈히트〉

(The Heat is Comming)

2013
감독: 폴 페이그
(Paul Feig)

경찰 버디무비의 첫 번째 여성 버전이다. 영화에서 처음에 사이가 좋지 않았으나 나중에는 서로를 잘 이해하게 되는 역할의 경우 멜리사 매카시와 샌드라 불럭 이전에는 항상 남자들이 맡았다. TV로는 이미 1980년대에 〈캐그니와 레이시(Cagney und Lacey)〉에서 선보인 바 있다.

4. 게임: 인생은 게임이다

비디오 게임에서의 여성 캐릭터: 수동적, 섹시, 짜증

그들은 그에게 폭력, 강간, 그리고 살해를 들어 위협했다. 그들은 그의 개인적 정보를 모으고 전화번호와 주소를 찾아내 퍼뜨리려 했다. 그들은 그의 위키피디아 사이트를 포르노그래피로 채워 놓았다. 그들은 포르노그래피 사진에 그의 얼굴을 합성하고 다양한 비디오 게임 캐릭터로부터 강간당하게 했으며, 심지어 "잡년 두들겨 패기"를 하는 작은 게임도 고안했다. 그들은 그에게 엄청난 적개심을 가졌음이 분명한, 익명의 게이머들이다. 그의 이름은 아니타 사키시안(Anita Sarkeesian, 1984~). 도대체 왜 그랬을까? 이 캐나다계 미국인 미디어 학자이자 비디오 블로거는 2012년 킥스타터 캠페인을 시작했다. 그의 목적은 비디오 게임에서의 성차별과 스테레오 타입에 대한 웹시리즈(인터넷에 올려진 특정 주제에 관한 동영상 시리즈—옮긴이)를 만들기 위해 돈을 모으는 것이었다.[94] 긍정적이든 부정적이든 이 캠페인에 대한 관심은 엄청나게 높았다. 많은 사람들은 애초 예상했던 6,000달러를 훌쩍

94 '비유법 대 여성들'이라는 이 웹시리즈는 feministfrequency.com에서 볼 수 있다.

뛰어넘고 거의 160,000달러를 모아 '비유법 대 여성들'이라는 시리즈를 제작할 수 있게 된 사키시안에게 찬사를 보냈다. 그러나 처음에 언급했던 예에서 볼 수 있듯, 사키시안은 공격 목표가 되기도 했다. 많은 남성 게이머들은 사키시안이 여성이기 때문에 그들의 세계와는 상관이 없으며, 비판한다는 것은 더더욱 있을 수 없는 일이라고 생각했다. 게이머계는 여성문제를 갖고 있음에 분명하다. 그리고 가상적이기만 한 것은 아니다.

2013년 9월 그랜드 테프트 오토 5(이하 GTA 5)는 판매되기 시작하자마자 모든 기록을 경신했다. 처음 사흘간은 전 세계적으로 1,500만 개 이상의 게임이 팔렸다. 이로써 GTA 5는 기대를 통틀어 가장 성공적인 컴퓨터 게임이 됐다. 그러나 이것이 다가 아니었다. GTA 5는 성차별 때문에 '금 오이' 상을 받기도 했다. 이 게임에서 여성들은 길 위에 그냥 서 있는 사람이거나 섹스 대상물일 뿐이었다.

공개적이든 아니든 게이머들은 알고 있다. 예를 들어 "왜 주인공이 여성으로 등장하는 게임은 팔리지 않으며 그 점이 산업에 있어 뜻하는 바는 무엇인가"와 같은 에세이에 동의하는 블로그 〈더 매리 수(The Mary Sue)〉, 괴짜 여성문화에 대한 가이드처럼.

게임에서 행동하는 캐릭터가 거의 남성들이라는 것은 새로운 일이 아니다. 미국의 시장조사기관 EEDAR의 (공개되지는 않은) 한 연구에 따르면, 조사 대상인 669개의 게임 중에서 24명의 여성만이 주요 캐릭터로 등장했다. 여성 캐릭터는 일반적으로 거의 등장하지 않고, 만약 그렇다 해도 클리셰 이상의 것이 아닌 경우가 많다. 소위 '곤경에 처한 처녀' 캐릭터를 예로 들어 보자. 그는 나쁜 상황에 처했다가 남성 주인공에 의해 구출돼야 한다. 처녀와 주인공은 로맨틱한 관계에 빠지는 경우가 많고, 구출은 게임의 동기가 된다. 여성 캐릭터가 무력하게 남성 주인공의 구출을 기다리지 않더라도, 비디오 게임에서 여성은 섹시하게 보이는 부차적 요소 이상의 것이 아닌 경우가 많다. 제대로 된 역할은 주어지지 않는다.

그래도 여성이 주인공으로 등장한다면? 그는 엄청나게 큰 가슴을 가져야 하고 딱 붙는 옷을 입어야 한다. 〈툼 레이더(Tomb Raider)〉의 라라 크로프트처럼 말이다. 포르노에 어울리는 외양을 제외한다면 라라 크로프트는 어쨌든 흥미진진한 모험을 대담하게 이끌어 간 여성 캐릭터다. 2012년 그는 새 게임에서 외모뿐만 아니라 (풍선 가슴이여 안녕!) 내용적으로도 새롭게 변신했다. 결국 "게임에서 라라의 역할을 하는 사람들은 그 캐릭터 속으로 들어가는 것이 아니라 그를 보호하고 싶어 하게 된다"[〈툼 레이더〉 제작자 론 로젠버그(Ron Rosenberg)]는 결론이 나온다.[95] 라라가 적들을 향해 어떻게 총을 난사하는지 생각해 보면 이는 아주 이상한 일이다. 하지만 뼈처럼 단단한 라라 크로프트가—몇몇

---

95 "Lara Croft bettles male jerks"; salon.com, 14.06.2012.

팬들에게는 놀라움을 가져다줬던—눈물을 흘리고, 노루를 죽였을 때 감정적이 된 것은 좋다. 여자들은 원래 그러니까.

'그녀의 사랑을 바로잡자(Repair her Armor)'라는 텀블러에서는 게임과 만화에서 옷을 많이 걸치지 않은 여성 전사들에게 갑옷과 투구를 입혀 준다. 적이 공격하는 상황에서 비키니는 별로 도움이 되지 않으니 말이다.

2013년에는 드래곤스 크라운(Dragon's Crown) 역시 과도함으로 논쟁을 불러일으켰다. 캐릭터들은 남성이나 여성이나 과도한 비율을 가진 몸으로 등장했다. 이것이 남성들에게 있어서는 힘을 강조(근육!)하는 반면 여성들에게 있어서는 (놀랍게도!) 아주 다른 쪽에 초점이 맞춰진다. 섹시한 마녀의 거대한 가슴은 꽉 조인 코르셋 밖으로 튀어나오고, 도끼로 무장한 여성 전사는 풍만한 몸에 작은 비키니만 입고 등장한다. 남성 캐릭터들이 근육으로 무장하고 웃통을 벗은 채로 뛰어다니는 동안 카메라는 여성 캐릭터의 가슴을 잡는다. 첫인상으로는 모두에게 똑같은 권리가 부여된 것처럼 보이지만, 블로거 조시 바이서(Josh Bycer)가 분석한 바와 같이 반쯤 벗은 남성은 여성 게이머들을 위한 "눈요기"가 아니라 남성적인 힘에 대한 판타지의 표현이다. 힘센 남성이 아름다운 여성을 매혹시키는 것 말이다.[96]

96 "Dragon's Crown and the Sexism Debate"; gamasutra.com, 07.11.2013.

SPACE
INVADERS
GEGEN
SEXISMUS
성차별에 반대하는 스페이스 인베이더

게임 대신 뜨개질

독일에서 게임을 하는 사람들 중 44퍼센트가 여성(1,080만 명)임에도, 비디오 게임 마케팅은 마치 남성 고객만 있는 것처럼 이루어지고 있다. 마이크로소프트는 얼마 전 이러한 이분법을 아주 솔직하게 보여 줬다. 이 기업은 2013년 크리스마스에 게임 콘솔 엑스박스 원을 내놓았고, 제대로 광고하고자 했다. 그래서 남성들에게 보내는 편지를 준비했는데, 그 내용은 엄마, 여자 친구, 그리고 여타 짜증 나는 여성들을 설득해서 이 콘솔을 구입하게끔 하는 것이었다. "이보세요 당신"으로 시작하는 이 편지는 남성이 해당 여성들에게 쓰는 형식으로 돼 있다.

> "나는 당신이 엑스박스 원의 출시에 대해 알고 있는지 모르겠어요. 이 콘솔이 있다면 우리는 데드 라이징 3과 같은 게임을 할 수 있답니다. 나는 알아요. 물론 알죠. 당신이 내가 좀비를 쳐부수는 것을 보느니 뜨개질을 할 것이라는 사실을 말이에요. 하지만 들어 봐요. 엑스박스 원은 정말 우리 모두를 위한 것이에요. 정말로요."[97]

97 "Microsoft Knows Women Play Video Games Too, Right?"; jezebel.com, 27.11.2013.

자, 이제 뜨개바늘을 집어던지고 조이스틱을 움켜쥐도록 하자!

이 산업이 남성을 중심으로 돌아간다는 것이 그다지 놀랍지는 않다. 미디어 이론가 마티아스 푹스(Matthias Fuchs)에 따르면, 이 분야에서 결정권자의 위치에 있는 사람 중 95퍼센트가 남성이라고 한다.[98] 개발자, 프로그래머, 디자이너의 대다수 역시 그렇다. 게임 개발사 하이드&식의 대표 마거릿 로버트슨(Margaret Robertson)은 특히 여성 게임 디자이너를 위한 롤모델이 부족하다고 말한다. 작업 환경도 공개적인 적의와 무의식적인 깔봄 사이를 오간다고 한다. 여성 게임 디자이너가 너무 적은 이유 또한 비디오 게임 분야를 넘어서는 요인에 있다고 한다. 사회적 규범과 역할상을 통해 여성들은 어릴 때부터 자연과학이나 수학에 덜 흥미를 가지게 되고, 차후에도 전공으로 선택하는 일이 남성들보다 적은 것이다.[99]

98 "Wo Feminismus als 'Terrorismus' gilt"; sueddeutsche.de, 23.06.2013.

99 "#1reasonwhy: the hashtag that exposed games industry sexism"; theguardian.com, 28.11.2012.

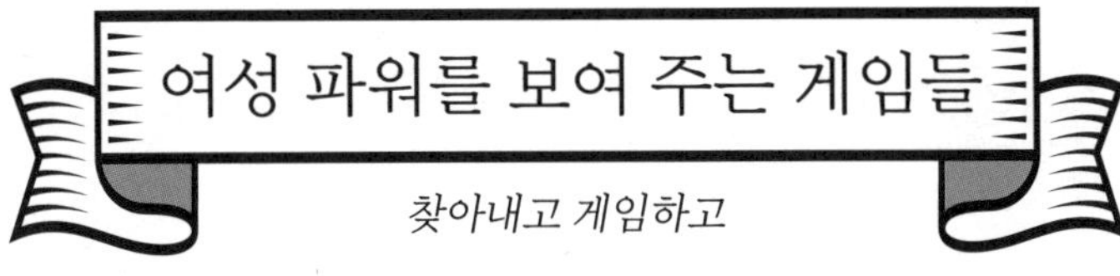

여성 파워를 보여 주는 게임들

찾아내고 게임하고

비욘드: 투 소울즈

(Beyond: Two Souls)

퀀틱 드림 플레이스테이션 3

(Quantic Dream PlayStation 3)

(엘런 페이지를 모델로 한) 스물세 살의 조디 홈스는 날 때부터 초자연적 능력을 지닌 존재 에이든과 연결돼 있으며, 그의 정체를 밝혀내려 한다.

더 래스트 오브 어스

(The Last of Us)

너티 독 플레이스테이션 3

(Naughty Dog PlayStation 3)

텍사스에 사는 조엘과 엘리는 대재앙 이후 북미 지역으로 가다 감염이 된다. 이후 그들을 적대시하는 사람들로부터 스스로를 지켜야 하는 임무가 주어진다.

곤 홈

(Gone Home)

더 풀브라이트 컴퍼니
윈도우즈, 맥 OS

(the Fullbright Company
Windows, Mac OS)

케이틀린은 1년 뒤 외국에서 부모님의 집으로 돌아온다. 그러나 그의 여동생도 부모님도 그곳에 없다. 그는 가족이 있는 곳에 대한 단서를 찾기 위해 집을 샅샅이 뒤진다. 게임에서 케이틀린은 라이엇 걸 밴드의 음악이 담긴 카세트를 찾기도 한다.

비욘드 굿 앤드 이블

(Beyond Good & Evil)

유비소프트, 플레이스테이션 2+3,
엑스박스, 윈도우즈

(ubisoft, PlayStation 2 + 3,
xbox, Windows)

기자 제이드는 외계인들과 전쟁 중인 힐리스라는 행성의 작은 섬에 살고 있다. 외계인들이 계속해서 사람들을 납치하는데, 제이드는 이 실종에 대한 단서를 얻게 된다. 그리고 카메라로 증거를 남겨야 한다.

장난감으로서의 게임: 남자아이들과 성인 남성을 위한

지금까지 본 바와 같이 게임 분야에서의 작업 환경은 남성 중심적이다. 남자아이들과 성인 남성을 목표집단으로 하는 전략은 1980년대 비디오 게임 분야의 위기와도 연관이 있다. 그전까지 비디오 게임의 마케팅 전략은 특히 가족 게임에 맞춰져 있었다. 그러다 판매가 하락했고, 기업들은 해결 방법을 찾기 위해 대규모의 설문조사와 분석을 실시했다. 결론은 사람들이 게임보다 장난감을 구입하고 싶어 한다는 것이었으며, 여자아이들보다 남자아이들이 더 많이 게임을 한다는 사실도 알게 됐다. 그때부터 비디오 게임은 장난감으로서, 특히 젊은 남성들을 목표집단으로 하여 개발되고 홍보됐다. 결국 조준된 목표집단에 맞추기 위해 게임 속에서는 남성 주인공들만 활보하게 된 것이다. 요즘에도 여성을 주인공으로 한 게임의 마케팅 비용은 남성이 주인공인 게임에 비해 절반 정도밖에 되지 않는다.[100] 그 이유로는 남성을 주인공으로 한 게임이 더 잘 팔린다는 점이 거론된다. 하지만 이는 자기충족적인 예언이다. 더 많은 투자가 이루어지고

---

100 "Video Games With Female Main Characters Get 40 Percent of The Ad Budgets Of Male-Led Games"; thinkprogress.org, 27.11.2012.

목표집단이 명확하게 설정됐기 때문에 남성을 주인공으로 한 게임들이 더 잘 팔리는 것이다. 공급은 수요를 결정한다. 이와 달리 여성 캐릭터를 내세운 게임들은 눈에 잘 띄지도 않고 인지도도 낮다.

게임을 하는 여성도 마찬가지다. 워크래프트와 같이 많은 사람들이 같이하는 온라인 게임에서 그들은 성적 암시나 희롱의 대상이 되는 경우가 많다. 게임을 하는 사람이 자신을 여성이라고 밝히면 대부분 믿지 않는다. "여자들은 이런 게임을 하지 않는다"는 모토에 따라. 어떤 게이머들의 경우 공공연하게 여성들은 이런 곳에 맞지 않는다는 주장을 펴기도 한다. 왜냐하면 1) 그럴 능력이 없거나 2) 게임을 하는 남성들의 주의를 분산시키기만 할 뿐이라는 것이다. 아니타 사키시안은 다음과 같이 결론지었다.

> "비디오 게임 분야는 변화를 목전에 두고 있다. [……] 나는 게임을 하는 남성들의 작은 집단이 존재하는데, 그들이 게임을 그들의 것이라고 믿으며, 진심으로 변화를 두려워한다고 생각한다."[101]

101 "In VIrtual Play, Sex Harassment Is All Too Real"; nytimes.com, 01.08.2012.

다른 게이머들은 이 변화에 찬성하며, 그래서 '편견에 반대하는 게이머들'[102]이라는 행동을 조직화했다. 이는 게임계에서 서로 존중하는 문화를 만들어 가도록 독려하는 활동이다. 희망을 가질 수밖에!

페미니즘은 자유를 위한 싸움이며
경직된 사람들의 모임이 아니다.

– 커스틴 그레더(Kestin Grether) –

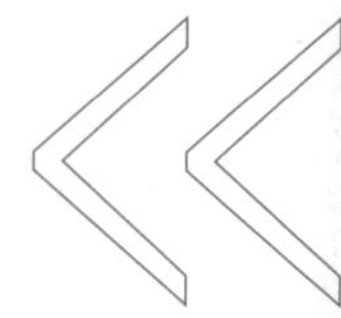

---

102 이에 대한 모든 정보는 gamersagainstbigotry.org에서 찾을 수 있다.

셜리 맨슨

Shirley Manson

스코틀랜드 음악가

(1966~)

"저는 사람들이 팝계의 여성들에게서 발톱과 송곳니를 없애 버렸다고 생각해요. 그들은 예뻐 보여야 하고, 예쁘게 노래해야만 하죠."

페미니즘에 기여한 점

거듭해서 불안에 시달린다는 사실을 숨기지 않지만 길을 찾고 적응한다. 관습으로 유희하는 일을 좋아한다. 그의 밴드 가비지(Garbage)에서 대부분의 곡을 쓰며, 남성들의 비즈니스인 팝음악에서 자신만의 법칙을 만들어 냈다. 여자들끼리의 신경전에는 별로 관심이 없으며, 친구인 그웬 스테파니(Gwen Stefani)와 같은 여성 음악가들에 대한 지원을 아끼지 않는다.

5. 음악: 누가 세상을 이끌어 가는가? 여자들!

지금 여자들의 스타일에 혁명을!

1990년대 미국의 몇몇 여성 음악가들은 더 이상 참을 수가 없었다. 예쁜 액세서리 역할, 펑크에서의 마초 문화. 이 불만족에서부터 하나의 하위문화가 탄생했다. 더럽고 공격적이고 여성적인 비키니 킬(Bikini Kill), 르 티그레(Le Tigre), 슬리터-키니(Sleater-Kinney), 홀(Hole), 베이브스 인 토이랜드(Babes in Toyland), 그리고 잭 오프 질(Jack off Jill)과 같은 라이엇 걸스 밴드들이 클리셰를 집어던졌다. 일부 여성 음악가들은 심한 적대감을 갖기도 했다. 그러나 이 운동의 선두에 선 캐슬린 해나(Kathleen Hanna)는 오늘날까지도 여전히 계속되는 영향을 미쳤다. 그는 무대에 서기 전에 "잡년"이라는 단어를 몸에 적어 넣었고 쳐다보는 남자들에게 빈정거리며 싸움을 걸었다. 급진적인 라이엇 걸스는 걸리스(Girlies)로 변화했는데, 이는 스파이스 걸스 및 그 비슷한 그룹들을 말한다. 펑크에서 팝으로, 걸리스는 기본적으로 위협적이지 않은 형태로 섹시했으며, 그들의 '걸 파워'는 그다지 공격적이지 않았고, 따라서 주류 음악계에서 큰 성공을 거둘 수 있었다.

팝음악계에서는 오늘날 라이엇 걸스와 걸리스에 힘입어 여성들이 결정권을 갖고 있다. 리아나(Rihanna), 비욘세(Beyoncé), 레이디 가가(Lady Gaga), 그리고 케이티 페리(Katy Perry)는 팝의 여왕들이다. 2013년 《포브스》가 선정한 가장 수입이 많은 25인의 음악인에는 마돈나가 1위에 올랐는데, 그의 총수입은 1억 2,500만 달러였다. 2위는 레이디 가가였고 3위는 본 조비였다.[103] 이는 놀라운 일이었는데, 바로 지난해에는 랩 제작자 닥터 드레(Dr. Dre)가 1위였고 바로 그 뒤를 핑크 플로이드(Pink Floyd)의 로저 워터스(Roger Waters)와 엘튼 존(Elton John)이 따랐기 때문이다.[104]

《빌보드》에서는 마돈나가 아닌 테일러 스위프트(Taylor Swift)가 앞서 있다.[105] 그러나 어떤 수치를 갖고 논하든, 2013년에 여성 음악가들이 거의 대부분의 수입을 올렸다는 사실은 명백하다. 이들의 영향력은 두말할 필요도 없다. 어쨌든 수많은 사람들이 그들의 음악을 듣고 그들의 굿즈를 사며 콘서트에 간다. 이러한 맥락에서 흥미로운 점이 눈에 띈다. 여성 음악가들이 성공을 거둘수록 음악 산업의 경직된 코르셋으로부터 더 많은 자유와 이탈이 가능해진다는 것이다.

한나와 라이엇 걸 운동에 대해 다룬 흥미진진한 다큐멘터리가 있다. 시니 앤더슨이 만든 〈펑크 가수(The Punk Singer)〉(2013)다.

103 "The world's highst-paid musicians 2013"; forbes.com, 19.11.2013.

104 "The world's highst-paid musicians 2012"; forbes.com, 28.11.2012.

105 "Taylor Swift leads Billboards 2014 money makers"; billboard.com, 10.03.2014.

레이디 가가: 이렇게 태어난

레이디 가가는 어느 음악가에도, 특히 어느 여성 음악가에도 견줄 수 없는 대스타다. 비교를 하려 들자면 더 나이가 많은 음악가들을 떠올릴 수밖에 없다. 마이클 잭슨(Michael Jackson)이나 프린스(Prince Rogers Nelson)와 같은. 오늘날 레이디 가가는 그 과장성, 예술성, 그리고 옷 입는 방식에서 고독한 일인자다. 여성 음악가들이 예술적인 경우는 많으나, 인조 속눈썹, 수술한 가슴, 그리고 가발 등으로 자연스러운 아름다움을 추구한다. 레이디 가가는 그렇지 않다. 그는 아름답지 않으며 극단적이다. 그는 성과 성 역할을 유희의 대상으로 삼고, 아름다움에 대한 일반적인 상을 문제 삼는다. 물론 그 역시 높은 구두와 꽉 맞는 옷을 입지만 그것은 사람들의 마음에 들기 위해서라기보다는 분장에 대한 즐거움 때문인 것처럼 보인다. 그리고 솔직히 말하자면, 가가가 2010년 MTV 비디어 어워드에 입고 나왔던 고기로 만든 옷은 섹시하지 않았다. 말하자면…… 살 같았다.

그럼에도 이 가수는 섹시하다. 물론 항상 그렇지는 않으며, 그가 스스로 말하듯이 "브리트니 스피어스와 같은 방식"도 아니다. 〈배드 로맨스(Bad Romance)〉라는 뮤직비디오는 여성을 상품으로 취급하는 음악 산업에 대한 비판을 담았다.

어디에서 가가의 인위적인 캐릭터가 끝나고 실제 인물이 등장하는지 구별하기는 어렵다. 그는 사생활에의 접근을 거의 허락하지 않는데, 예를 들어 2012년 속옷을 입은 사진을 트위터에 올렸을 때 그 밑에 적힌 글은 "폭식증과 거식증, 열다섯 살 때부터"였다. 그리고 혁명('몸 혁명 2013')을 시작할 것이라는 선언이었다. 그렇지 않아도 가가는 규범에 대항하는 쪽이었다. 가가는 퀴어 커뮤니티를 포용하고, 팬들은 그의 "작은 괴물들"이며, 소외된 자들에게 특별한 관심을 갖고 있다.

레이디 가가는 그가 왜, 무엇을 하는지, 그리고 당연히 그것이 어떻게 미디어에 의해 표현되는지도 잘 알고 있다. 많은 것들은 단지 쇼일 뿐이다. 그러나 그것뿐만은 아니다. 한 인터뷰에서 가가는 음악 산업에서의 이중잣대에 대해 아주 정확한, 그리고 지적인 시각을 갖고 있음을 보여 줬다.

> "제가 남자라면, 그리고 여기에 담배를 물고 앉아서 제 사타구니를 움켜쥐고, 음악을 어떻게 만드는지에 대해 이야기한다면, 제가 빠른 자동차를 좋아하고 여자들과 섹스하기를 좋아한다는 이유로 저를 록스타라고 부르겠죠. 하지만 제 음악과 비디오에서 섹스에 대해 노래하면 사람들은 그것이 불편하다고 이야기해요. 제가 여성이고 팝음악을 만들기 때문이죠."[106]

106 www.youtube.com/watch?v=habpdmFSTOo

비욘세: 골든 걸

비욘세는 음악계에서 깨끗한 이미지를 갖고 있다. 그가 속옷을 입지 않고 리무진에서 내린다든가 클럽에서 술에 취해 비틀거리는 모습이 찍힌 사진 같은 것은 없다. 마약과도 거리가 멀다. 그 대신 수많은 1위 앨범과 싱글들, 17개의 그래미상을 보유하고 있으며, 2013년에는 미국 《타임》에서 100인의 영향력 있는 인물에 선정됐다. 게다가 10여 년 전부터 한 남자, 래퍼이자 제작자인 제이 지(Jay Z)와 결혼한 상태이고 딸도 하나 있다. 이렇게 보면 어지러울 정도다. 비욘세는 모든 것을 갖고 있는 것이다. 아름다움, 커리어, 그리고 가정. 그는 데스티니스 차일드에서 부른 노래처럼 '독립적인 여성(Independent Women)'이다. "질문, 이것에 대한 생각을 알려 줘/나를 통제하려 한다면 너랑은 끝이야/난 내 돈으로 즐기고 내 돈으로 지불하지/항상 50:50의 관계야."

다른 한편으로 비욘세는 〈싱글 레이디(Single Ladies)〉에서 전 남자 친구에게 다음과 같이 말했다. 자신이 "그것을" 원한다면 반지를 끼워 줬어야 했을 것이라고. '우리-여자들은-혼자서도-정말-즐거운-시간을-보낼-수-있어'라는 태도는, 좋아하는 남자가 그와 결혼하기를 원치 않기 때문에 여성이 싱글이라는 점을 통해 그 의미가 퇴색된다. 비욘세가 이 노래를 지금도 똑같이 만들까? 알 수 없는 일이다. 왜냐하면 이 스타는 이제 공개적으로 페미니스트임을 선언했기 때문이다. 비욘세는 '비욘세 노울스-카터(Beyoncé Knowles-Carter)'라는 이름으로 "젠더 평등은 신화다"라는 제목의 비판적 글을 《슈라이버 리포트(Shriver Report)》에 발표했다.[107] 그리고 2013년 놀랍게도 온라인으로 출시된 앨범 〈비욘세(Beyonce)〉에서, 치마만다 응고지 아디치에(Chimamanda Ngozi Adichie)의 "우리는 모두 페미니스트가 돼야 합니다"를 샘플링했다. 비욘세는 《GQ》와 이렇게 인터뷰 했다.

> "우리 스스로를 속이지 맙시다. 돈은 남자들에게 쇼를 진행할 권력을 줘요. 돈은 남자들에게 가치를 정할 권력을 주죠. 그들은 무엇이 섹시한지를 결정해요. 그리고 무엇이 여성적인지를 결정하죠. 이건 정말 웃긴 일이지요."[108]

이 정도의 가수가 공개적으로 말한 내용이라기엔 놀랍다. 물론 그가 섹시한 무대와 옷을 성차별과 성 고정관념이라는 비판과 조화시키는 것은 어려운 일이다. 그래도 이런 말은 많이 할수록 좋다.

---

107 "Gender Eauality Is a Myth!"; A Womans Nation Pushes Back From the Brink, auf: shriverreport.org.

108 "Miss Millennium: Beyoncé"; GQ, Februar 2013.

결국 이 가수가 일하는 상황의 조건과 한계—이 경우에는 음악 산업, 그리고 이 흑인 예술가가 어떤 외모를 하고 어떤 공연을 하는지—가 아닌, 비욘세 자체를 비판하는 것은 이상한 일이다. 이 한계 내에서, 비욘세는 모든 것을 이뤘다. 자신을 주류에 맞춘 것은 성공을 위해 가장 좋은 결정이었다. 그리고 동등권에 대한 그의 견해가 보여 주듯이, 그 결정을 통해 스스로가 불편해질 수 있는 위치에 다다랐다. 마일리 사이러스(Miley Cyrus)의 경우에는 그렇지 않다. 그는 동등권에 대한 견해를 말한 적이 없다. 그러나 너무 많은 말을 했다.

마일리 사이러스: 남자처럼

2013년의 MTV 비디오 뮤직 어워드가 끝난 뒤, 나는 오전 시간 전체를 마일리 사이러스의 공연 동영상과 함께 보냈다. 금세 누군가가 죽게 되지만 그럼에도 마비된 것처럼 계속 쳐다보게 되는 공포영화처럼. 예외 없이 흑인 댄서들이 인형처럼 취급받고 있는 동안 그는 딱 붙는 옷을 입고 계속해서 혀를 날름거리며 무대에서 춤을 췄으며 엉덩이를 이리저리 흔들거나 듀엣을 하는 로빈 시크(Robin Thicke)의 몸에 문질러 댔다. 아, 그리고 마일리는 가끔 아주 외설

주이 데샤넬

Zooey Deschanel

미국 배우이자
제작자이며 음악가
(1980~)

"여자들은 간혹 모두에게 한 자리만 부여돼 있는 것처럼 경쟁하기도 한다. 하지만 그렇지 않다. 우리는 같이 연대해야 하며, 삶에는 남자들의 마음에 드는 일보다 더 많은 것들이 있다는 사실을 인식해야 한다."

페미니즘에 기여한 점

영화에서 '매닉 픽시 드림 걸'을 완벽히 체현해 냈다. 꼬치꼬치 따지는 남자들에게 인생이 얼마나 아름다울 수 있는지를 보여 주는 열정적인 여성 캐릭터다. 물론 실제 삶에서도 많은 일을 하고 있다. 제작자로 참여한 코미디 시리즈 〈뉴 걸〉이 많은 인기를 얻었으며, M. 워드와 함께 '그녀와 그(She&Him)'라는 듀오로 음악 활동을 한다. 팔랑거리는 치마를 입고 귀여운 리본을 머리에 달고 다니면서도 진지하게 받아들여지기를 원한다.

성과 피부색의 교차(교차성)에 관심이 있다면 타마라 윈프리 해리스의 사이트 www.tamarawinfreyharris를 들여다보는 것이 좋다. rachcalicious.com이라는 사이트도 있다.

적으로 엄청나게 커다란 스폰지 장갑을 끼고 자신을 더듬었다. 이는 그에게 성적인 만족감을 준 것처럼 보였다. 미디어의 반응은 이구동성이었다. 어떻게 스무 살짜리가 그런 공연을 할 수 있나? 그러나 마일리는 쇼비즈니스가 어떻게 돌아가는지 간단하게 이해했을 뿐이다. 섹스는 팔린다. 옷을 적게 입고 외설적으로 춤추는 여성들은 대개 지루한 하품 이상의 가치가 없다. 마일리 사이러스는 성공적인 음악가가 하는 일을 했을 뿐이다. 그는 여성들은 부속품으로 취급했고 자신을 뽐냈으며 성적인 우월함을 보여줬다. 그는 남자처럼 행동했고, 이 행위는 많은 사람들에게 물의를 불러일으켰다. 사이러스는 그 공연을 위해 로빈 시크를 무대 위로 불렀는데, 그는 어쨌든 2013년 여름의 히트곡을 부른 가수다. 그 반대가 아니라.

뿐만 아니라 이제까지 수천 번 불린 가사를 예외적으로 여성이 불렀다는 것은 멋진 역설적 파괴 행위였다. "좋아, 이제 그는 가까워졌고 너를 길들이려 할 거야. 하지만 너는 동물이야. 이봐, 그건 너의 본성이야." 시크는 이 순간 아이스크림 가게 점원 옷을 입은 친절한 삼촌처럼 보였기 때문에 누구도 그 속에 짐승이 숨어 있을 거라고는 상상할 수 없었다. 그리고 마일리가 황금빛의 비키니 의상으로 이리저리 뛰어다녔던 반면, 시크는 완벽하게 옷을 입고 노래를 불렀음에도 여기에서 누가 누구를 이용하는지는 명백했다.

마일리는 젊기만 한 것이 아니라 디즈니 스타였다. 그럼에도 그는 그가 어떠한지, 또는 무엇을 좋아하는지에 대해 사과하지 않는다. 그는 동료인 테일러 스위프트(Taylor Swift)나 셀레나 고메즈(Selena Gomez)처럼 순수하게 섹시하기를 거부한다. 마일리는 귀엽지 않고 성적으로 적극적이다. 그는 공격하고 통제한다. 그로써 그는 소위 "나쁜 여자들"이 해도 되는 일의 경계를 뛰어넘는다. 핑크가 "나는 문제가 있어"라고 해도 그 노래는 여전히 춤을 출 수 있는 착한 곡이고 리아나가 SM을 선호한다고 고백했을 때도 사람들은 그것을 섹시하다고 봤다. 그러나 브리트니 스피어스가 머리를 밀었을 때는, 미친 잡년이라는 소리가 나왔다. 나쁜 여자가 되는 것은 좋으나 사람들의 기대를 벗어나지 않았을 때만이 가능하다는 말이다. 잘못한 일은 속죄해야 하고 눈물로 하는 사과와 용서를 비는 것은 그에 적합한 행위이다. 그러나 마일리 사이러스는 대중을 말없이 뒤로 물러서게 만들었다.

랩 음악: 성차별의 선두

VMA 공연에 대한 비판은 위선적이었다. 뮤직비디오 중 84퍼센트에서 여성들이 명백히 성화된 방식으로 춤을 추기 때문이

들을 만한 것들

귀를 위한 페미니즘

피치스
(Peaches)

1966

이 캐나다 여성의 콘서트는 펑크와 섹스쇼의 거친 혼합물이다. 모든 가능한 조합의 섹스는 피치스가 가장 좋아하는 주제다.

애니 디 프랑코
(Ani di Franco)

1970

가수이자 기타리스트, 정치적인 예술가로 뉴욕의 간판스타이다. 자신의 음반 회사 라이터스 베이브 레코드를 아주 성공적으로 이끌고 있다.

태건 앤드 세라
(Tagan and Sara)

1980

캐나다 출신의 이 레즈비언 쌍둥이 자매는 독일에서 〈백 인 유어 헤드(Back in Your Head)〉라는 노래로 알려졌다. 그들은 스스로를 '열정적인 페미니스트'라고 부른다.

저넬 모네이
(Janelle Monáe)

1985

이 미국의 소울 및 펑크 가수는 대부분 정장을 입고 무대에 선다. 그가 가진 제2의 자아는 신디 메이웨더(Cindi Mayweather)라는 안드로이드다.

더 나이프
(The Knife)

1999

스웨덴의 자매 카린 드레이예르 안데르손(Karin Dreijer Andersson)과 올로프 드레이예르(Olof Dreijer)는 자신들을 외부에 드러내기 꺼려 하며 오랫동안 마스크를 쓰고 음악 산업의 피상성에 항의해 왔다. 카린 드레이예르 안데르손은 솔로 프로젝트 음반 〈페버 레이(Fever Ray)〉를 내놓기도 했다.

다.[109] 그에 대한 분노의 폭풍이 나를 비켜 갔음이 분명하다. 랩 음악에서는 여성들이 대상화된다. 외설적으로 옷을 조금만 입고 가수나 그의 자동차에서 편하게 구르는 뮤직비디오뿐만 아니라, 가사에서도 그러하다. 〈바운드 2(Bound 2)〉(2013)에서 카니예 웨스트(Kanye West)는 "나는 싱크대 위에서 너와 격렬하게 섹스를 하고 싶어/그러고 난 뒤 너에게 마실 것을 줄 거야/뒤로 물러서, 정액이 밍크에 닿지 않게"라고 했다. 그리고 베를린의 래퍼 사이도(Sido)는 깨끗한 이미지를 만들기 전에 다음과 같은 랩을 했다. "에바, 자클린과 함께 물침대 위에서 기었지/그들은 무릎을 꿇고 뭔가를 얻고자 했어/우리가 호주머니에서 돈다발을 꺼내자/베를린의 모든 여자들은 금세 젖꼭지가 딱딱해졌어."

물론 모든 랩 가사가 이런 것은 아니며 래퍼라고 해서 자동적으로 성차별자인 것은 아니다. 그럼에도 랩은 대개 성차별적일 뿐만 아니라 동성애 혐오적이기도 하다. 환영할 만한 예외로 양성애자인 앤젤 헤이즈(Angel Haze, 1991~)가 있다. 그는 잔인할 정도로 솔직하게 학대와 아우팅에 대한 경험을 랩에 담는다. BBC의 설문 조사 '2013년의 사운드'에 따르면, 음악계에서 성공할 수 있는 예술가로 불리는 사람들 중 헤이즈가 3위를 차지했다. 그러니 어둠 속에도 빛은 있는 셈이다.

---

109 "The objectification of women in mass media: female self-image in misogynist culture"; *The New York Sociologist*, 5/2010.

다른 음악 장르: '가슴거리가 되다'

가수 어맨다 파머(Amanda Palmer, 1976~)는 자신이 가진 무기로 유머러스하게 성차별을 때려 부수는 데 성공했다. 2013년 글래스턴베리 페스티벌에서 그의 브래지어가 벗겨져 가슴이 노출됐던 것이다. 《데일리 메일(Daily Mail)》은 "가슴거리가 되다!(Making a boob of herself!)"[웃음거리가 되다(Making a fool of oneself)의 변형]라는 제목을 달아 남의 불행을 기뻐했고 웹사이트에 사진뿐 아니라 동영상까지 공개했다. 파머는 그에 답변하는 동영상을 만들어 직접적으로 이 신문에 대고 말했다.

> "친애하는 데일리 메일. 당신들이 친절하게도 내 무대에 대해 언급해 줬다고 들었습니다. 나는 그 무대에서 여러 가지를 했고 노래도 불렀죠. [……] 하지만 당신들은 그 사실을 무시하고 내 가슴에 대한 비평만 했군요."[110]

파머는 《데일리 메일》이 그의 가슴을 구글에서 검색해 보기만 했어도 그 사진이 별다른 것이 아님을 알았을 것이라고 했다. 그리고 그 말을 강조하기 위해 그는 동영상에서 입고 있던 기모노를 벗고 나체로 서 있었다. 성차별에 가운뎃손가락을 들이대는 데 이보다 더 효과적이고 재미있는 방식은 없을 것이다.

---

110 www.amandapalmer.net/blog/20130713

일렉트로닉 음악에서의 여성

댄스 플로어에는 여성들이 많이 보이지만 턴테이블 뒤에서는 그렇지 않다.

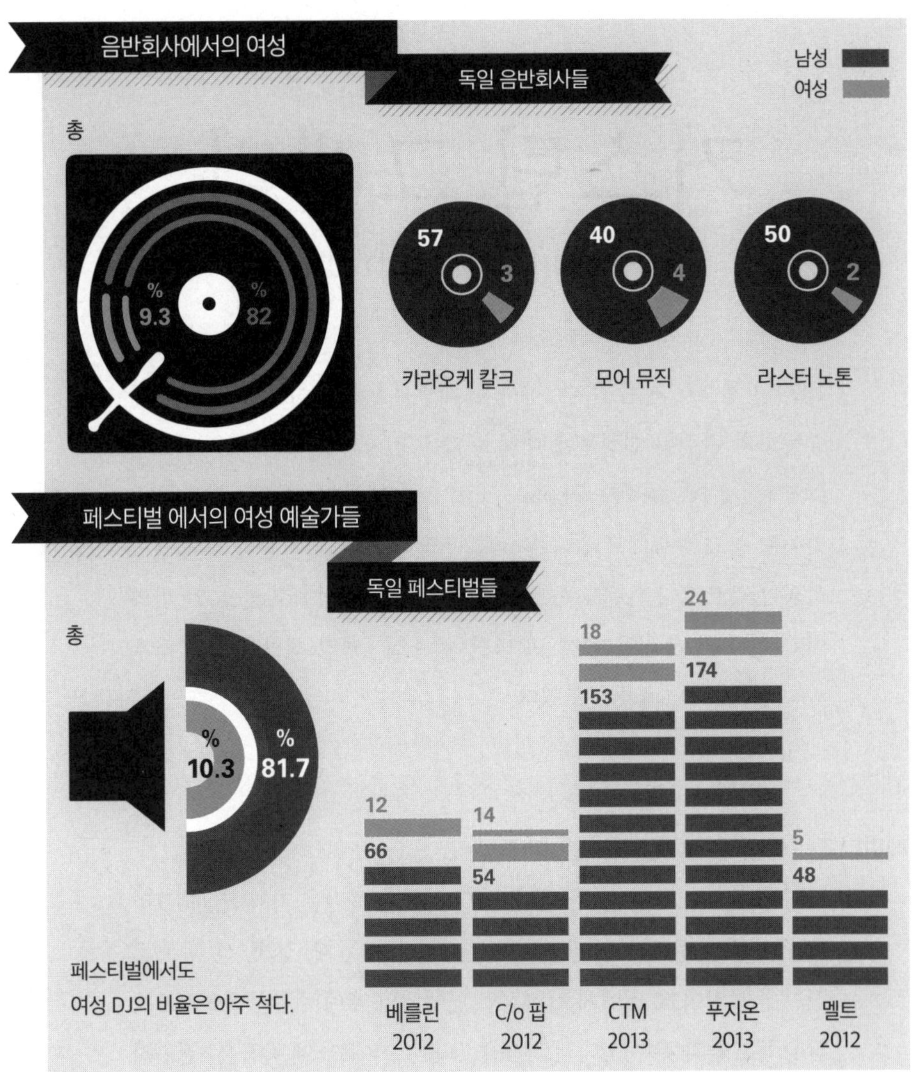

Femalepressure, 2013.

페미니즘에 대한
다섯 가지 질문

커스틴 그레더

Kerstin Grether

1979년 생으로 작가, 가수, 작사가, 대중문화 기자이자 활동가다. 대중문화와 관련된 현상들에 대해 수많은 기사와 다양한 책을 썼으며 [그중에는 《달콤한 그대들(Zuckerbabys)》도 있다] 2013년부터는 공동 설립한 송라이팅 학교 송슈테르케(Songstärke)를 운영하고 있다. 쌍둥이 자매 샌드라와 일렉트로닉 록밴드 독토렐라(Doctorella)를 결성했고 블로그 〈밤의 여자 친구들〉에 글을 쓴다. 2014년 새 소설 《빨간 신발을 위한 하루(Freundinnen der Nacht)》를 선보였다.

페미니즘은 당신에게 어떤 의미입니까?

여성과 남성, 그리고 모든 젠더가 100퍼센트 똑같은 기회, 권력, 그리고 의무를 가지는 것을 말합니다. 직업, 외모, 관계, 경제, 성 등 모든 견지에서 말이죠. 저에게 직업적인 면에서의 페미니즘은 예술가로서 남성 동료들과 같은 잣대의 적용을 받는 것이에요. 제 작품은 “전형적으로 여성적인” 특성을 가진 것으로 폄하될 수 없습니다. 저는 사회소설을 쓰지 “여성의 삶에서 본 주관적 경험담”을 쓰는 게 아니거든요.

당신의 결정적인 페미니즘적 순간은 어떤 것이었나요?

여섯 살 때부터 모든 종류의 음악 잡지를 읽기 시작했어요. 그리고 여덟, 아홉 살 때는 여자아이들과 여성들이 히스테릭한 팬, 비굴한 그루피나 외모에 집착하는 가수들이 되는 경우가 있다는 사실과 그들이 자립적인 예술가도, 스스로 정한 재능이 있는 것도 아니라는 사실을 알게 됐습니다. 저는 이러한 상황을 어떻게든 바꾸기 위해 음악과 음악가들의 다채로운 면에 대해 진지하게 글을 쓰기 시작했어요. 그러다가 여성의 이름으로 쓰인 기사의 경우 남성이 쓴 기사와는 다르게 읽힌다는 사실을 알게 됐습니다. “매력적으로 쓴 글”, “주관적인”, “팬 수준” 등의 평가가 그 대가로 주어졌죠. 직업을 떠나서 저는 제 가족 내에서 부모님이 이혼한 뒤로 남성들은 더욱 부유해지고 여성들은 더 가난해진다는 사실을 알게 됐어요. 열두세 살 때는 우리 어머니의 여자 친구들과 지인들 그리고 서른이 넘은 여성들이 얼마나 불행한지에 대해 알고 놀랐고요. 그리고 그들의 문제가 무엇인지에 대해 생각했습니다. 왜 그들은 자신의 삶을 저렇게 억압된 모습으로 살고 있을까? 그들은 모두 “놓쳐 버린 삶”에 대해 이야기했어요. 저는 페미니스트들이 절망한 여성들이 아니라 남성이 지배하는 세상에서 여성의 역할을 충분히 반영하는 데 “실패한” 여성들이라고 생각하게 됐죠. 저는 페미니즘을 로큰롤과 같은 방식으로 "자유"와 등치시켰습니다. 제 욕구를 실현하면 저는 페미니스트가 되는 거예요. 그 반대는 성립하지 않죠. 제 세대에서의 대부분의 사람들처럼요.

실제 또는 허구의 롤모델이 있나요? 누구입니까?

트레이시 손(Tracey Thorn)은 음악계에서 남편을 도우면서도 페미니즘을 지지한다는 이유에서 나의 롤모델입니다. 자디 스미스(Zadie Smith)는 획기적인 이야기와 간결하게 말하는 방식 때문에, 잉게보르크 바흐만(Ingeborg Bachmann)은 말할 수 없이 대단한 "죽음의 종류 프로젝트" 때문에 롤모델입니다. 데보라 해리(Deborah Harry)는 무대에 등장할 때와 음악 모두에서, 그 아름다움과 섹시함 속에 자유의 정신과 따뜻함을 갖고 있어요. 이름가르트 코인(Irmgard Keun)은 독일의 첫 번째 여성 대중문학 작가인데 당시대의 동성애적이고 반항적인 여성들을 시적으로 묘사했죠. 스티비 슈미델(Stevie Schmiedel)은 뷰티 산업과 광고 산업에 극단적인 감정을 드러낸 대담한 행동 때문에 그렇고요. 제 쌍둥이 자매 샌드라 그레더(Sandra Grether)는 한마디로 모든 것에 대해, 그리고 제 어머니는 정신병을 유머러스하게 받아들이고 이혼 뒤 새로운 삶을 꾸려 가는 힘 때문에 제 롤모델입니다. 그리고 빠뜨릴 수 없는 사람은 제 할머니예요. 할머니는 여성 참정권을 위해 싸운 분이세요. 다행스럽게도 같은 생각을 가진 남자와 결혼해서 이제 아흔네 살이 되셨죠.

오늘날 페미니즘에서 가장 큰 과제는 무엇인가요?

다양한 계층과 상황에 있는 모든 여성, 그리고 남성들로 하여금 세상이 다르게 돌아갈 수도 있다는 의식을 갖게 하는 것입니다. 클리셰를 무너뜨리는 거죠! 우리 사회 속의 성차별적이고 인종차별적인 이중 도덕을 문제 삼는 거예요. 자발성이라는 개념에 의문을 제기하는 것이고요. 예를 들어 제 몸무게를 저체중으로 유지해야 한다고 생각한다면, 자신의 미적 기준을 "자발적으로" 설정했다고 자신을 속여요. 하지만 사람들에게는 그들을 둘러싸고 있는 문화가 각인돼 있죠. 그래서 이 기준이 특히 패션 잡지, 디자이너 옷, 미디어, 광고, 그리고 그로부터 나온 여성들 간의 경쟁으로부터 만들어진다는 사실을 거듭 분명히 해야 해요. 카페에서 나를 보며 웃는 케이크 한 조각을 먹지 않는 것은 얼마나 "자발적"인가? 네 살짜리 소녀가 분명하게 여성적 존재임을 강조하는 분홍색 원피스를 입는 것은 얼마나 "자발적"인가? 페미니즘이 금지와 제한을 뜻하는 것이라고 설득당해서는 안 됩니다. 페미니즘은 자유를 위한 싸움이지 경직성이 아니에요.

젊은 페미니스트들에게 하고 싶은 말이 있다면?

뇌와 엉덩이 사이에서 하나를 결정하지 마세요. 내부의 목소리와 가슴을 믿으세요. 이성적이고 작아지기보다는 열정적이고 거대해지세요. 다른 사람에게 맞는 목표나 과제를 정하지 말고 자신만의 목표를 찾아내세요. 아, 그리고 가장 중요한 것은, 행동하는 데 있어 경쟁 원칙을 무력화시키세요. 예쁜 여성이 당신의 잡지 편집부에서 편집자나 디자이너로 일하기 원한다면, 지원해 주세요. 다른 여성들도 참여하게 하세요! 연대하지 않는다면 우리는 폐업해야 해요. 어떤 의지도 소용이 없습니다. 다른 여성들과의 연대는 처음에 단점이 보이더라도 해야 하는 일입니다. 하지만 위안이 되는 점이 있다면, 연대를 통한 행동은 아름답다는 것입니다. 마음의 아름다움은 훔칠 수 없는 것이죠!

숀다 라임스

Shonda Rhimes

미국 시나리오 작가, 제작자
(1970~)

"TV에 나오는 대부분의 여성은 우리가 아는 사람들처럼 보이지 않습니다. 그들은 '여성이란 어떠한가'에 대한 상상처럼 느껴집니다."

페미니즘에 기여한 점

미국에서 권위 있는 TV 제작자로 통한다. 미국 TV에서 여성이나 흑인을 가시적으로 만든다. 예를 들어 그의 히트 드라마 〈그레이 아나토미(Grey's Anatomy)〉나 [케리 워싱턴(Kerry Washington)이 주인공인] 〈스캔들(Scandal)〉의 경우처럼. 이 복합적인 드라마들이 "여성 TV"로 비웃음거리가 되지 않도록 한다. 커다란 결함, 복잡한 친구관계, 그리고 특이한 행동을 하는 여성 캐릭터—그들을 더 매력적으로 보이도록 하는—를 만들어 낸다.

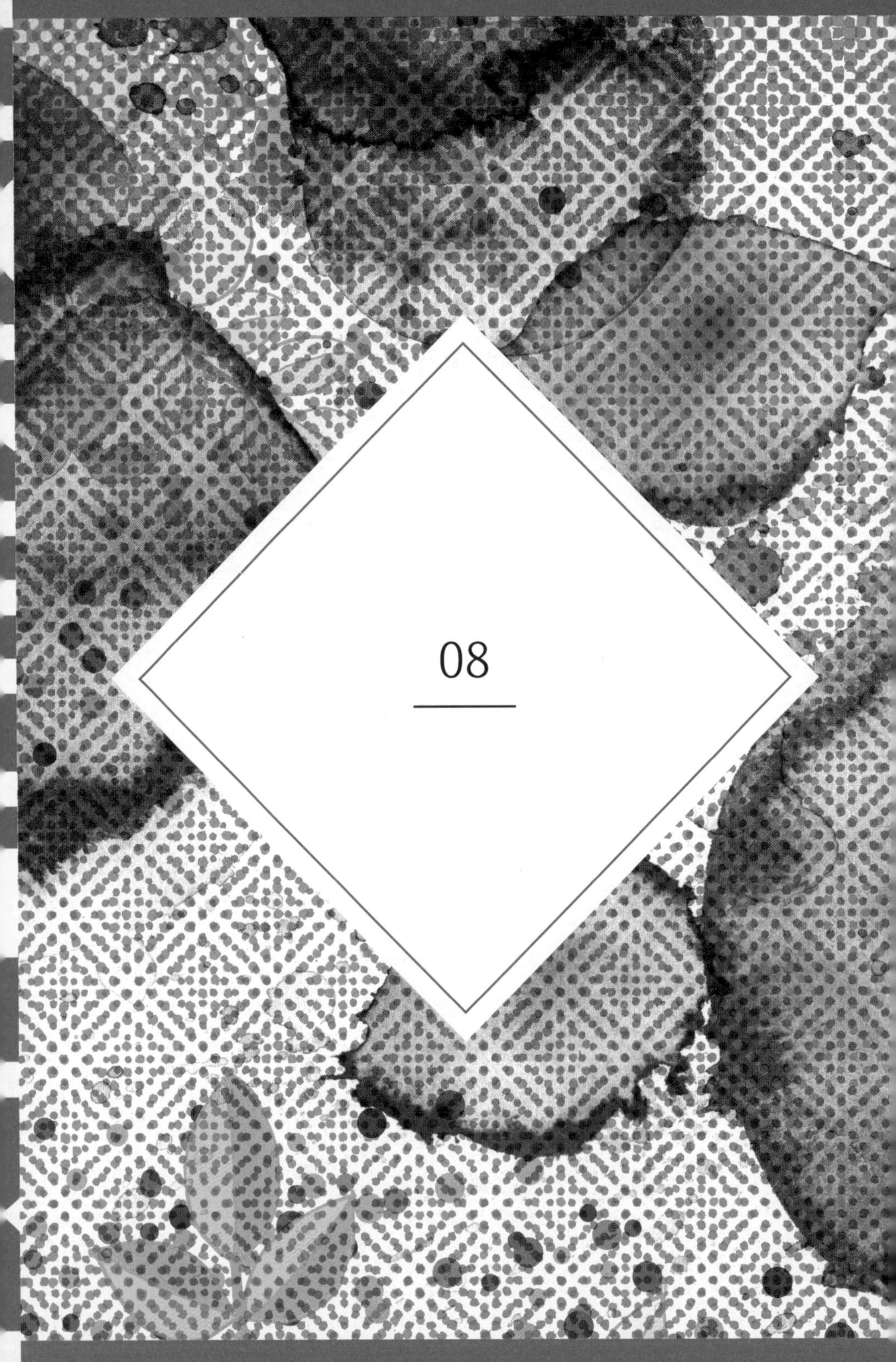

08

이제 실전으로!

당신은 이제 준비가 됐다. 당신은 페미니즘의 미로에서 낯선 용어와 편견 사이를 지나며 싸워 왔다. 페미니즘적인 행동이 얼마나 많이 요구되는지를 읽었고, 그 과정에서 영감을 주는 사람들을 많이 만났다. 당신은 아마도 페미니즘이 스스로에게 무엇을 의미하는지를 알게 됐을 것이다. 그리고 이제는? 페미니즘 환영위원회가 "페미니스트는 이렇게 생겼다" 티셔츠를 당신 손에 쥐여 주며 행동으로 이끌게 될까? 아, 그렇지는 않다. 그렇다면 무엇이 기다리고 있을까?

새롭게 얻은 지식을 페미니즘적 일상에서의 힘으로 바꾸어 나가는 것이다. 페미니즘적으로 행동하기 위해 할 수 있는 일들은 많다. 항상 거대한 운동을 해야 하는 것은 아니다.(물론 할 수는 있다.) 페미니즘은 하나의 태도다. 이를 일상에서가 아니라면 어디에서 보여 줄 것인가? 나에게는 글쓰기가 가장 중요한 페미니즘적 표현방식이다. 나는 분석하고, 관련성을 찾아내기를 즐긴다. 말하자면 의사 표명하기를 좋아한다.

최선을 고르고 나머지는 놔두어라. 당신이 할 수 있는 일을 찾아내고 그것을 기반으로 하면 된다. 여기, 당신의 일상을 위한 몇 가지 아이디어가 있다.

탁월한 페미니즘 아이디어 열두 가지

1

페미니즘에 대해서 말하기

좋다. 일단은 간단해 보인다. 하지만 그렇게 간단하지 않다. 사람들에게 편견이 있기 때문이다. "아니야, 하지만……" 전술(2장을 보라)은 페미니즘과 그에 대한 의사 표명을 피하는 데 도움이 되지 않는다. 페미니즘에 대해 누군가가 이야기해 주지 않는다면, 주변의 누구도 페미니즘이 듣던 만큼 나쁜 것이 아니라는 사실을 알지 못하게 될 것이다. 바로 당신으로부터 말이다. 일상을 비판적으로 바라보는 방법을 한번 배운 사람은 페미니즘과 페미니즘적 주제를 다양한 상황에서 이야기하기 쉬워진다.

2

스스로의 행동에 대해 자문해 보기

다른 사람들 비판하는 것은 (너무) 쉬운 경우가 많다. 그러나 우리 스스로의 행동에 대해 자문해 보는 것은 그렇지 않다. 바로 이것이 진정한 변화를 이루어내는 방법이다. 변화는 우리 스스로로부터 시작하는 것이기 때문이다. 당신은 당신의 학교, 대학, 또는 거리에서 한 여성이 "난잡하게" 차려입었다고 지인들과 같이 흉보는 것을 얼마나 자주 알아차리는가? 또는 당신의 남성 친구가 책장을 들고 계단을 오르지 못했을 때 그것을 남자답지 못하다고 생각하지는 않는가? 당신 스스로가 특정한 행동양식을 배양하는 데 거리낌이 없다면 다른 사람들이라고 왜 그러라는 법이 없겠는가?

3

성차별을 주제화하고 다른 사람들에게 의무를 지우기

당신은 두 명의 동료가 다른 한 사람의 흉을 보는 것을 알게 됐는가? 짧은 머리를 한 여성이라는 이유로 "호전적인 레즈비언"이라고 부르는? 또는 남성 친구가 성차별적 농담을 한다면? 개입하라! 당신이 이런저런 멍청한 말들에 귀를 기울일 것이라고 공언하라. 어떤 사람들의 경우에는 납득시키기가 어렵다. 그러나 문제는 많은 사람들이 그들 자신이 멍청하게 행동한다는 것을 전혀 모르고 있다는 사실이다. 무지로 인해, 무시하기 때문에, 그리고 어찌 됐건 간에. 잘못하고 있다는 것을 누구도 지적하지 않는다면, 그들의 행동은 변하지 않을 것이다.

롤모델 찾기

롤모델이 있는가? 우러러보고, 한마디로 멋지다고 생각하는 사람 말이다. 나는 롤모델이 많다. 실제의 사람일 경우도 있고 책이나 이야기에 나오는 인물일 경우도 있다. 롤모델은 다양한 목적을 이룰 수 있게 한다. 그들은 동기를 부여하고("그 사람이 할 수 있는 일은 나도 하고 싶어!"), 위로하고("그에게도 모든 것이 순조롭게 돌아가지는 않았어"), 그리고 영감을 준다("와, 이런 것은 나도 할 수 있을 거야!") 롤모델은 어디에서나 만날 수 있다. 항상 강한 질문을 하고 교수에게 기로써 밀리지 않는 동료 학생, 전형성을 탈피해 자신만의 것을 만드는 가수, 배우자와 육아를 분담하는 아빠, 원하는 것을 얻기 위해 멋진 갑옷을 입은 기사가 필요치 않은 소설의 히로인, 롤모델을 갖는다는 것은 그 사람과 똑같이 되는 것을 뜻하지 않는다. 그보다는, 한 사람이나 캐릭터를 두고 그렇게 마음에 드는 특성이 무엇인가를 생각해 보는 걸 뜻한다. 그리고 스스로가 어떻게 이 긍정적인 면을 어떻게 자신의 것으로 만들지에 대해 알아내는 것이다.

5 롤모델 되기

수없이 CD가 많이 팔린 팝스타나 수많은 사람들이 본 영화에 나온 배우가 갑자기 자기는 롤모델이 되기를 원하지 않는다고 말하는 게 나에게는 손에 꼽을 정도로 불쾌한 일이다. 말하자면 인터뷰에서 이런 식이다. "저는 제 일을 할 뿐이에요. 저는 롤모델이 아닙니다. 저는 저이고 다른 사람이 해야 하는 일의 표본이 되고 싶지는 않아요." 우리가 원하든 그렇지 않든 간에 다른 사람들은 우리가 어떻게 행동하고 말하는지를 안다. 이는 어떤 사람이 롤모델이 되기 위해 시종일관 완벽해야 함을 뜻하는 게 아니다. 또는 슈퍼스타가 돼야 함을 뜻하지도 않는다. 이는 한 가지 일에 대해 책임을 지고 자부심을 갖고 부끄러워하지 않는다는 것을 뜻한다.

6 정보 얻기

페미니즘 블로그, 책, 그리고 잡지를 읽어라. 페미니즘에 대한 동영상을 보거나 팟캐스트를 들어라. 어떤 주제에 관심이 가는지를 스스로 찾아라. 전혀 모르던 것에 대해 경험하고 싶지 않은가? 어떤 사람을 흥미진진하다고 생각하는가? 정보는 많이 있다. 그리고 반대 입장에 귀 기울이고 페미니즘을 거부하는 사람들의 논점을 아는 것은 의미가 있다. 왜냐하면, 우리 자신의 논지를 강화하고 입장을 분명히 하는 데 도움을 주기 때문이다.

7 창조적으로 되기

우리 모두는 일을 촉진시키고 동기를 부여하기 위해 때때로 영감을 얻어야 한다. 페미니즘적인 영감에는 많은 것이 있을 수 있다. 여성 정치인의 말, 멋진 사진, 용기를 주는 인용구나 영화. 또는 아주 다른 것도 있을 수 있다. 짜증나거나 무력해지거나 무의미하다고 느껴질 때, 영감을 주는 이것들을 모아서 잘 들여다보라. 정말로 도움이 될 것이다!

여성들을 끌어들이기

많은 분야에서 여성들은 그 수가 적다. 조직의 상부나 정치에서뿐만이 아니다. 대학에서도 세미나나 강의를 위한 책은 거의 남성 저자들의 것이다. 마치 여성이 할 말이 없는 것처럼 말이다! 그렇다면 무엇을 해야 할까? 여성들에게 더 많은 자리를 만들어 주자! 예를 들어 세미나 강사에게 여성 저자들의 책을 보충하자고 건의를 할 수 있다. 또는 발표를 할 때 동등권에 대한 주제를 고를 수도 있다. 나의 경험에 의하면, 대부분의 강사와 교수들은 적극적으로 참여하는 걸 좋게 생각한다.

관여하기

안타깝지만 사실은 이렇다. 인터넷의 글들, 특히 페미니즘 주제와 연관된 것들에는 부정적인 댓글이 달리는 경우가 많다. 그 글의 수준이 얼마나 떨어지는지, 작가들이 얼마나 능력이 부족한지에 대해 말이다. 놀랄 일은 아니다. 우리는 좋게 평가하는 글에 대해서는 고개를 끄덕이며 동감하고 기뻐하며…… 계속 클릭을 한다. 그러나 좋지 않게 생각하거나 주장에 대해 동의하지 않는다면 키보드를 눌러 댓글을 남길 가능성이 더 크다. 블로그만 봐도 특정한 독자들의 집단이 형성돼 있고 논쟁 역시 일면적으로 흐르는 경우가 많다. 결국 댓글, 댓글, 댓글을 달아야 하는 것이다. 글이 말하는 바에 동의하든 그렇지 않든 간에. 물론 양자의 경우 모두 감정을 담지 않아야 한다. 큰 규모의 미디어에는 독자 편지를 쓰는 것도 도움이 된다.

10 소셜 미디어를 이용하기

왜 페이스북을 재미있는 동물 동영상을 올리거나 "우와, 지난밤에서 아직 벗어나지 못하고 있어"와 같이 상태를 알리기 위한 용도 이외의 것으로 쓰지 않는가? 당신은 거식증에 관한 흥미로운 글을 읽은 적이 있는가? 포르노 섹스와 실제 섹스의 차이를 식품을 통해 표현한 동영상을 본 적이 있는가? 그렇다면 공유하라! 나는 기대하지 않았던 사람들이 내가 페이스북에 올린 링크를 좋아하고 심지어 댓글을 달고 공유하는 것에 대해 놀라워한다.

이 동영상은 실재한다. "포르노 섹스 대 실제 섹스: 음식으로 설명한 차이점".

주변에서 생각이 같은 사람 찾기

큰 도시에는 페미니즘 방향성을 가진 집단과 조직이 항상 존재한다. 다른 멋진 페미니스트들을 어떻게 찾아야 할지 모른다면, 예를 들어 〈여자팀(Mädchenmannschaft)〉과 같은 블로그를 이용하라. 이들은 당신을 도와줄 의향이 충분하기 때문에 당신이 살고 있는 지역에서 페미니즘에 관심이 있는 사람들을 연결시켜 줄 것이다.

12 선거하기

명백히 페미니즘적인 제안은 아니지만, 투표권이 있는 만큼 그것을 이용하라! 이전 세대의 여성들은 참정권을 위해 싸웠다! 어떤 정당도 우리를 대표하는 것처럼 느끼지 않는다는 변명은, 변명일 뿐이다. 누가 당신의 지역에서 출마하고 어떤 입장을 갖고 있는지를 알아내는 것은 어렵지 않은 일이다(abgeordnetenwatch.de에서 볼 수 있다). 정당들은 우리를 완벽히 대표하지 않고 그럴 수도 없다. 어떤 입장과 주제가 우리에게 특히 중요한가? 우리는 자문해 볼 수 있고 그런 다음에 어떤 정당이 가장 큰 교집합을 갖고 있는지를 살펴볼 수 있다. 사람들이 선거를 많이 하지 않을수록 극단적인 정당들에게 유리하다. 그리고 NPD[독일 국가민주당(Nationaldemokratische Partei Deutschlands)의 약자로 극우 민족주의를 대변하는 정당이며 나치당과 밀접한 연관이 있다—옮긴이]와 기타 등등의 정당들이 진보적인 사람들이나 여성상을 대변하지 않는다는 것은 자명하다.

부록

페미니즘 사전

가부장제

(Patriarchat)

부계에서 나온, 사회적이고 법적인 관계 속에서 조직되는 사회 형태. 남성들은 국가와 가정에서 우대받는 위치를 차지한다. 페미니즘 용어에서 이 개념은 규범과 권력관계가 남성적으로 구성된 사회를 비판하기 위해 사용되는 경우가 많다.

가해자-피해자-전환

(Täter-Opfer-Umkehr / Victim Blaming)

성적인 폭력의 피해자, 주로 여성들이 예를 들어 짧은 치마를 입어서 가해자를 행동하게끔 유도했다는 이유로 사건에 일부 책임이 있다고 여기는 현상.

강간 문화

(Rape Culture)

많은 여성들에게 성폭력이 일상이 됐으나 경시되고 무시되거나 용인이 되는 사회를 일컫는다. 지배적인 편견과 고정관념은 피해자에게 죄를 돌리고 가해자를 보호한다.(cf. 가해자-피해자-도치)

교차성

(Intersektionalität / Intersectionality)

교차성은 페미니즘 내부에서의 비판에 대한 답으로, 다양한 차별의 형태(성차별, 인종차별, 동성애 혐오……)가 어떻게 한 사람 속에서 교차하고 있는가를 연구한다. 한 개인은 다양한 형태의 차별에 의한 피해자가 될 수 있다. 예를 들자면 피부색이나 성적 지향성으로 인해서.

남권운동가

[Männerrechtler / Men's Rights Activists (Men's Rights Movement)]

이들의 특징은 명백한 반페미니스트라는 점이다. 극히 단순화된 페미니즘 상에 근거하고 있다. 남성을 적대시하거나 혐오하는 페미니즘만 있다는 입장이다. 남권운동가들은 페미니즘이 독일의 민주주의적 기관에 영향을 미치고 있으며 미디어와 법원까지 통제하고 있다고 믿는다. 그들은 특히 젠더 개념을 거부하며 대신 성차를 강조한다. 남권운동가들은 페미니즘이 있지도 않은 여성의 불이익을 만들어 냈으며, 남성들을 이 거짓된 불이익의 책임자로 만든다고 주장한다. 남권운동계의 활동가들은 스스로를 남성주의자라고 칭한다. 그러나 남성주의는 페미니즘 이론에서 나온 개념이며 남성성의 극단적 발현, 즉 여성에 대한 남성의 지배라는 이데올로기다.

남성적 특권

(Männliches Privileg / Male Privilege)

남성은 그들의 성별로 인해 특권을 누릴 수 있다는 이론. 이는 사회적, 경제적, 또는 정치적으로 자연스러운 일일 수 있다. 그러나 한 남성이 이러한 특권으로 얼마나 이득을 얻는지는 인종이나 성적 지향성 등의 다른 요인에 달려 있다.

라이엇 걸 운동

(Riot-Grrrl-Bewegung / Riot-Grrrl-Movement)

영어 'riot(반란)'과 'girl(여자)'에서 나온 말이다. 1990년대 중반 미국 펑크와 하드코어에서 시작된 페미니즘적 언더그라운드 운동이다. 당시 많은 여성들이 여성 적대적인 펑크계에서 목소리를 내거나 자리를 잡지 못한다는 느낌을 받고 있었다. 라이엇 걸스는 '제3의 물결 페미니스트'들로 불리기도 하는데 성, 학대, 그리고 전권에 대한 주제를 이야기한다. 음악뿐 아니라 D.I.Y.,와 진(Zines), 그리고 행동주의를 중심에 놓는다.

마르크스주의적(사회주의적) 페미니즘

[Marxistischer (sozialistischer) Feminismus / Marxist (socialist) Feminism]

페미니즘의 하위 흐름. 독일 철학가 카를 마르크스의 이론과 접목한 페미니즘 이론이다. 자본주의 경제체제와 계급사회에 대한 투쟁, 그리고 이 체제 내에서 여성에게 주어지는 역할(cf. 성 역할)이 전면에 부각된다. 자본주의에서는 여성의 '이중적 사회화'가 전형적인 현상이다. 그들은 보수를 받는 직업노동과 무보수의 가사노동을 모두 감당한다.

모권

(Matriarchat / Matriarchate)

부권(가부장제)의 반대말. 모계에서 나온 사회적이고 법적인 관계 속에서 조직되는 사회적 형태를 말한다. 여성들이 종교와 사회에서 중심적 역할을 담당하는 경우가 많다. 이 개념은 여성이나 어머니들이 정치적 권력을 쥐고 있는 가상적 사회와 연관성이 있다.

반여성주의

(Antifeminismus / Antifeminism)

이론으로서의 페미니즘에도 반대하지만, 성별 간의 대등성을 위해 조직화된 운동에도 반대한다. 반여성주의자들은 여성들의 사회적이고 정치적인 상황이 개선돼야 한다는 필요성을 느끼지 못하며 현재의 상태를 지지하거나 '좋았던 예전'으로 돌아가야 한다고 주장한다.(cf. 남권운동가)

생물학 중심주의

(Biologismus / Biologism)

생물학적인 해석을 다른 분야에도 일방적으로 적용하는 것. 인간의 행동양식과 사회적 상황은 생물학적으로 설명되거나 정당화돼야 한다. 예를 들어 남성과 여성 사이의 차이는 생물학적 요소로 환원되며, 따라서 변화될 수 없는 것으로 규정된다.

서프러제트

(Suffragette)

20세기 초반 미국과 영국의 여권 운동가들이 벌였던, 여성 참정권을 위한 활동.

선택의 자유

(Wahlfreiheit / Freedom of Choice)

페미니즘적 맥락에서 직장과 가정의 통합을 위해 사용되는 개념이다. 아이들을 맡길 수 있는 기회가 충분하고, 엄마가 직장이 있어야 가능하다. 엄마가 직장을 그만두거나 파트타임으로 일하는 경우에는 이 개념이 적용되지 않는다.

성 역할

(Geschlechterrolle / Gener Role)

성 정체성에 따른다. 인간은 대부분 남성과 여성에게 적절하다고 여겨지는 행동을 하게 된다. 이 역할에서 크게 벗어나는 경우 대개 비판적인 시선을 받게 된다.

성 정체성

(Geschlechtsidentität / Gender Identity)

어떤 생물학적 성(cf. 섹스)에 우리가 속해 있는지, 그리고 그것과의 동일시에 대한 (본능적인) 앎.

성적 자기결정권

(Sexuelle Selbstbestimmung / Sexual Self-Determination)

자신의 성성에 대해 결정할 수 있는 권리이다. 여기에는 성적 지향성, 섹스 파트너와 섹스 행위의 자유로운 선택, 관계 양식의 자유로운 선택이 포함되며, 성 정체성의 표현이기도 하다.

성차별

(Sexismus / Sexism)

사람들이—특히 여성들이—그들의 성별에 의해 차별받는 사회적 관계를 뜻한다. 이는 권력관계를 형성하고 보존하기 위한 도구로 사용된다. 성차별은 남성과 여성에게 소위 생물학적 차이에 의해 결정됐다는 행동양식과 능력을 부여한다.(cf. 생물학 중심주의)

섹스

(Sex)

젠더와 달리 생물학적 성을 의미한다.

슬럿 셰이밍

(Slut Shaming)

여성들이 소위 방탕한 성생활을 이유로 폄하된다든가 조소거리가 되는 현상. 종종 고정관념과 신화가 동반된다. 예를 들어 자극적인 옷이 강간을 유도한다든지 하는.

슬럿 워크

(Slutwalk)

강간 문화에 전형적인 가해자-피해자-전환과 강간의 신화에 반대하는 시위. 슬럿 워크는 으레 생각되는 것처럼 섹시하게 입을 권리를 옹호하는 것이 아니다. 모든 사람의 성적 진실성(성적 자기결정권)에 대한 불가침성을 주장한다.

안전 공간

(Safe Space)

여성들이 주류적 고정관념과 배제로부터 보호받아야 하는 영역을 말한다. 예를 들어 페미니즘적 안전 공간에서는 반페미니즘적인 견해를 말하지 못한다. 안전 공간은 실제의 공간일 수도, 가상의 공간(온라인)일 수도 있다.

에코 페미니즘

(Ökofeminismus / Ecofeminism)

차이 페미니즘의 하위 흐름. 성별 간의 차이를 강조하고 그로부터 여성의 장점을 도출해 낸다. 여성의 몸은 아이를 낳는 능력 때문에도 남성의 몸보다 자연에 더 가깝다고 한다.

여성운동

(Frauenbewegung / Women's Movement)

영미권에서는 시기적으로 나뉜다. 첫 번째(19세기와 20세기 초반), 두 번째(1950/60년대), 세 번째(1980년대 후반부터 1990년대까지) 시기에는 모두 당시의 주제와 중점이 있었다. 독일에서는 오래된(19세기와 20세기 초반), 그리고 새로운(1960년대부터) 여성운동이 있다.

여성중심적 페미니즘

(Gynozentrischer Feminismus / Gynocentric Feminism)

차이 페미니즘의 하위 흐름. 여성성의 발견과 인정을 요구한다.

이성애 규범성

(Heteronormativität / Heteronormativity)

남성과 여성 사이의 성(이성애성)이 정상이며 좋은 것이고, 다른 모든 것들은 비판적으로 봐야 하는 일탈이라는, 사회 속에 널리 퍼진 생각. 이성애성은 모든 사람들에게 적용되는 규범이다.

전권

(Ermächtigung / Empowerment)

인간에게 높은 수준의 독립과 자기결정을 가능하게 하는 전략. 목표는 자신의 이해를 스스로 책임지며 주장하는 것이다. 페미니즘적인 용어에서 전권은 특히 자기책임, 자기결정(cf. 성적 자기결정권), 그리고 자율적인 삶의 형성을 뜻한다.

젠더 갭

(Gender Gap)

(사회적) 성별 간의 틈새. 사회학적으로는 성별 간에 확인이 가능한 차이를 뜻한다. 예를 들면 보수에 관련된 젠더 갭을 젠더 페이 갭(Gender Pay Gap)이라고 한다. 언어학적으로는 단어의 남성과 여성적 어미 사이에 밑줄로 채워진 틈을 말한다. 독일어에서 보면 'Schüler[학생(들)]'이라고 적는 대신 'Schüler_innen(학생들)'이라고 하는 것이다. 그래야 두 성별이 모두 명확하게 언명이 된다. 퀴어 이론은 젠더 갭을 내부-I(SchülerInnen)의 대안이라고 생각하는데, 남성과 여성만이 아닌 모든 사회적 성별과 성 정체성이 그 속에 표현돼 있기 때문이다.

(독일어에서 남성 학생은 'Schüler', 여성 학생은 여성형 어미 'in'을 붙여 'Schülerin'이라고 쓴다. 그리고 'Schüler'라는 단어는 복수로 '남성 학생들'을 뜻할 수도 있고 '남성 학생들과 여성 학생들 모두'를 뜻할 수도 있다. 그러나 이는 남성형이 모든 성별을 대표하는 차별적 단어라는 비판을 받았다. 그래서 '여성 학생들과 남성 학생들'을 표현하려면 여성형 복수 어미 'innen'을 붙여서 'Schülerinnen und Schüler'라고 해야 하지만, 복잡하다. 이를 해소하기 위해 통상 사용되는 단어가 'SchülerInnen'으로서, 여성형 어미 'innen'에 대문자 I를 더한 'Innen'을 붙여 여성 학생들과 남성 학생들 모두를 가리킨다. 퀴어 이론에서는 이 역시 비판을 하는데, 남성과 여성의 두 성별만을 인정하는 표현이 되기 때문이다. 따라서 대문자 I를 쓰는 대신 '_'을 집어넣어서 '남성'과 '여성' 사이에 '틈새(gap)'를 만들게 되면 그 사이에 양성 이외의 다른 성도 포함된다는 의미에서 'Schüler_innen'을 쓰자는 주장을 펴고 있다. '_' 대신 '모든 것'을 뜻하는 *를 사용해 Schüler*innen이라고 쓰기도 한다.—옮긴이)

젠더 주류화

(Gender Mainstreaming)

모든 사회적 차원에서 성별의 대등화를 관철시키려는 시도. 특히 성 감수성을 가진 시각으로 사회를 바라보는 것이 중요하다. 그래서 예를 들어 정치적이고 기업 내부적인 일의 진행 과정들이 분석되고 개선돼야 한다. 지배적인 가치와 규범들은 시험대 위에 올라야 하고 성 특수적인 측면에 따라 변화돼야 한다.

젠더

(Gender)

생물학적 성을 뜻하는 섹스와 달리 젠더는 사회적 성을 뜻한다. 이 구분은 성별이 사회적 프로세스의 결과물이라는 인식에 근거한다. 사회, 개인적 환경, 교육, 이 모든 것은 젠더의 발달에 결정적인 영향을 미친다. 여기서 결정적인 것은 사회적 구조다. 그것은 '남성'과 '여성' 같은 범주가 어떻게 만들어지고 평가되는지를 결정한다.

중성적 남성형

(Generisches Maskulinum)

한 사람의 성별을 모르든 중요한 문제가 아니든 남성과 여성 모두를 지칭할 때 쓰는 표현. 이는 성별을 중성화하는, 그리고/혹은 일반화하는 효과를 갖는다. 그러나 사실상 관련된 모든 사람들을 남성으로 만드는데, 이 표현이 거의 대부분 남성—소년과 남성, 집단 혹은 개인 모두—과 동일시되기 때문이다. 여성에 대해서는 더 구체적인 표현이 필요하다. '대학생들(Studenten)' 대신 '남자 대학생들과 여자 대학생들(Studenten und Studentinnen)' 또는 '대학에서 공부하는 사람들(Studierende)'이라고 해야 한다.(cf. 젠더 갭에 있는 옮긴이 주 참조)

진

(Zine)

특정 주제를 중심으로 해서 소규모로 인쇄, 발간되는 잡지. 전통적인 대중매체들이 다루지 않는 주제들을 다룬다. 내용과 외양은 D.I.Y. 식으로 만들어진다. 매체의 성향이 중요하다.

차이 페미니즘

(Differenzfeminismus / Difference Feminism)

평등 페미니즘과 같이 페미니즘의 주요 흐름 중 하나다. 근본적으로 성별 간의 생물학적인 차이에서 출발한다.

퀴어 이론

(Queer Theorie / Queer Theory)

평등 페미니즘의 하위 흐름이다. 성별적이고 성적인 정체성과 규범을 분석하고 다시 성찰하고 해체한다. 여성들의 집단 속에서 차이를 인정하는 것이 중요하다.(cf. 교차성) 그들은 소위 이성애 규범성에 반기를 든다.

탈식민주의 이론

(Postkoloniale Theorien / Postcolonial Theory)

유색 인종 페미니스트들이 제창한 페미니즘의 하위 흐름이다. 그들은 특히 집단적인 여성 정체성(자매)을 반대하며 대신 공동의 역사적 경험, 즉 식민주의를 더 중요하게 생각한다.(cf. 교차성)

페미니즘

(Feminismus / Feminism)

프랑스의 "féminisme"에서 유래했으며, 라틴어 어원은 "femina(여성)"이다. 정치적 운동으로서의 페미니즘은 남성과 여성의 동등권을 위해 진력

하며, 그 과정에서 여성의 욕구를 중요하게 생각한다.(cf. 여성운동) 특히 성별 역할분담에 관한 문제에서 사회적 규범의 근본적인 변화를 추구한다.

평등 페미니즘

(Gleichheitsfeminismus / Equality Feminism)

차이 페미니즘과 더불어 페미니즘의 주요 흐름 중 하나. 양성의 근본적인 동등함에서 출발한다. 즉, 생물학은 아무런 역할을 하지 못하며 행동에서의 차이는 교육과 사회적 조건의 결과다. 그로부터 권력 구조를 극복할 수 있다는 결론이 도출된다. 중심에는 젠더 개념이 있다.

포스트 페미니즘

(Postfeminismus / Postfeminism)

두 가지 서로 다른 대상을 동시에 지칭한다. 그중 하나는 해체주의적 페미니즘이다. 그리고 페미니즘의 종말과 연관지어 사용되는 개념이기도 하다. 포스트페미니스트들은 페미니즘적 입장이 시대에 뒤떨어졌다고 생각함에도, 페미니즘적 용어를 다른 내용에 적용하여 사용하기도 한다. 예를 들어 '해방'을 성형수술을 정당화하는 데 사용하는 식이다.

해방

(Emazipation / Emacipation)

원래는 누군가(당시에는 노예들)를 독립시키는 것을 뜻했다. 그러나 계몽의 과정에서 더 많은 평등 및 자유와 연관 지어졌고, 정치적이고 사회적인 영역에서 스스로를 해방시키는 행위가 됐다. 해방이라는 이 말은, 현재 상태에 대한 비판을 수반할 수밖에 없다. (cf. 전권)

해체주의적 페미니즘

(Dekonstruktivistischer Feminismus / Deconstructive Feminism)

평등 페미니즘의 한 갈래다. 신체적 성별(섹스)과 사회적 성별(젠더) 모두 사회적인 구성물이라고 이해하며, 이로써 "성별"이라는 범주를 전체적으로 거부한다. 해체주의적 페미니즘은 전형적인 양성성 대신 다성성, 즉 다양한 성 역할, 성 정체성, 그리고 성적 지향성을 믿는다.

D.I.Y.

(Do it yourself)

전문가의 도움 없이 무언가를 만들고, 변형시키고, 고치는 일. D.I.Y.로 자유로움을 느낄 수 있다.(그리고 물론 재미도 있다.) 스스로 하는 것을 통해 자신의 힘을 변화하는 데 사용할 수 있기 때문이다.(cf. 라이엇 걸 운동)

LGBT

영어에서 비롯된 약어로 Lesbian, Gay, Bisexual, Trans(레즈비언, 게이, 양성애자, 성전환자)를 뜻한다. 이 개념은 이성애자가 아니고/아니거나 생물학적 성(섹스)과 자신을 동일시할 수 없는 사람을 뜻한다. LGBT는 다양한 성적 지향성과 성 정체성을 표현하기 위해 사용된다. 간혹 Q가 첨가되기도 하는데, 이는 queer 그리고/또는 questioning(확신 없음)을 뜻한다. 혹은 intersexuell(간성)을 뜻하는 I가 추가되기도 하는데, 이는 생물학적으로 남성인지 여성인지 판별할 수 없음을 뜻한다.

참고 문헌 및 웹사이트

참고 문헌

Banyard, Kat(2010): The equality illusion. The truth about men and women today, Bloomsbury, London.

de Beauvoir, Simone(1968): Memoiren einer Tocher aus gutem Hause, Rowohlt Verlag, Reinbek bei Hamburg.

Eismann, Sonja (Hg.)(2007): Hot Topic. Popfeminismus heute, Ventil Verlag, Mainz.

Gebhardt, Miriam(2012): Alice im Niemandsland. Wie die deutsche Frauenbewegung die Frauen verlor, Deutsche Verlags-Anstalt, München.

Haaf, Meredith/Klingner, Susanne/Streidl, Barbara(2008): Wir Alphamädchen. Warum Feminismus das leben schöner macht, Hoffmann und Campe, Hamburg.

Hooks, Bell(2000): Feminism is for everybody. Passionate politics, South End Press, Cambridge MA.

Kaufman, Michael/Kimmel, Michael(2011): The Guy's Guide to Feminism, Seal Press, Berkeley, Kalifornien.

Knapp, Caroline(2006): Hunger, S. Fischer, Frankfurt a. M.

Kullmann, Katja (2003): Generation Ally. Warum es heute so kompliziert ist, eine Frau zu sein, Fischer taschenbuch Verlag, Frankfurt a. M.

Levi, Ariel(2005): Female chauvinist pigs. Women and the rise of raunch culture, Free Press, New york.

Méritt, Laura(2012): Frauenkörper neu gesehen. Ein illustriertes Handbuch, Orlanda Frauenverlag, Berlin.

Moran, Caitlin(2012): How to be a woman. Wie ich lernte, eine Frau zu sein, ullstein Verlag, Berlin.

Penny, Laurie(2012): Fleischmarkt. Weibliche Körper im Kapitalismus, Nautilus Flugschrift, Hamburg.

Schwarzer, Alice(2011): Lebenslauf, Kiepenheuer & Witsch, Köln.

Tarrant, Shira(2009): Men and feminism, Seal Press, Berkeley, Kalifornien.

Walter, Natasha(2011): Living Dolls, Krüger Verlag, Frankfurt a. M.

Wolf, Naomi(1991): Der Mythos Schönheit, Rowohlt Verlag, Reinbek bei Hamburg.

Valenti, Jessica(2007): Full frontal feminism. A young woman's guide to why feminism matters, Seal Press, Berkeley, Kalifornien

Zeilinger, Julie(2012): A little f'd up. Why feminism is not a dirty word, Seal Press, Berkeley, Kalifornien

Zeisler, Andi(2008): Feminism and Pop Culture, Seal Press, Berkeley, Kalifornien.

Zschirnt, Christiane(2009): Wir sind schön. Plädoyer für eine gelassene Weiblichkeit, Goldmann Verlag, München.

소설

Grether, Kerstin(2006): Zuckerbabys, Suhrkamp Taschenbuch Verlag, Berlin.

Jong, Erica(1973): Angst vorm Fliegen, Ullstein, Berlin.

Sveland, Maria(2009): Bitterfotze, Kiepenheuer & Witsch, Köln

온라인

개인 블로그

Yasmina Banaszczuk: www.frau-dingens.de

Teresa Bücker: www.flannelapparel.blogspot.de

Laurie Penny: www.penny-red.com

Katrin Rönicke: www.blog.katrin-roenicke.net

Antje Schrupp: www.antjeschrupp.com

Merle Stöver: www.merlestoever.blogspot.de

Jessica Valenti: www.jessicavalenti.tumblr.com

Anne Wizorek: www.annewizorek.de

온라인

모임 블로그

The F-Bomb: www.thefbomb.org
The F-Word: www.thefword.org.uk
Femgeeks: www.femgeeks.de
Feminismus 101: www.feminismus101.de
Feministing: www.feministing.com
Girls can blog: www.girlsblogtoo.blogspot.de
Ich. Heute. 10 vor 8.: www.blogs.faz.net/10vor8
Kleinerdrei: www.kleinerdrei.org
Mädchenblog: www.maedchenblog.blogsport.de
Mädchenmannschaft: www.maedchenmannschaft.net
Ms. Magazine Blog: www.msmagazine.com/blog/
XX Factor (Slate.com): www.slate.com/blogs/xx_factor.html

주제별 블로그 및 웹사이트

⇒ 모성
Fuckermothers: www.fuckermothers.wordpress.com
Mutterseelenalleinerziehend (Meike Büttner):
www.mutterseelenalleinerziehend.de
Umstandslos: www.umstandslos.com

⇒ 신체상
Fat Grrrl Activism: www.fat-grrrl-activism.tumblr.com
Reizende Rundungen: www.reizende-rundungen.blogspot.de

⇒ 팝문화
Feminist Frequency: www.feministfrequency.com/
Reel Girl: www.reelgirl.com
The V-Spot (New Statesman): www.newstatesman.com/v-spot

⇒ 인종차별주의 & 교차성
The Crunk Feminist Collective: www.crunkfeministcollective.com
Ein Fremdwörterbuch (Kübra Gümüsai): www.ein-fremdwoerterbuch.com
Racialicious: www.racialicious.com
Noah Sow: www.noahsow.de/blog/

⇒ 성
Les petits plaisirs: www.les-petits-plaisirs.blogspot.de
Yes means yes: www.yesmeansyesblog.wordpress.com/

⇒ 퀴어
Medienelite (Nadine Lantzsch): www.medienelite.de

Anschläge: www.anschlaege.at (Österreich)
Bitch Magazine: www.bitchmagazine.org
Bust Magazine: www.bust.com
Causette: www.causette.fr (Frankreich)
Die Standard: www.diestandard.at (Österreich)
Missy Magazine: www.missy-magazine.de
Rookie: www.rookiemag.com
xoJane: www.xojane.com

활동

일상에서의 성차별
www.alltagssexismus.de(Twitter:@aufschreien und #aufschrei)

성차별 경험을 모아놓은 사이트 www.berlin.ihollaback.org

거리에서의 괴롭힘과 위협의 경험을 알릴 수 있다.
또한 정보, 상담, 도움 제공.
www.ichkaufdasnicht.tumblr.com

#나는그것을사지않는다 #ichkaufdasnicht
"성차별적, 인종차별적, 동성애 혐오, 트랜스포비 또는 다른 형태의 차별"적인 상품, 광고, 미디어를 모아 놓는 캠페인이다.

광고에서의 성차별, 특히 "여자아이들에게 제한적인 성 역할을 부여하는 상품, 광고내용, 마케팅 전략"에 반대하는 캠페인이다.
www.pinkstinks.de

#여기를보라 #SchauHin
트위터에서 이 해시태그로 일상에서의 인종차별에 대해 알린다.

누가 페미니즘을 필요로 하나?/Who needs feminism?
페미니즘의 이미지 변화를 꾀하는 캠페인이다. 독일에서는 2012년 "나는 페미니즘이 필요하다…" 로 시작하는 주장들을 모아서 공개했다.
www.werbrauchtfeminismus.de
www.whoneedsfeminism.com

인명 색인

감사의 말

이 책이 나올 수 있도록 도와준 사람들이 많다. 첫째로는 부모님이다. 살아오는 동안, 이분들이 내 옆에 있어 주지 않거나 나를 지지해 주지 않았던 순간은 없다. 조부모님도 마찬가지다. 그분들은 나를 사랑하는 마음에 심지어 "이놈의 인터넷"을 하고 있다(또는 적어도 내 기사를 인쇄해서 보신다). 내 동생 요한나는 나의 가장 친한 친구이며 충실한 지지자다. 세상 그 어떤 것과도 내 동생을 바꿀 수는 없다. 내 사랑하는 남편 토르. 그의 비판과 세심한 정리가 없었다면 이 책의 많은 부분은 지금과 달랐을(더 나빴을) 것이다. 처음부터 이 책에 대해 확신을 가진 피아와 그의 어머니는 나의 "정신적 자매"다. 《유러피언(The European)》 편집부의 내 동료들은 항상 물어봐 주고 흥미롭게 들어 줬다. 그리고 나에게 페미니즘 칼럼을 쓰도록 해 준 것에 대해서도 감사를 전한다.

로저 & 버나드의 멋진 사람들. 내게 이 책의 아이디어를 들고 온 편집자 요한나 폰 라우흐(Johanna von Rauch)는 그의 열정으로 나를 감동시켰다. 교정을 봐 준 이다 티만(Ida Thiemann)이 그토록 열정적으로, 성실하게 이 주제에 접근했던 것을 생각하면 그는 페미니즘에 대한 책을 한 권 쓸 수도 있을 것이다. 웬스데이 디자인 웍스의 크리시 클로제(Chrish Klose)와 프란시스카 루프(Francisca Ruff)는 이 책을 아주 멋지게 꾸며 줬다. 넘어져서 무릎 수술을 해야 했음에도 말이다.

일일이 이름을 언급하지 못한 모든 동료들, 친구들, 그리고 가족들에게도 감사의 마음을 전한다.

STAND UP

초급과 고급 과정의 실전 페미니즘

발행일 2018년 3월 5일

지은이 율리아 코르비크
옮긴이 김태옥
펴낸이 김경미
편집 김유민
디자인 이진미
마케팅 김봉우
펴낸곳 숨쉬는책공장
등록번호 제2014-000031호
주소 서울시 마포구 잔다리로 110, 102호(04002)
전화 070-8833-3170 팩스 02-3144-3109
전자우편 sumbook2014@gmail.com
페이스북 / soombook2014 트위터 @soombook

값 23,000원 | ISBN 979-11-86452-29-5
잘못된 책은 구입한 서점에서 바꿔 드립니다.
이 도서의 국립중앙도서관 출판예정도서목록(CIP)은
서지정보유통지원시스템 홈페이지(http://seoji.nl.go.kr)와
국가자료공동목록시스템(http://www.nl.go.kr/kolisnet)에서
이용하실 수 있습니다.(CIP제어번호: CIP2018005003)